행복한 엄마가
행복한 아이로 키운다

A HAPPY MOTHER RAISES A HAPPY CHILD

행복한 엄마가
행복한 아이로 키운다

행복을 꿈꾸는 이 세상 모든 엄마들에게 사 남매 엄마가 들려주고 싶은 이야기

김재현 지음

우리는 모두 눈을 뜨는 순간, 오늘이라는 하루를 처음으로 맞이한다.

매일 반복하는 일상이지만 하루하루는 다르게 흘러간다. 그러니 어제보다 내일이
행복하길 기대하기보다 무사히 보낸 오늘 하루에 감사해야 한다.

좋은땅

목차

5장

엄마, 나도 예쁜 엄마가 좋아

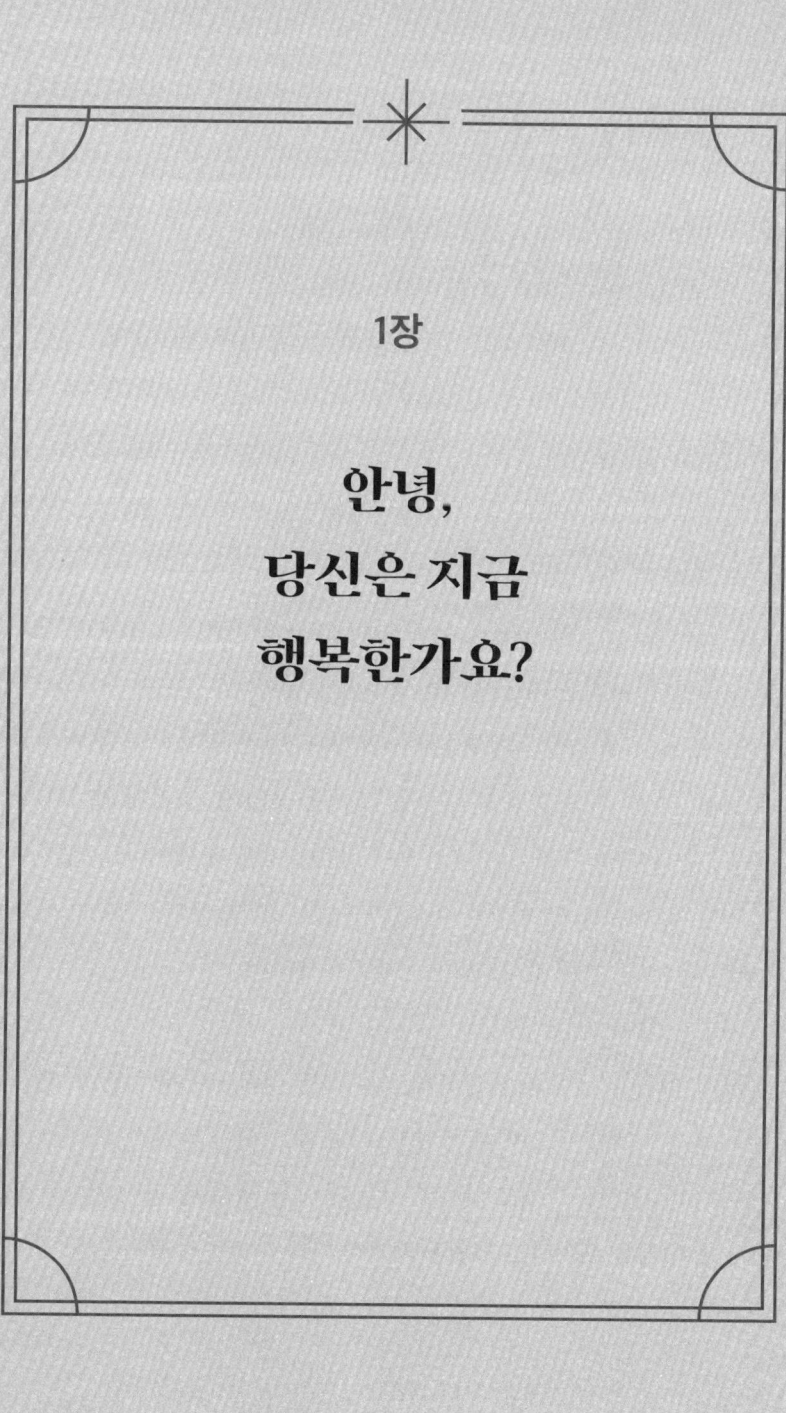

1장

안녕,
당신은 지금
행복한가요?

1. 행복이란 과연 무엇일까?

〈엄마의 행복에 대한 책임은 아이에게 없다.
엄마 자신만이 엄마 자신을 바꿀 수 있다.〉

- 수잔 포워드, 도나 프레이지어 《상처주는 엄마》 -

셋째를 낳고, 그 아이가 세 살 무렵이었다. 친정엄마께서 우리 집에 놀러 오셨다. 아침을 먹으며 나는 엄마에게 말했다.

"엄마, 자식 세 명을 키우고 나서야 이제 조금은 엄마 마음을 이해하게 됐어. 세 명 이상 키워 본 사람만 그 마음을 알지. 자식이 하나나 둘밖에 없는 엄마들은 자식이 셋인 엄마 마음을 죽었다 깨어나도 이해 못할 거야. 그래서 나만 엄마를 이해할 수 있는 거지. 맞지? 엄마는 이제 우리 다 키워서 참 좋겠다. 엄마는 지금 행복해?"

그러자 엄마가 대답했다.

"그래, 나는 지금이 제일 행복해. 왜냐하면 너희들이 다 컸잖아. 언니도 시집가서 애를 두 명이나 낳았지, 너도 세 명이나 낳았지, 막내는 자기 사업하고 있지. 그래도 엄마도 키울 때 애를 먹었어. 정말 엄마를 포기하고, 인생을 포기하고 싶었을 때가 얼마나 많았는지 몰라."

엄마의 행복, 그래도 40년을 부단히 그 엄마 자리를 지켰던 우리 엄마, 이제는 엄마의 입에서 '행복'이라는 단어가 나왔다는 자체가 나에게는 큰 감격이었다. 왜냐하면 지금 생각해 보니 어린 시절, 나는 단 한 번도 엄마와 함께 5분 이상 눈을 마주치며 얘기한 적이 없었다. 경찰공무원이셨던 친정아버지의 외벌이로 다섯 식구를 경제적으로 감당해야 하니, 엄마는 항상 소일거리를 찾아 일하러 나가시곤 하셨다. 아침에는 아침 식사 준비로 눈을 마주친 적이 없었고, 오후에는 엄마가 일하러 가시니 내가 학교에서 돌아와도 엄마와 마주치지 못했다. 저녁 즈음이 되어서야 집에 돌아오시면 또한 저녁 준비로 우리는 눈을 마주치고 이야기한 적이 없었다. 그러다 보니 엄마와 우리는 같은 공간에서 함께 한 시간은 많았지만, 정작 서로에 대해 눈을 보고 이야기한 적이 거의 없었다. 나는 엄마의 뒷모습만 보고 자랐고, 눈을 마주치고 이야기 한 기억이 없다. 그래서인지 내가 아이를 낳고 나서도 아이와 함께 피부를 맞대며, 눈을 보고 이야기하는 것이 매우 어색했다. 우리 엄마는 하루하루가 바빴다. 단 한 번도 TV를 보며 쉬는 모습을 보지 못했고, 친구들과 커피도 마실 시간이 없었다. 친척들과 가족여행을 가서도 항상 엄마는 밥을 차리느라 바빴다. 지금 생각해 보니 엄마는 자신을 위해 시간을 보낸 적이 단 한 번도 없었다. 친정 아빠는 경찰이라는 직업상의 이유로 술을 자주 마셨고, 제 시간에 퇴근하는 일은 거의 없었다. 제 시간에 퇴근을 못 하니 저녁을 밖에서 드셨고, 그러다 보니 술자리까지 매번 이어져 늦게 들어오게 된 것이다. 그래서 아빠의 퇴근 시간은 자정 넘어 새벽이 되기가 일쑤였다. 술 먹고 늦게 들어오는 날이면 엄마, 아빠가 싸우는 소리에 우리 삼 남매는 밤을 지새워야 했다. 엄마에게 욕하는 아빠와 우는 엄마, 나는 밤마다 그 소리를 들으며 매일 울었다. 그때는 아빠가 너무 무서워서 단 한마디도 못 하고, 매일 밤을 울면서 지새웠다. 나도, 우리 엄마도 그랬다.

그래서 나는 친정엄마의 입에서 드디어 '지금이 제일 행복하다.'라는 말을 들었을 때, 우리 엄마도 행복을 느끼는 사람이라는 걸 깨달았다. 엄마가 지금이라도 행복을 느껴서 다행이라고 생각했다. 하지만 한편으로는 '엄마는 왜 이제서야 행복을 느낄까?'라는 의문이 들었다. 진작에 우리 엄마도 행복하게 지내면 좋았을걸, 왜 환갑이 지나고 칠순을 바라보는 지금에서야 행복을 느낄까, 나도 엄마처럼 40년 뒤에 행복을 느낄까?라는 불안이 밀려왔다.

나도 우리 자식들이 다 커야 행복할까? 아이와 함께 집에 있으면 하루 24시간, 1시간 60분, 1분 1초가 안 갈 때가 너무나도 많았다. 아이들이 조금이라도 울거나 바닥에 음식물을 쏟기만 하면 정말 미친년처럼 소리 지른 뒤 주저앉아 울기가 일쑤였다. 그렇게 주저앉아 울기만 한 지 10년째, 왜 내 인생은 이렇게 힘들기만 할까? 다른 엄마들도 매일매일을 울면서 보낼까? 내 꿈은 우아한 엄마가 되는 건데, 우아한 엄마가 너무 이상적인 꿈일까? 다른 엄마들은 어떻게 아이들에게 환한 미소를 지을 수 있을까? 이러다가 애 인생만 망칠 거 왜 애를 무식하게 셋이나 낳아서 이런 개고생을 할까? 다른 친정엄마들은 가까이 살아서 애도 봐주는데, 왜 우리 친정엄마는 멀리 살아서 나를 도와주지도 않고, 나 혼자 낙동강 오리알처럼 둥둥 떠다니게 내버려 둘까? 하는 별의별 생각이 내 머릿속에서 떠나지 않았다. 그러던 어느 날, 우리 첫째의 표정이 너무 우울하고 안 좋아 보였다. 1학년이면 한창 까르르 웃어야 할 나이인데 아이의 얼굴이 너무 어두웠다. 그리고 나의 화난 표정, 부정적인 감정, 나쁜 행동들이 아이의 표정, 감정, 행동 하나하나에서 그대로 비추어지고 있었다. 나는 아이의 말투와 표정이 나와 똑같은 것을 보고는 너무나 놀랐다. 어린 아가일 때는 내가 사랑한다고 이야기해 주지 않아도 매일매일 사랑한다고 해 주던 아이였다. 그런데 초등학생이 되자 내가 아이에게 생각 없이 내뱉었던 말투와 행동들을 그대로 내 아이가 따라 하기 시작했다. 그래서 그때부터 내가 변해야겠다고 마음먹었다. '내가 자식이 셋인데 이렇게 살면 안 되지, 내 자식에게는 이런 태도와 말투는 절대 물려주지 않아야지.'라고 생각했다. 어차피 내가 자식을 셋 낳은 이상 아이들을 잘 키워야 했고, 다른 아이들보다 정말 행복하게 살아가기를 진심으로 바랐다. 특히나 어린아이들에게 부모는 우주와도 같은 큰 존재인데, 내가 매일 우는 모습만 보이면 아이들은 더 울상짓고, 행복한 삶을 살 수 없을 것으로 생각이 되었다. 아이들에게 서로 싸우지 말라고 혼 낼 것이 아니라, 내가 행복한 모습을 보인다면 아이들은 당연히 부모인 나의 모습을 보고 자라지 않을까?

대한민국 축구 국가대표 선수인 손흥민의 아버지 '손웅정' 씨는 부모가 가져야 할 가장 중요한 덕목은 솔선수범이라고 하였다. 이 말인즉,

아이가 공부를 잘하게 하고 싶으면 아이와 함께 책을 읽거나, 부모가 책 읽는 모습을 보여 주면 될 것이고, 아이가 축구를 잘하게 하고 싶으면 온 힘을 다해 아이와 함께 축구하고 놀아 주라는 것이다. 우리도 아이가 행복하기를 진심으로 바란다면 내가 먼저 본보기를 보여야 한다.

일본의 작가 타치바나 아키라 씨의 《단순하고 합리적인 인생 설계》라는 책이 있다. 이 책에서 아키라 씨는 인간의 행복도는 '어떤 부모를 만나느냐'에 따라 결정된다고 하였다. 그만큼 인생의 행복도는 부모에 따라 달라질 수 있고, 부모의 행복도가 높은 만큼 아이의 행복도가 높다는 뜻을 의미한다. 특히 뇌과학이나 유전학의 관점에서 행복감은 사람마다 차이가 있고 그것은 대체로 유전적이거나 유년기의 환경으로부터 정해진다고 하였다. 좋은 일이 있으면 행복도는 올라가고 슬픈 일이 있으면 행복도는 내려가지만, 장기적으로는 타고난 행복도에 수렴한다고 작가는 이야기하였다.

행복이란 상대적이다. 행복은 객관적인 지표로 나타낼 수 없으며, 자기 자신이 어떻게 생각하느냐에 달려 있다. 내가 살아가면서 행복의 가치를 어디에 두느냐에 따라 달라진다는 말이다. 그러니 내 인생이나 아이의 인생에 목표는 세우되, 어제보다 더 나은 오늘에 집중하자. 그렇게 하루하루가 쌓이면 결국 목표에 도달하게 될 것이다. 나의 행복은 지금 느끼는 것이며, 나중에 행복할 거라는 그런 주문은 하지 않는 것이 좋다. 아이와 함께 눈을 뜨는 지금, 밥을 같이 먹는 시간, 같이 씻는 시간, 같이 저녁 먹는 시간, 그 순간순간의 행복을 느끼며 감사하는 것이 아이와 함께 진정한 행복을 느낄 수 있는 시간이다. 한 번 흘려보낸 시간은 되돌아오지 않으며 지나간 시간은 후회해도 소용이 없다. 내가 행복에 대한 이상을 낮추고, 행복감을 느끼면 같은 공간에 있던 아이도 엄마와 같은 행복한 감정을 느끼게 될 것이다.

행복을 느끼는 정도는 우리나라 교육에서도 마찬가지로 적용된다. 공부 잘하는 아이들의 대부분은 부모의 정서가 안정적이고, 행복하고, 긍정적인 가정에서 자랐다고 한다.

엄마가 자신을 바꾸지 않은 채 계속 울상만 짓는다면 가정은 앞으로 더욱 불행해질 것이고, 아이들의 성적도 낮아질 것이다. 나는 엄마의 기분이 가족들에게 전파되어 더 우울한 가정을 만든다고 생각하니 미래가 너무 걱정되었다. 그래서 나의 행복을 나뿐만 아니라, 우리 가정을 위해 되찾기로 결심했다. 행복은 거창하지 않다는 것, 사소함 속에 행복이 있다는 것을 깨달았다. 그 행복은 결국 내 안에 있고, 내가 만들어 가는 것이었다. 사람들은 행복이 멀리 있다고 생각한다. 하지만 정말 가까운 곳에서 감사함을 느낀다면 행복은 저절로 찾아오는 것이 아닐까?

과연 인생에 '행복'이란 게 정말 존재할까? 그 해답은 의외로 가까이에 있다. 행복은 결국, 내 안에 있는 것이다.

2. 아이를 낳으면 행복할까?

〈아이가 태어나는 것만큼 극렬한 고통의 순간도 없고,
사랑으로 가득한 순간도 없다. 엄마가 새로 태어난, 세상에
막 나온 아기를 바라보는 것만큼 순수한 사랑도 없다.〉

- 닐스 버그만(스웨덴 분만기 신경학자) -

"응애, 응애, 응애."

"아버지 이쪽으로 오셔서 탯줄 잘라 주세요."

아이의 울음소리가 들리고, 이내 간호사가 남편을 불렀다.

"아버님, 보세요. 손가락 열 개, 발가락 열 개, 눈, 코, 입 다 보이시죠?
아이 울음소리가 엄청 우렁차네요. 축하드려요."

담당 의사의 목소리였다. 나는 임신을 한 것도, 아이를 낳은 것도 나
에게는 모두 다 처음이었다.

"어머님, 캥거루 케어 하시겠어요?"

나는 도리도리 고개를 저었다. 사실 고개 저을 힘도 없었다. 죽을 힘
을 다해서 아이를 낳았기 때문이다. 정말이지 죽는 줄 알았다. 내 인생
에서 가장 아팠고 처음으로 이러다가 죽을 수도 있겠다고 생각한 날이
었다.

'아파 죽겠는데 도대체 캥거루 케어가 뭐야?' 나는 마음속으로 생각했다. 아이를 낳아 본 사람은 알겠지만, 그 당시에 나는 처음 듣는 말이었다.

모든 산모는 아이를 낳을 때 자연분만과 제왕절개를 선택할 수 있다. 나는 자연분만을 했기 때문에 마취를 하지 않았고, 마취를 하지 않았으니 아이를 낳자마자 젖을 물릴 수 있었다. 그렇게 낳자마자 젖을 물리는 행위를 캥거루 케어라고 하는데 나는 너무 힘들어서 캥거루 케어를 거절했다. 그 이후로 우리 남편은 아직도 어떻게 캥거루 케어를 하지 않았을 수가 있냐고 지금까지도 나에게 묻곤 한다.

'내가 얼마나 죽을 만큼 힘들었는데 알지도 못하면서 그런 소리가 입에서 나오니?'라는 말이 턱 끝까지 차올랐지만, 아직도 입밖에 내밀지 못했다.

아이를 낳기 전 38주쯤, 담당의사 선생님이 말했다.

"38주가 되었는데 아이가 너무 커요. 자연분만하시고 싶으시면 아이가 너무 크면 안 되고요, 어머님 지금부터 걷기운동 매일매일 해 주세요."

나는 아이가 커질까 무서워 과일이랑 단 음식은 최대한 적게 먹고 아이가 나오기만을 기다렸다. 39주 5일 쯤 되었을까, 화장실에서 드디어 붉은 °이슬을 마주했다. 붉은 이슬이란 아이가 곧 태어나려는 징조이

---

* 이슬: 아기가 나온다는 징조로 붉은 핏빛이 소변과 함께 나오는 것을 의미한다.

다. 나는 곧 신랑을 깨워 새벽 5시에 병원으로 향했다. 결혼 후 더욱 더 철두철미해진 성격이 되어서 그 와중에도 설거지와 청소를 끝내고 샤워까지 마치고 우리는 병원으로 향했다. 2016년 2월 5일, 우리 첫째 아이가 드디어 태어났다.

첫째 아이를 뱄을 때 또 입덧은 오죽했을까. 신혼여행을 다녀와 출근하는 첫째 날이었다. 임신한 줄도 모르고 원래대로 9호선 급행 지하철을 탔다. 속이 너무 안 좋아서 탔다, 내리기를 반복했는데 결국에는 회사까지 가지도 못하고 중간에 내렸다. 출근 시간이었던 지하철 역 안은 출근하는 사람들로 매우 붐볐다.

'걷지도 앉지도 못하고 이게 대체 무슨 일이지?'

나는 지하철역 벤치에 우두커니 앉아서 남들처럼 평범하게 출근도 하지 못하는 나 자신을 비난했다. 나는 더 이상 임신한 몸으로 출근도 못 하고, 돈도 못 벌게 된 비련의 여주인공이 되어 버렸다. 남편과 나는 사내 커플로 결혼에 골인했다. 같은 회사라서 비밀로 연애한 지 6개월 남짓, 우리는 결혼 준비를 하게 되었다. 그리고 회사에 우리가 곧 결혼할 거라고 얘기했다. 그랬더니 인사부에서 이렇게 말했다. 남편은 남자라서 아직 일할 게 많으니 여자인 내가 퇴사해야 한다고 했다. 회사로부터 일방적인 퇴사를 통보받게 된 것이었다. 이 회사는 내 인생에서 가장 회사 같았던 첫 직장이었다. 못 마시는 술도 억지로 마시고, 밤을 새워 가며 열심히 일했다. 그런데 결혼했다는 이유 하나만으로 퇴사하라는 말은, 그때도 여전히 여자를 소모품처럼 여기는 '거지 같은'

현실 이 분명히 존재하고 있었다. 우리나라는 선진국이라고 했는데, 남녀 차별이 여전히 존재하는 대한민국이었다. 그래서 퇴사를 통보받은 이후로 새로운 직장을 구하러 다녔고, 그 첫 직장에 출근하려는 순간, 속이 마구마구 울렁거렸던 것이었다. 나는 이직한 직장에 출근도 못 하고 집으로 돌아오게 되었다. 그리고 돌아오는 길에 바로 임신테스트기를 샀다. 빼도 박도 못하는 선명한 두 줄이 눈앞에 보였다.

'오 마이 갓, 이게 바로 임신이라는 건가?' 실직과 입덧, 이것이 바로 아기를 가지게 되면 여자가 오롯이 안게 되는 비극적이고노 슬픈 현실이었다.

'아이의 임신을 축복해 주세요.'라는 거리의 문구들. 남의 임신은 축복할 수 있으나 내 임신을 과연 나 스스로 축복할 수 있을까? 임신은 누굴 위한 일일까? 첫째를 임신한 나는 아주 기뻤던 기억보다 걱정과 우려로 가득 찬 내 모습이 기억에 남는다. 입덧이 4개월째, 몸무게는 41kg까지 내려갔고, 시리얼과 크래커만으로 아이와 나의 삶을 연명해야 했다.

"엄마가 잘 먹어야 아기가 잘 크지." 워낙 못 먹었던 나는 주위 사람들에게 잘 먹으라는 말을 듣기 일쑤였고, 그 말을 듣기 싫어서였는지 밖에 다니는 일도 싫었다. 친구들은 회사도 잘 다니고, 아직 아가씨라 옷도 입고 예쁘게 입고 다녔다. 나는 입덧 때문에 밖에 나가지도 못했고, 머리카락은 마르기가 무섭게 토에 젖어 있었다. 불룩 튀어나오는 배에 예전 옷은 더 이상 입을 수가 없게 되었고, 내가 좋아했던 미니스

커트와 힐은 온데간데없었다. 친정도 멀리 있어 엄마도 만날 수가 없었고, 1.5평 남짓한 작은 방에서 오매불망 남편만을 기다리는 불쌍한 여인네가 되어 버렸다. 그렇게 기다리다 아이를 낳게 되었고, 지금은 이미 세 남매의 엄마가 되었다.

아이가 태어났을 때도 행복하지 않았다. 임신부터 출산까지 일어난 모든 일들이 신기했을 뿐이다. 아이를 낳자마자 실오라기 하나 걸치지 못한 채 회복실에 옮겨졌다. 맨몸에 달랑 거즈 이불 한 장 덮어 주었던 회복실. 추워서 온몸이 사시나무 떨듯이 오들오들 떨었던 기억이 난다. 여자라면 겪어야 할 피하지 못한 임신과 출산이지만 다시 겪으라고 한다면 과연 잘해 낼 수 있을까 하는 의문이 든다.

그렇게 아이를 낳고, 100일이 되면 100일 잔치를 하고, 200일을 지나 300일이 되고, 마침내 돌이 다가온다. 나 역시 아이를 낳은 지 1년째 되는 날, 드디어 돌을 맞이하게 되었다. 신랑과 나는 돌잔치 날짜를 잡고, 아이의 영상을 편집하며 돌잔치를 준비했다. 돌잔치 준비는 마치 두 번째 결혼식을 준비하는 것과 같았다. 엄마, 아빠가 입을 드레스를 고르고, 2부에는 한복으로 갈아입는다. 여기에 아기가 추가되면 그게 바로 돌잔치가 되는 것이다. 아이의 한복과 드레스까지 고르고, 초대장을 만들고, 답례품까지 준비하면 비로소 돌잔치를 할 준비가 된다. 돌잔치가 한창일 때, 사회자가 신랑에게 말했다. "고생한 아내에게 한마디 해 주세요."

이내 남편이 마이크를 이어받았다.

"일 년 동안 아이 낳고 키우느라 고생했고, 나를 뒷바라지해 줘서 고마워. 앞으로 더 잘할게." 이렇게 신랑이 말했다.

나는 그 한마디를 듣는 순간 눈물이 쏟아졌다. 내가 별로한 것도 없는 것 같은데 1년 동안 아이가 건강하게 자라 주었고, 우리 가족이 아무 탈 없이 아이를 잘 키웠다고 모두에게 말하는 순간이었기 때문이다. 1년 동안 아이를 키우면서 힘들었던 순간이 필름처럼 스치듯 지나갔다. 나도 참 많이 고생했다. 이렇게 아이를 키우면서 이러한 이벤트를 겪게 되는데 이런 이벤트로 인해서 아이를 키우는 보람을 느끼게 된다.

아이가 뒤집기를 할 때, 아이가 걷기 시작할 때, 말하기 시작할 때 등 아이의 모든 첫 시작은 우리에게 무엇과도 바꿀 수 없는 감동을 준다. 억만금을 주어도 나는 우리 아이의 모든 모습을 바꾸지 않을 것이다. 이처럼 한 아이를 키우면서 무조건 행복해진다는 것은 아니다. 반드시 힘든 일도 많을 것이다. 하지만 아이가 우리에게 주는 기쁨과 감동은 그 무엇과도 바꿀 수 없는 가치를 준다.

얼마 전 막내가 3살 졸업이라고 어린이집에서 발표회를 열었다. 세 살짜리가 뭘 할 수 있겠냐고 기대도 하지 않았는데 아이가 무대에 오르자마자 나는 이미 눈에서 눈물이 주룩주룩 흐르고 있었다.

일하겠다는 나 스스로의 선택으로, 어쩌면 내 이기심으로 아이를 어린이집에 맡겼지만, 아이는 이미 그 안에서 스스로 자라 성장하고 있었다. 엄마의 품에서가 아닌 선생님, 친구들과 함께 어울리면서 율동을 외우고 노래하는 모습이 너무 기특했다. 한편으로는 아이를 낳은 지 엊그제 같은데 벌써 공연을 준비하다니, 세월이 참 빠르다고 생각했다.

제일 마지막으로 어린이집에서 제일 큰 오빠, 언니들이 공연이 시작되었다. 이제 고작 6년, 7년 인생을 산 아이들이 정말 최선을 다해서 엄마, 아빠에게 잘 보이려고 율동을 야무지게 하고 있었다. 나도 과연 아이들을 위해 저렇게 최선을 다했을까? 해맑게 웃으며 엄마, 아빠에게 사랑한다고 무대에서 외치는 아이들을 보면서 너무 감동적인 느낌을 받았고, 무대에 오른 어린아이들이 나보다 더 대단해 보였다.

이렇게 기특하게 자란 아이들을 보면서 부모가 느끼는 것이 바로 행복이 아닐까? 아이들을 키우는 하루 24시간, 1년 365일은 시간도 안 가고, 힘들었지만 이런 힘듦을 다 극복할 수 있는 원동력 또한 아이들이라고 생각한다. 아이들은 부모가 어떤 짓을 하더라도 부모를 항상 용서한다고 한다. 아동학대를 당해도 다음 날에 일어나 엄마, 아빠를 찾는 게 우리 천사같은 아이들이다. 아이를 키우는 것은 물론 힘들지만, 아이들이 부모를 용서하는 크기만큼 나는 아이들을 얼마나 사랑하는지 한번 되돌아보자. 아이는 나의 소유물이 아니며 우리가 우주로부터 받은 아주 귀한 손님으로 여겨야 한다. 아이는 나를 성장하게 만들고 더 나은 인간으로 발전시킨다.

아이가 존재하므로 내가 행복하고 이 자리에 있게 되었음을 잊지 말고 앞으로의 날들을 아이와 더 행복하게 보내자. 아이와 배우자와 함께 행복을 누리는 삶을 상상하고 앞으로의 미래에 관한 이야기로 가득 채우는 하루로 일상을 채워 나가자. 그러면 한 달에 한 번만 행복했던 삶이 일주일에 한 번으로, 그다음은 행복한 하루가 일주일에 두 번으로 늘어나는 삶이 될 것이다.

아이들의 온 우주는 부모이다. 그렇게 행복한 우주에 온 것을 환영하는 삶으로 아이들의 하루를 가득 채워 주자. 그러면 아이도, 우리 부모들도 행복한 삶을 만들어 낼 수 있을 것이다.

3. 엄마가 행복해야 아이가 행복하다

〈어머니는 어머니 자신을 위한 행복을 만들어야 한다.
어머니가 행복 속에서 어머니가 행복할 때 아이들 또한
덩달아 행복해질 수 있기 때문이다.〉

- 대구대학교 임종렬 교수《모신》-

우리 집 분위기는 자주 흐림, 맑음은 예상 없음. 원래 비가 오면 해가
난다고 하지 않았던가? 비가 오고 난 뒤에 흐리기만 하고 언제쯤 해가
날까? 나의 육아엔 해가 나긴 하는 걸까?

임신, 출산과 육아 뒤에 세트로 따라오는 후유증이 바로 우울증이다.
왜 내 우울증은 멈추질 않을까. 10년 동안 애를 셋이나 줄줄 낳았기 때
문일까. 애가 좀 말귀 알아들으려고 하면 임신하고, 입덧에 출산을 세
번이나 되풀이했더니 엄마의 정신상태가 정상일 리 있을까? 혹시 정상
인 엄마가 있다면 한번 손들어 보라. 임신하는 것조차 초짜였던 나, 아
이가 이제 혼자 말하려고 하는데 둘째를 임신해서 엄마의 호르몬에 변
화가 생겼다.

아이는 이제 3세(만 24개월)가 되면 말을 할 수 있게 된다. 그러면 그
말을 들어 주고, 자기표현에 공감해 주는 엄마를 원하는데 웬걸 엄마

가 또 호르몬이 바뀌어서 조금 말을 들어 줄 만하니 낯선 엄마가 되었다. 둘째 임신과 동시에 또 입덧이 찾아왔다. 인생에서 제일 원하지 않는 손님, 바로 입덧이다. 4개월 입덧을 겪고, 5개월 정도 지나면 출산을 하게 된다. 그 오랫동안 빗속을 헤매다 보면 드디어 해가 뜬다. 해가 뜨면 또 모유 수유라는 엄마의 임무가 주어지는 순간이 온다. 모유 수유하는 일은 여자, 아니 엄마만이 느낄 수 있고 할 수 있는 유일한 임무이다. 포유류는 젖을 먹어야 자식을 키울 수 있다. 하지만 요즘 엄마들은 가슴이 처진다고, 몸매 관리를 위해 모유 수유를 하지 않기도 한다고 들었다. 그래도 젖을 먹여 본 엄마만이 느낄 수 있는 묘한 감정이 있다. 혹시 젖을 먹일 때의 엄마 기분조차 아이에게 전해진다는 사실을 알고 있는가? 모유 수유할 때는 엄마가 먹는 음식, 엄마의 기분, 건강 상태 모두 좋아야 한다. 그래서 모유 수유를 억지로 하는 것보다, 자연스럽게 아이가 젖을 빨고 싶어할 때 주어야 한다. 모유 수유를 할 때, 엄마의 기분이 좋아야 그 젖을 먹은 아이도 기분이 좋아진다. 매운 음식을 먹으면 매운맛이 모유로 가고 단것을 많이 먹으면 모유가 끈적해져 아이의 몸에 좋지 않다. 그러므로 임신하기 전부터 모유 수유가 끝나는 기간, 약 2~3년 동안은 몸에 좋은 것만 먹고, 몸에 좋은 것만 보고 엄마의 기분을 최대의 상태로 끌어 주는 것이 정말 중요하다. 그래서 임신했을 때부터 엄마가 일하더라도 주말이나 저녁에는 자기가 좋아하는 일을 하거나 재밌고 행복한 일을 일부러라도 해 주어야 한다.

집안이 올바르게 성장하기 위해서는 임산부를 위해 국가에서 최대한 지원을 아끼지 않아야 한다. 그래야 엄마가 행복할 것이고, 건강한 아이가 태어날 것이기 때문이다. 그래서 나도 집안과 아이를 위해서 내가 일단 행복해지기로 마음먹었다.

그러기 위해서는 일단 내가 어떤 것을 해야 행복한지를 먼저 찾아야 한다. 행복은 그렇게 크고 거창한 것이 아니다. 내가 어떤 일을 하면 행복한지 한번 찾아서 써 보자. 특별한 일이라도 되고, 특별하지 않은 일이라도 된다. 과거를 회상하면서 행복했었던 일을 써 보아도 되고, 미래에 했을 때 두근거리는 일을 써도 된다.

〈저자의 행복한 일 10가지〉

1. 나에게 맞는 좋은 책을 읽는 것
2. 아침에 새벽 햇살을 맞으며 운동하는 것
3. 스타벅스에서 바닐라 플랫 화이트를 마시는 것
4. 편안한 신발을 신는 것
5. 매운 음식을 먹는 것
6. 부모님과 함께 여행하는 것
7. 아이들과 함께 외식하는 것
8. 나의 일을 하는 것
9. 아이들을 위해 음식을 하는 것
10. 영어를 배우는 것

행복한 엄마가 행복한 아이로 키운다

〈내가 행복한 일 10가지〉

1. ....
2. ....
3. ....
4. ....
5. ....
6. ....
7. ....
8. ....
9. ....
10. ....

꼭 거창하지 않아도 좋다. 돈이 많이 들거나 시간이 많이 드는 것이 아니라도 좋다. 나는 주로 사람들을 만나는 것보다 오롯이 혼자 보내는 시간이 나를 행복하게 해 준다. 하루에 10분이라도 좋다. 휴대폰 메모장이나 작은 노트에 내가 행복한 일을 기록해 하루에 한 가지라도 했는지 체크 하다보면 작은 것에서부터 행복을 느낄 수 있을 것이다. 나는 아이들이 좋은 두뇌를 갖고 태어나기를 바라는 마음에서 여러학원을 다녔다. 첫째를 임신했을 때는 회계학원을 다니면서 세무자격증을 땄다. 둘째를 임신했을 때는 첫째와 함께 문화센터에 끊임없이 다녔다. 셋째를 임신했을 때는 바리스타 학원에 등록해서 자격증을 땄다.

셋째를 낳고 나서는 미용자격증도 땄다. 나는 원래 배우는 것을 좋아하는 사람인데 회사 다닐 때는 시간이 없어서 배우지 못한 것들을 배웠다. 태아 때부터 수학을 공부하면 아이가 수학을 잘한다고 해서 회계학원도 다녔다. 자격증학원이라고 해서 절대 비싼 돈을 지불하지 않았다. 요즘 임산부나 경단녀를 위한 국비 지원이 잘되어 있어서 정부에서 지원을 받아 70% 정도 할인된 금액으로 학원을 다닐 수 있었다. 두 과목 전부 한 과목당 30만 원 남짓한 금액으로 학원을 다니며 자격증을 땄다. 밤에도 시험공부를 열심히 했고 학원을 다니면서 결석률이 거의 없었다. 결석률이 없어야 정부 지원을 받을 수 있었기 때문이었다. 임신을 했더라도 집에서 놀지 말고, 아이를 낳고 나서 무언가를 꼭 이루겠다는 마음으로 열심히 배웠다. 임산부나 경단녀라면 일반 문화센터에 다니지 말고, 그 시간에 꼭 자격증을 따서 나중에 취업에 도움이 되길 바란다. 나는 비록 입덧 때문에 힘들었지만 낮에는 내가 원하는 자기계발 수업을 듣고, 저녁이 되기 전에는 남편을 위한 저녁밥을 지을 때 행복을 느꼈다. 임산부지만 그래도 가족을 위해 무언가를 할 수 있다는 사실이 행복했다.

　나는 아직도 남편의 점심 도시락을 싸 준다. 왜냐하면 남편이 혼자서 일을 하기도 하고, 집밥을 최대한 먹여 주고 싶어서이다. 주말에는 외식을 많이 하지만 우리 가족은 평일에는 거의 내가 직접 만든 음식으로 저녁을 먹는다. 아침 식사는 나가는 시간이 다 달라 함께하지 못한다. 하지만 하루에 한 끼라도 가족들이 함께하는 시간이 있어 그 또한 감사하게 생각한다면 행복한 가족이 될 수 있을 것이다. 하루에 한 번씩은 아니더라도 일주일에 한 번씩은 꼭 모든 가족이 어울려서 한 시간이라도 함께 이야기하고 식사하는 시간을 가지길 바란다. 아이들은 커 가면서 각자의 생활이 있기 때문에 마주하기 힘들다. 맞벌이 가정이 증가하면서 엄마, 아빠도 서로 시간이 맞지 않지만, 일주일에 한 시간 정도는 꼭 자녀와 함께 일주일에 일어났던 일에 대해 이야기 나누어 보자. 그리고 위에 작성했던 것을 그대로 자녀와 배우자와 함께 작성해 보고 먼저 하고 싶은 일들을 함께 의견을 나누어 하나하나씩 경험해 보자. 클리어 파일에 내가 행복한 일과 자녀, 배우자가 행복한 일들을 각자 적어서 기록해 둔다. 그리고 행복한 일들을 했던 것을 사진으로 남겨 놓고 인화한다. 사진을 인화해서 앨범에 함께 붙이고 그 밑에 일기를 작성한다. 한 달에 한 번이라도 한다면 일 년에 10장을 채울 수 있을 것이다.

행복은 멀리 있는 것이 아니다. 가까이 있는 사람과 서로의 행복한 일을 공유하고 함께한다면 그보다 더 좋은 일은 없을 것이다. 행복한 일을 기록하고 남기면 나중에 힘들 때나 싸웠을 때 다시 한번 그 앨범을 꺼내 보라. 조금 마음이 차분해지고 다시 기분이 좋아질 것이다. 나의 행복을 먼저 찾고, 내 주위의 사람을 행복을 함께 찾아서 공유하고 나누어 보자. 그럼 아이도 나도 행복해져서 멋진 가정을 만들 수 있을 것이다. 만약 부모님과의 유년 시절 추억이 없다면 부모님과 함께해 보아도 좋을 것이고 멋진 추억으로 남을 수 있을 것이다.

4. 아이의 행복은 엄마가 임신할 때부터 시작된다

〈부모의 언어는 아이의 삶을 빚는 철학이어야 한다.〉

- 김종원 작가 -

우리가 이 세상에 태어날 확률은 어느 정도일까? 예를 들어 로또 1등이 될 확률은 800만 분의 1이다. 그런데도 우리는 복권을 산다. 그럼 비행기 사고가 날 확률은 몇 퍼센트일까? 370만 분의 1이다. 그럼 자동차 사고가 날 확률은? 4,000분의 1이다. 그럼에도 불구하고 우리는 자동차를 매일 매일 운전한다. 그럼 우리가 태어날 확률은 과연 몇분의 몇일까? 400조 분의 1이다. 400조 분의 1이라는 숫자. 극악의 확률로 이 세상에 태어난 것이다. 특히 전 세계의 인구 중에서 한국에서 태어날 확률이 0.7%밖에 안 된다는 연구 결과가 있었다. 이렇게 확률로 본다면 이것이 바로 우리가 아이를 사랑해야 하는 이유가 아닐까? 이렇게 확률로 봤을 때 아이가 우리에게 와 준 것은 정말 기적적인 일이다.

이것이 바로 아이를 배 속 씨앗에서부터 아주 귀한 손님으로 모셔야 하는 이유이다. 나의 아기가 이 세상에 태어난 것, 우리 아이가 나의 부부에게 와 준 것, 한 생명을 갖고 출산하는 것 자체가 기적적인 일이다. 그래서 그 아이를 위해서 태교부터 철저히 노력해야 한다. 예전 우리나라의 조상들은 왕비의 태중 태교를 철저히 하였다. 배 속 아이가 눈에 보이지 않으니 당연히 아이가 못 들을 것으로 생각하고 아내에게 막말하는 남편이나 상사들이 아직도 있는가? 물론 엄마도 임신을 했다면 내가 하고 있는 생각을 스스로 긍정적으로 바꾸어야 한다. 왜냐하면 그런 잠재의식이 그대로 태아에게 전달되기 때문이다.

모국어가 영어인 엄마의 아이에게서 태어난 아기는 영어를 쓸 때 뇌를 더 집중한다는 연구 결과가 있다. 결론적으로 임신했을 때의 언어 습관과 태도를 어떻게 하느냐에 따라 아기가 집중하는 언어가 달라진다는 것이다. 그러므로 임신했을 때는 최대한 긍정적인 언어를 많이 사용하여야 하고 부정적인 내용의 대화는 하지 않는 것이 좋다.

특히 산모에게 스트레스를 많이 받게 해서는 안 된다. 미국의 연구 결과에 따르면 임산부가 스트레스를 많이 받는 경우, 태어난 아기가 숙면에 어려움을 겪을 수 있다는 연구 결과가 나타났다. 아기가 숙면을 못 하면 어떻게 될까? 부모도 숙면을 제대로 취하지 못해서 육체적으로 정신적으로 힘들고 아이도 제대로 된 발육을 못 할 수가 있다. 산모가 스트레스를 받으면 '코르티솔'이라는 호르몬이 체내에서 분비하게 되는데, 이 호르몬은 신체를 긴장하는 상태로 유지한다. 이 호르몬이 산모의 체내에 흐르게 되면 태아가 사는 양수에까지 영향을 끼치게 된다. 임신 중 산모의 스트레스 수준에 따라 유아의 정서발달과 뇌 영역에 변화를 유발한다는 신문 보도도 있었다.

영국의 애든버러 대학에서는 산모의 스트레스와 아이의 뇌의 상관 관계에 대해 연구하였다. 산모가 스트레스를 받는 정도와 코르티솔 호르몬 수치에 대한 상관관계에 대한 연구였다. 스트레스를 받으면 이 코르티솔 호르몬의 수치가 높아지는데 코르티솔의 수치가 아이의 정서적, 사회적 발달에 중요한 '편도체'의 발달에 영향을 끼친다고 밝혔다. 즉 산모의 스트레스가 아이의 행동 발달과 정서적 조절 능력까지 영향을 준다는 말이다. 그래서 우리는 임신을 했을 때 최대한 스트레스를 안 받도록 노력해야 한다. 임신을 한 것 그 자체가 축복이며 아내, 엄마, 며느리와 딸 역할에 대한 기대를 높이 하지 않아야 한다. 국가에서는 자체적으로 임신부를 위한 복지를 늘려야 하고, 임신과 육아 휴직에 대한 제도를 정부에서 보장해 주어야 한다.

특히 가사 일이나 육아시간 분담에 대해서 남편과 아내가 함께 이야기 나누어야 한다. 예전 직장동료가 임신했을 때의 일이었다. 임신을 해서 휴직을 내고 있는데 남편이 집안일을 하나도 도와주지 않고 시댁에서도 설거지와 집안일을 많이 했다는 것이다. 어떻게 산모에게 그럴 수가 있을까? 나는 정말 이해가 되지 않았다. 임신했다면 당연히 여자를 배려해 주고 아빠가 스스로 나서서 집안일을 해야 하는 것 아닌가? 물론 밖에서 일하느라 힘들었겠지만, 여자도 하루 종일 아이를 돌보느라 힘들었을 것이다. 일하는 남편들은 바깥 일을해서 힘들었다고는 하지만 자신만의 경력도 쌓일 것이고 다른 사람들과 점심 먹을 때, 회의

할 때도 의견을 나누었을 것이다. 하지만 집에서 기다리는 아내는 하루 종일 다른 사람도 못 만나고 입덧 때문에 누워 있었을 터인데 집에 와서 집안일도 도와주지 않고 남편 대접받길 바라는 사람이 현대 시대에도 존재한다는 것이다.

내 친구 S는 임신하고 시댁에 갔는데 남편과 시아버지는 TV만 시청하고 시어머니와 본인이 식사 준비부터 설거지까지 했다는 것이다. 그것도 임신 초기부터 만삭 때까지 말이다. 임산부가 제일 중요한 시기가 초기 임산부 시기인데, 이때는 조금만 무리해서 무거운 것을 들거나 스트레스를 많이 받으면 아이가 유산될 수 있다. 그리고 임신 중기에 들어서기 전까지는 아이와 산모에게 모두 중요한 시기라고 할 수 있다. 그리고 후기에 들어서서 오래 서 있거나 무리한 일을 하게 되면 허리와 다리에 경련이 오고 배가 뭉치는 현상을 경험할 수 있다. 그런데 시댁에서는 임산부를 배려하지 않은 상태로 매번 식사 준비하게 하고 아내가 설거지하는데 남편은 손가락 하나도 움직이지 않았다고 한다. 아직도 이런 구시대적인 사고를 하는 시댁이 있다니 놀랍지 않은가?

그렇다면 과연 남편은 S 친구의 친정에 가서 설거지를 했을까? 물론 친구의 친정에 가서도 손가락 하나 까딱 안 하고 밥만 먹었다고 한다. 대한민국 남편들아, 결혼해서 이혼당하기 전에 당신의 아이를 배 속에 품고 있는 아내에게 공주처럼 대접해 주어라. 그럼 편안하게 왕 대접을 받을 것이다. 어차피 아내가 없으면 본인의 아이를 가지지도 못할 텐데 어쩜 이리 아직도 여자를 못 시켜서 안달인 건지 모르겠다. 시댁에서는 남편들이 솔선수범하여 아내를 돕고 임산부를 꼭 보호해야 한다고 말해 주어라. 그러면 아내도 편안하고, 시댁 식구들도 아들이 하는 말이기 때문에 반감을 사지 않는다.

만약 며느리가 "저 임신했으니, 이제 좀 쉬어야겠어요." 이렇게 말하는 것이 듣기 편할까? 이런 상황에서는 꼭 남편들이 나서서 임산부는 쉬어야 한다고 부모님께 말씀드리거나 스스로 집안일을 돕는 것이 좋다.

가는 말이 고와야 오는 말이 곱듯이, 아내들도 남편에게 힘들었냐고 물어봐 주고 당신이 최고라고 매일매일 칭찬해 주어라. 그러면 남편들도 아내를 공주로 받들어 줄 것이다. 꼭 그렇게 해 보아라. 다른 남편, 아내 비교할 시간에 나의 배우자에게 칭찬 한마디 한다면 그것이 바로 가정의 평화를 가져올 것이다.

그리고 아이를 위해 부모가 함께 태교할 것을 권장한다. 아빠의 목소리가 아이의 머리를 더 좋게 만드는 사실을 알고 있는가? 아빠와 엄마가 태교 때 어떤 말을 해 주어야 할지 모른다면 나는 태교책을 아이에게 읽어 주라고 이야기하고 싶다. 그래서 태교를 위한 책을 몇 권 소개하고자 한다.

〈태교 책 추천〉

1.《태교 마음, 태교 시》 - 심순덕, 강은정 지음
2.《하루 5분 엄마 목소리》 - 정홍 지음

3.《하루 5분 아빠 목소리》- 정홍 지음

4.《뇌 태교 동화》- 김성수 지음

5.《미술놀이로 태교하기》- 정대식, 정유선, 정유진 지음

6.《배 속 아기와 함께 떠나는 음악 여행》- 백창우

7.《엄마 마음 사전》- 엄지인

8.《봄날의 햇살처럼 너를 사랑해》- 이야기꽃

9.《부모는 아기의 뇌 설계자》- 조용상

10.《영재 구연 태교 동화》- 임현진

태교의 기본은 사랑과 소통이다. 아이의 행복을 위해서 아이가 태어나기 전부터 노력한다면 그 아이는 태어나서도 사랑받고 남에게 사랑을 주는 아이가 될 것이다. 아이에게 좋은 것은 책뿐만 아니라 좋은 음악도 있다. 음악은 임신한 여성의 뇌세포를 자극한다. 이 세포는 태아에게 영향을 주어 두뇌, 인지력, 감성 발달에 도움을 준다. 또 엄마가 편안해지는 느낌의 음악을 들으면 산모에게 엔도르핀이 분비되어 아이의 상상력, 집중력, 창조력이 키워지기도 하므로 임신 초기부터 태교 음악을 들으면 좋다.

가족 중 한 사람이라도 임산부가 있다면 좋은 태담을 들려주고 행복한 상황을 만들어 주려는 노력이 필요하다. 특히 임산부가 시간을 많이 보내는 곳(주로 회사, 집)에서 편안함을 느끼는 것이 중요하다. 임신한 신혼부부에게는 최대한 능력이 되는 선에서 편안한 집에서 살라

고 말해 주고 싶다. 다만 자신의 능력껏 말이다. 왜냐하면 집에서 머무는 시간은 긴데, 그 공간이 불편하다면 있고 그것 또한 편안함을 느끼지 못할 것이다. 아이가 태어나도 최대한 편안함을 느낄 수 있도록 깨끗하고 안락한 집을 유지하며 신경 써야 한다.

태교 여행을 하는 것도 굳이 말리고 싶지 않다. 이것은 임산부의 특권이기도 하고 아이를 낳으면 언제 또 여행을 편하게 하게 될지 모르기 때문이다. 사치스러운 곳은 아니더라도 당일 여행이나 드라이브도 좋으니 아내를 위해 반나절이라도 시간을 내어 풍경이 좋은 곳에서 데이트하기를 권한다. 굳이 태교 여행으로 외국이 아니라도 좋다. 지금은 우리나라에도 좋은 경치가 있는 카페도 많고 펜션도 많다. 태교 여행으로 해외여행을 가라는 말이 아니다. 임산부의 마음을 조금이라도 편하게 가질 수 있는 곳을 찾아 잠시나마 산모에게 휴식을 취하라는 말을 하고 싶다. 임신은 인생에서의 최대 10개월이다. 80년을 함께 살 부부이지만 임신한 10개월만큼은 아내에게 최선을 다해 맞춰 주라고 말하고 싶다. 그러면 남은 50년은 정말 더 행복하게 살 것이라고 나는 확신한다. 모든 임산부가 행복하기를 기원한다. 아기가 태어났을 때부터 엄마를 행복하게 해 주어야 하는 것이 아니다. 여건이 된다면 아이가 배 속에 있을 때부터 그 아이와 나의 행복을 위해 하루하루 최선을 다하길 바란다.

5. 아이들은 엄마의 표정을 보고 자란다

〈당신이 나타내는 것 중에서 표정이 가장 중요하다.〉
- 자넷 레인 -

　당신은 아침마다 거울을 보는가? 나는 아침마다 거울을 보지만 표정에 대한 중요성은 모르고 살았다. 사람이 살아갈 때 아침에 만들어진 감정이 하루를 좌우한다는 말이 있다. 아침에 엄마와 싸워서 학교를 나간 아이는 온종일 기분이 좋지 않아 매사가 꼬이고, 아침에 엄마와 기분 좋게 하루를 시작한 아이는 학교에 가서도 온종일 좋은 감정을 갖고 생활한다고 한다. 아침에 일어난 후, 가족을 마주하기 전 나의 표정을 한번 살펴보자. 나는 이 글을 쓰기 전까지 내 얼굴을 보지 않고 하루를 시작하였다. 내가 웃는 표정으로 아침을 맞이한다는 생각이 들지 않았기 때문이다. 하지만 나도 글을 쓰면서 거울을 보며 웃는 습관을 들이기 시작했다. 아침에 웃게 되면 나도 온종일 미소 지으면서 일하게 될 수 있다는 사실을 깨달았다. 만약에 스스로 웃는 연습을 못하면 모나미 볼펜을 물면서 억지로라도 웃는 연습을 해야 한다. 웃으면 복이 온다는 말이 있듯이, 웃음도 의식적으로 해야 습관이 된다. 아침을 웃으면서 맞이하면 일할 때도 잘 풀리고, 집으로 갈 때도 되도록 좋은 감정으로 되돌아갈 수 있다. 그만큼 살아가면서 표정과 감정이 중요하다.

특히 아이는 엄마와 함께 보내는 시간이 가장 많다. 아이가 가장 많이 보는 얼굴이 엄마인데 엄마의 표정이 안 좋으면 아이의 표정이 안 좋아지고, 엄마가 웃는 표정이면 아이도 엄마를 따라 웃는다. 그 이유는 우리의 뇌에는 거울 뉴런이 있기 때문이다. 거울 뉴런이란 아이의 뉴런이 엄마의 표정을 자세히 관찰하고 난 후, 아이가 표정을 똑같이 따라 하는 것이다. 아이들은 태어나 6개월 이전에 사람들로부터 감정에 대해 공유를 한다. 특히 주 양육자의 표정을 수시로 관찰하고 조절하는 것을 배우게 된다. 만약 주 양육자가 할머니라면 할머니의 표정을 많이 보고 자라서 할머니의 표정을 모방할 것이다. 그러므로 아이를 키울 때는 주 양육자와 아이의 감정에 대한 공유가 매우 중요하다. 특히 어린아이일수록 말이다.

양육자 중 한 사람인 어린이집 교사도 아이들의 발달에 매우 큰 영향을 끼치는데 어릴 때부터 어린이집에 보내게 되면 어린이집 교사의 표정과 행동을 잘 보고 어린이집을 선택해야 한다. 내가 일하는 동안 내 아이는 선생님의 얼굴을 보며 자라는데 어린이집 상담 시 원장 선생님보다 담임선생님의 성격과 유형을 잘 파악하여야 한다. 특히 영아부 선생님들은 아이들을 얼마나 잘 훈육하느냐보다 얼마나 아이들을 사랑하고 일에 사명감이 있는지 잘 따져 보고 선택해야 한다. 그래서 만약 어릴 때 어린이집에 보내야 한다면 나보다 아이들을 많이 키워 본 인생 선배인 선생님을 더 좋아한다. 유치부들은 상관없지만, 영아부일 경우에는 미혼이거나 나이가 너무 어린 선생님들은 엄마의 마음을 이해하기 힘들기 때문에 포용력이 깊지 않을 수 있다. 그렇다고 어린 선생님들이 다 그렇다는 건 아니지만 대부분 부모의 마음을 겪어 본 사람들이 아이를 잘 다룬다는 통계가 있다. 미혼인 선생님들은 아이가 울거나 떼를 쓸 경우 안절부절못하지 못할 때가 있다. 하지만 자신의 아이를 키워 보거나 많이 겪어 본 노련한 선생님들은 이 상황들을 잘 대처해 나간다. 사실 어린이집보다 더 중요한 곳은 산후조리원이다. 산후조리원은 아이가 영아기일 때보다 더 중요한 시기를 보내는 곳이기 때문이다. 나도 아이를 처음 키워 보는데 조리원에 계시는 분들은 아이들의 표정만 읽고도 배가 고픈지 안 고픈지 기저귀가 불편한지 등을 잘 알아차릴 수 있다. 임산부가 처음 분들은 산후조리원을 알아볼 때도 마찬가지로 원장보다 아이들을 돌보는 선생님들을 잘 살펴보아야 한다. 조리원 투어를 할 때 그분들의 표정과 아이 다루는 모습을 잘 살펴보고 진심으로 아이를 대하는지 아닌지를 잘 구분하여 조리원을 선택하여야 한다. 그런 분들이야말로 세상에서 아이들을 처음 마주하는 분들이기 때문이다.

아이들은 다른 사람들의 표정을 통해 감정 조절하는 방법을 배우게 되는데, 자주 마주치는 사람들의 표정이 좋지 않으면 커서도 사람들의 감정을 이해하기 힘들다. 웃고 있는 표정의 사람을 보면 아이는 말을 하지 않아도 안정감과 편안함을 느낀다. 이는 어른들도 마찬가지이다. 내가 기분이 좋지 않더라도 상대방이 내 이야기에 대해 공감을 잘해 주거나 기분 좋은 표정을 지어 주면 나도 모르게 편안함을 느끼고 기분이 풀리는 경우가 있다. 이처럼 나의 표정은 상대방의 거울이다. 집에서 우울한 표정을 짓게 되면 아이들도 우울한 아이로 바뀌게 되고 기분 좋은 표정을 짓게 되면 아이들도 밝은 아이로 성장할 수 있다. 특히 어두운 표정은 아이들에게 그 자체로 스트레스가 된다. 부부가 싸우게 되면 아이들이 스트레스를 많이 받게 되는데 아이들을 위해서라도 부부 싸움을 웬만하면 하지 않거나 만약에 한다면 집 밖에서 해야 한다.

특히 아이들에게 소리를 지르는 것은 아이들의 정서발달에 가장 좋지 않다고 한다. 아이들은 영아기부터 어른들과 함께 지내면서 감정에 대해 공유한다. 양육자의 표정을 수시로 관찰하면서 감정을 어떻게 표현하는지 배운다. 또한 감정을 조절하는 법도 모방하며 배우게 된다. 특히 감정을 공유하는 것은 아이들의 인지기능 발달에도 영향을 미친다는 연구 결과가 있다. 그러므로 긍정적이고 행복한 감정을 표현하는 것은 자라나는 아이들에게 매우 중요하다. 사람은 태어나고 죽을 때까지 수만 가지의 감정을 표출하고 살아가는데 이는 거의 부모에게 배운 것들이다.

배우자를 만날 때 그 집안의 환경을 보면 이 배우자가 어떤 성격인지 파악하기 쉽다. 쉬운 예로 남자친구 집에 놀러 갔다고 생각해 보자. 남자친구의 집에 갔더니 아버지가 엄청 온화하시거나 어머니에게 자상한 모습을 보이면 이 남자친구는 거의 90%의 확률로 자상하고 온화할 확률이 높다. 왜냐하면 어릴 때부터 부모님의 표정이 그랬기 때문에 의식적으로 자상하지 않아도 몸에 그 표정이 베여 있기 때문이다. 만약 아버지가 가부장적이거나 무표정일 경우, 남자친구가 무표정하거나 감정표현이 어려운 사람이 대부분일 것이다. 그만큼 표정과 감정도 집안 환경에 의해 좌우되는 중요한 요소가 된다. 사람을 보면 집안 환경이 보이듯, 표정을 자세히 보아도 집안이 보일 정도로 사람에게는 표정이 매우 중요하다.

나의 첫째 딸이 초등학교 1학년 무렵, 코로나가 끝나고 몇 년 만에 초등학교 공개 수업이 열리게 되었다. 똑똑한 우리 딸이 어떻게 수업하나 설레는 마음으로 교실 뒤에서 수업 광경을 지켜보고 있었다. 수업이 시작되고 우리 아이가 발표할 차례가 되었다. 마침내 첫째 아이가 발표를 하기 시작했는데 아이의 말이 제대로 들리지도 않았고 표정도 어두웠다. 그리고 나서 이알리미로 선생님께서 올려 주신 학급의 사진을 다시 보게 되었는데 우리 아이만 웃지 않고 있다는 것을 그제야 깨닫게 되었다.

'다른 1학년 친구들은 아직 철이 없고 생글생글 한없이 밝은 표정인데 왜 사진 속의 우리 딸은 웃지 않고 있을까?'라는 생각을 했다. 공개 수업을 마치고 집으로 돌아온 아이에게 좀 웃으라고 얘기했다. 무슨 일이 있냐고, 친구와 안 좋은 일이 있냐고도 물어보았다. 돌아온 대답은 항상 아무 일도 없다는 대답뿐이었다. 동생들과 장난칠 때면 가끔 큰 웃음을 짓곤 했지만 대체로 무표정의 모습을 보이는 우리 아이였다.

처음에는 아이에게서 원인을 찾았다. 우리 아이는 왜 표정이 안 좋고, 발표하는 데 자신이 없을까 하며 아이를 나무랐다. 그런데 원인은 나에게 있었다. 내가 아이에게 많이 웃어 주거나 감정 공유를 한 시간이 너무 부족했던 것이었다. 어린이집 다닐 때까지는 나름 여느 아이들처럼 많이 밝았는데, 어느새 아이가 짜증을 내고 무표정인 모습이 나에게 마음이 닫힌 듯했다.

나는 둘째를 가지면서부터 호르몬의 변화가 생겨, 어렸던 첫째 아이에게 짜증을 많이 내고 가끔 소리도 질렀다. 아이는 엄마의 표정을 보며 자라는데 이런 무식한 엄마 밑에서 자랐으니 얼마나 힘들었을까. 게다가 아이의 마음은 읽어 주지도 못한 채 본인이 힘든 것만 내색하고 아이의 이야기도 들어 주지 않은 나쁜 엄마였음에 틀림이 없다. 하지만 지금부터는 너무 자책하지 않기로 했다. 지금이라도 알았으니 엄마인 내가 바뀌기로 했기 때문이다. 그럼 아이들은 반드시 웃는 얼굴로 돌아올 것이다. 아이들에게 왜 짜증을 내냐고 묻지 말고, 배우자에게 왜 화내냐고 묻지 말고, 그 전에 내가 항상 웃는 표정으로 있으면 상대방도 절대로 먼저 화내거나 짜증을 내지 않을 것이다.

우리 뇌는 진짜와 가짜를 구분하지 못한다. 나를 위해, 아이를 위해, 배우자를 위해, 우리의 가정을 위해서 엄마가 억지로라도 웃어야 한다. 그래야 그나마 행복한 가정을 가질 수 있다. 집안의 감정 기둥은 엄마의 역할이다. 물론 아빠도 중요하지만, 남성보다는 여성이 대부분

감성적이고 아이들과 많은 시간을 보내기 때문에 아빠보다는 엄마의 표정이 집안을 더 좌지우지하는 데 영향이 크다.

내 표정 또한 정말 무뚝뚝했다. 나의 친정 아빠의 직업이 경찰에다가 엄마는 항상 바쁘다는 핑계로 어린 시절 우리와 대화를 잘 나누지 못했던 부모님이었다. 언제부터였을까 내 표정이 이렇게 무뚝뚝한 이유도 우리 집안의 환경에서 비롯된 것이 아닐까? 이제 와서 부모님 원망을 하는 건 아니지만 내가 엄마와 한 번이라도 나의 감정을 공유하는 시간을 가졌더라면 나는 어떻게 자랐을까?라는 의문이 잠시 생기기도 했다. 하지만 그것은 오로지 과거일 뿐 현재를 바꾸는 것은 내 의지에 달렸다고 생각한다. 그러니 아이의 얼굴은 나의 거울이라고 생각하고 아이가 표정이 좋지 않다면 나의 표정을 꼭 바꾸어 보자. 표정이 바뀌면 말투도 바뀌고, 생각도 긍정적으로 바뀌는 효과가 있다.

오늘부터 "너 이것밖에 못 하냐?"라는 말 대신, "와, 우리 ○○가 이것도 잘해 내었네."

"양치 안 하면 치과 가야 해."라는 말 대신, "양치하고 이를 튼튼하게 하면 더 많은 것도 먹을 수 있어."

"너는 왜 이렇게 느리니?"라는 말 대신, "와, 우리 ○○가 이제 스스로 할 줄도 아네. 대견하고, 기특하다."라고 긍정적으로 말해 주자.

그러면 아이의 하루가 달라지고, 그 하루가 모여 평생이 달라질 것이다. 아이가 자라는 것은 유전적으로 타고난 것보다 환경에 의해 좌우되니 엄마가 중심을 잡고 긍정적인 방향으로 잘 이끌어 나가야 할 것이다. 거울을 보며 억지웃음이라도 좋으니 하루에 3분이라도 웃어 보자. 현대인들은 자녀와 대화하며 웃는 시간이 15분 미만이라고 한다.

"웃으면 복이 와요."라는 말이 있듯이 아이들과 꼭 웃으며 하루에 3분이라도 시간을 보내 보자. 웃는 날들이 하루 하루쌓인다면 아이들과 더욱 행복한 추억을 쌓을 수 있을 것이다.

6. 내면의 행복은 어디에서 오는 것일까?

〈행복은 이미 준비된 것이 아닙니다. 행복은 스스로의 행동에서
비롯됩니다.〉
- 달라이 라마 -

행복이란 과연 무엇일까? 나를 비롯한 한국인들은 스스로 삶에서 얼
마나 행복을 느낄까?

통계청이 발표한 한국인들이 느끼는 삶의 만족도는 경제협력개발기
구인 OECD 국가 가운데 최하위권으로 나타났다.

'2022 국민 삶의 질 보고서'에 따르면 지난 2019~2021년 기준으로 집
계한 주관적 삶의 만족도는 10점 만점에 5.9점으로 집계됐다. 이는 주
관지표만 다루는 유엔 지속가능발전해법네트워크(UN SDSN)의 '세계
행복보고서' 기준으로, OECD 38개국 가운데 36위 수준이다.

한국보다 삶의 만족도 점수가 낮은 나라는 튀르키예(4.7점)와 콜롬
비아(5.8점) 2곳뿐이라는 사실이 정말 놀랍지 않은가?

이 지표는 우리나라가 경제만 발달하고 겉모습만 번지르르한 나라
의 국민이라는 사실을 보여 준다. 성장률은 높을 뿐 행복지수가 낮은

나라에 살고 있으니 참으로 안타까운 상황이다. 경제 성장을 엄청 빠르게 이룬 대한민국, 우리나라 사람들은 나뿐만 아니라 대부분이 삶에서 만족도를 느끼지 않고 있다는 것이다. 겉으로 보기에 엄청난 경제 성장을 이룬 우리나라, 그런데 그 문제점이 무엇일까? 우리나라는 유독 다른 사람과의 비교문화가 존재하기 때문이다. 그로 인해 일어나는 사회적 문제점을 몇 가지 알아보자.

첫째, 자살률 1위의 나라. 대한민국.
무한한 경쟁사회에서 살아남기 위해서 우리가 해야 할 임무는 반에서도 1등, 나라에서도 1등을 해야 하는 압박감이 있다. 1등은 한 명인데 어찌 1등만 인정해 주는 나라가 되었을까. 지금도 우리나라의 청소년 자살률이 1위라고 한다. 특히 우리나라 엄마들은 아이들에게 성적만을 너무 강요하며 살아간다. 아이들의 행복보다는 아이들의 성적이 엄마의 자존심이기 때문이다. 왜 아이들에게 자기 행복을 전가시키는가? '옆집 아이는 벌써 선행을 몇 번 했다더라, 벌써《해리포터》원서를 읽는다더라.'라고 비교하는 말은 아이를 더욱 위축되고, 작아지게 만든다. 내 아이에게는 내 아이에게 맞는 속도와 방향이 있다. 하루에 문제집을 2장 풀어야 해냈다는 의식을 가지는 아이가 있고, 3장을 풀어야 성공했다는 의식을 가지는 아이가 있다. 어른도 그러하듯 모든 아이에게도 맞는 답은 없다. 아이에게 맞는 속도를 찾아서 부모가 함께 발맞추어가야 한다. 우리나라 엄마들은 집단문화가 발달해서 이 학원이 좋다고 하면 이 학원을 쫓아다니고, 저 학원 좋다고 하면 저 학원을 쫓아다닐 뿐, 아이의 성격은 파악하지 않은 채 학원만 이리저리 쫓아다닌다. 학원을 쫓아다니기 전에 우리 아이와 맞는 스타일의 학원과 선생님을 엄마와 아이가 직접 선택하여야 한다.

또한 조직 문화가 발달한 우리나라는 어릴 때부터 협동심은 길러져 있지만 남에게 피해를 주면 안 되는 문화에 길들어져 있어서 개개인의 개성이 사라지고 있다. 그 조직 문화 때문에 경쟁에서 이겨야 한다는 압박감만 있고 조직 내에서 혼자 튀는 행동을 하거나 남다른 의견을 제시하면 무시당하는 경우가 많다. 그래서 외국 아이들과 비교했을 때 아직도 우리나라 아이들은 발표수업에 약하고, 자신의 의견을 자신 있게 표출하지 못하며 짜인 틀에서 공부하기 때문에 창의력마저 떨어진다. 아이와 나라의 발전을 위해서라도 성적에 대한 집착을 버리고 자기 자신과 대화하는 연습을 많이 하도록해야 한다. 다른 아이의 삶에 맞춰진 모습을 따라가는 것이 아니라 진정한 우리 아이의 장점을 발견해 그것에 맞게 성장하는 아이가 될 수 있도록 도와주어야 한다.

둘째, 황금만능주의인 대한민국.

우리나라 사람은 돈을 유독 좋아한다. 돈을 좋아하는 건 나쁘다는 것이 아니다. 나도 물론 돈을 좋아한다. 이 세상 사람 중에 돈을 좋아하지 않는 사람은 없다. 하지만 돈만 좇게 되면 돈 이외의 더 중요한 것을 잃어버릴 수 있다. 우리나라는 경제적으로 초고속 성장을 이루었기 때문에 상대적으로 졸부가 많다. 갑자기 부동산이나 주식이 급등해서 부자가 되었기 때문에 돈을 그 능력에 맞게 소비할 줄을 모른다. 그래서 신흥 부유층들은 남에게 물질적인 것으로 보여지는 것이 자신을 나타낼 수 있는 최고의 수단이라고 생각한다.

요즘 젊은 사람들은 명품을 걸치고 좋은 차를 사는 것이 바로 자신을 나타내는 수단으로 생각하기 때문이다. 특히 돈이 인생의 전부라고 생각하는 사람들이 많다. 우리 사회에는 빚을 내서라도 명품을 사고, 타인의 시선을 통해 자신의 가치를 증명하려는 왜곡된 의식이 사람들 마음 깊은 곳에 박혀 있다. 돈은 절대적으로 인생의 전부는 아니며 돈이 있다고 해서 모든 것을 해결할 수도 없다. 돈 때문에 자식을 잃을 수도 있고 사랑하는 배우자, 부모님을 잃을 수도 있다. 그래서 물질에 대한 의식을 바꾸지 않으면 우리나라는 영영 물질 만능주의에서 벗어날 수 없을 것이다.

그렇다면 자살과 물질 만능주의에 휩싸인 우리나라에서 나의 행복을 찾기 위해서는 어떻게 해야 할까? 바로 나의 내면과 소통을 해야 한다. 나의 내면과의 소통? 처음 들어 보는 사람에게는 낯선 문장이긴 할 것이다. 하지만 겉으로 보이는 것들로 벗어나서 오롯이 나를 먼저 알아보는 시간이 필요하다. 나는 무엇을 좋아하고 어떤 것을 했을 때 행복한지 '나'와의 대화를 통해서 알 수 있다. 현대인들은 다른 사람과의 소통만을 강조하고 나와의 진정한 소통을 가지는 시간이 너무 부족하다. '내'가 진정으로 무엇을 할 때 행복을 느끼는 지를 찾았을 때, 나의 자녀가 행복하고 나의 주위 사람이 행복해질 수 있다. 그럼 나의 내면과의 소통은 어떻게 하는 것일까?

먼저, 소통의 의미를 알아보자.

〈'소통'의 사전적 의미〉

1. 막히지 않고 서로 잘 통함
2. 뜻이 서로 통하여 오해가 없음

이렇게 두 가지의 뜻이 있다. 우리는 소통을 중요시하게 생각하면서 한 번이라도 소통의 의미에 대해 제대로 찾아본 적이 있는가? 나와 막히지 않고 잘 통해야 남과도 잘 소통할 수 있다. 그럼 다음 문장을 읽어보면서 얼마나 나에게 자주 하는지 체크해 보자.

1. 내가 그걸 어떻게 했지? 정말 대단해.
2. 와~ 정말 잘한 일이야!
3. 나는 ~하는 걸 좋아해.
4. 내가 만약 ~을 하지 않았다면 어땠을까?
5. 오늘 ~을 해서 정말 후회하지 않아.

이렇게 오늘 하루에 돌아보면서 나와 소통한 적이 많이 있는가? 이 질문 외에도 여러 가지 질문들이 있다. 하지만 5가지 항목이라도 점검해 보면서 내가 오늘 한 목표에 대해서 잘했는지 못했는지를 확인해 보자. 그러면 내가 했던 일에 대해서 긍정적으로 검토하고 하루를 마무리 짓는 습관을 갖게 될 것이다. 이렇게 내가 어떤 사람인지, 어떤 것을 좋아하는지를 먼저 찾고 그 원인을 밝혀내야 한다.

나는 결혼과 출산, 육아로 인해 피해의식을 가진 사람으로 바뀌었다. 내가 바뀌게 된 건지 원래 피해의식이 있어서 지금 나타나는 것인지는 모르겠지만 지금의 나를 관찰한 결과 나는 정신적으로 상당한 피해의식을 갖게 되었다. 그럼 피해의식이란 무엇일까?

피해의식이란? 자신의 생명이나 신체, 재산, 명예 따위에 손해를 입었다고 생각하는 감정이나 견해를 말한다. 그래서 남이 일부러 나에게 피해를 준 것이 아닌데 스스로 어떠한 행위에 대해 피해를 봤다고 생각하는 것이다. 물론 결혼과 출산은 누구에게나 인생에 있어서 정말 큰일이다. 결혼도 큰일인데 그와 동시에 출산과 육아까지 맡게 되었으니 정신적으로 충격을 받고, 육체적으로도 손해를 입었다고 스스로 생각했다. 왜냐하면 남편은 결혼했더라도 결혼하기 전과 그대로 제시간에 일하러 나갔고, 친구들과 약속도 잡는데 나는 집에서 아무것도 못 했기 때문이다.

그런데 지금 생각하니 그 임신조차 나에게는 진짜 감사한 시간이었다. 왜냐하면 남자들은 인생에서 9개월 동안 편하게 쉬지 못할 수도 있기 때문이다. 그래도 여자들은 입덧도 하고 호르몬의 변화를 겪기는 하지만 집에서 일하지 않고 보낼 수 있는 기간이 있다. 하지만 남편들은 인생에서 9개월도 쉬지 못하면서 집안의 가장으로서 책임져야 하는 인생을 살아야 한다. 이 책을 쓰기 전까지 나는 나의 주어진 환경만을 탓했다. 내가 어떤 성격인지 제대로 파악하지 못한 채로 결혼을 하고, 아이도 낳았으며, 그 영향을 아이들이 받으면서 자라고 있다. 결혼을 하기 전이나 아기를 낳기 전, 나와의 소통을 통해서 내가 어떤 사람인지 파악하고 그에 맞는 배우자를 찾는 것이 매우 중요하다. 그렇지 않고 나를 제대로 모르는 상태로 배우자를 찾게 되면 배우자에 대한 이상이 너무 커지기 때문이다. 소크라테스가 한 말처럼 '니 자신을 알라.'라는 말은 인생에서 매일 되새겨야 할 말이다. 자신을 모른 채, 배우자에 대한 이상만 높으면 배우자를 구하기 힘들 뿐 아니라, 배우자를 만난 이후에도 실망을 크게 할 수도 있다. 그게 바로 요즘 이혼율이 높은 이유이기도 하다. 자신의 모습을 잘 알지도 못한 채로 배우자를 만나 자신에게 잘해 주기만을 바라고 있으면 그에 대한 실망감이 커져서 이혼을 선택하게 되는 것이다. 그래서 나는 지금 나의 배우자와 내 가족들에게 임신한 9개월 동안 내가 원하는 것을 하게 해 주어서 고맙다는 이야기를 꼭 전달하고 싶다. 그래서 항상 나와의 소통을 통해 내가 어떤 사람인지 먼저 파악한 다음, 내가 다른 사람에게 원하는 것을 이야기하고 목표를 정하는 것이 좋다.

먼저, 내가 궁극적으로 원하는 자아상이나 삶의 목적, 목표가 무엇인지 제대로 알아야 한다. 그래야 자식이나 배우자, 다른 사람과 소통할 때 올바른 길로 갈 수 있다. 왜냐하면 나와의 소통을 많이 할수록 내가 가진 장점, 단점을 잘 파악하여 다른 사람과 소통을 잘 할 수 있기 때문이다. 그리고 나를 파악한 후에 타인과의 소통에서 대처 방법을 빨리 익힐 수도 있다. 우리는 대개 타인과의 대화에서 반대 의견이 나오면 얼굴을 붉히곤 하는데 내가 나를 잘 알지 못하니, 타인과의 다툼에서도 대처 방법을 모르기에 십상이다. 내가 나를 이해할 때 비로소 타인을 이해하고 배려하는 태도가 나오게 되는 것이다.

그리고 나와의 소통을 통해 이때까지 내가 잘해 왔던 것들에 대해 반드시 칭찬을 해 주어야 한다. 물론 살아가면서 모든 것을 다 잘하는 사람은 없다. 모든 것들을 다 잘 해내지는 못했지만 각자 나름대로 최선을 다하는 인생을 살았다고 생각한다. 돈이 많든, 자식이 많든, 학력이 좋든 내가 이때까지 이룬 과업에 대해 반드시 나에게 스스로 칭찬하는 시간을 가져야 한다. 나와의 소통을 통해 나의 삶에 대해 곰곰이 생각해 보고 잘했던 일을 꼭 스스로 알아차려야 한다. 가까이 있는 사람은 비록 칭찬해 주지 않았지만 제3자가 나를 보았을 때 이 순간은 진짜 고생했다고 생각하는 순간이 반드시 올 것이다. 그 순간을 잊지 말고 반드시 나를 칭찬하면서 나만의 내면의 행복을 찾아보자. 특히 그 순간을 생각만 하지 말고 기록하여 남길 것을 추천한다. 블로그에 기록하든, 동영상으로 남겨 놓든, 이 책을 읽으면서 이제부터라도 잊지 말고 기록해야 한다. 그래야 내가 잘했던 것들이 기억에 남고, 앞으로 그 기억을 상기시키면서 자신감을 가질 수 있다. 아이들에게도 마찬가지로 잘한 점을 꼭 칭찬해 줘야 한다. 왜냐하면 아이들은 칭찬보다 부정적인 감정이 더 기억 속에 많이 남기 때문이다. 이것은 어른 또한 마찬가지이다. 그래서 칭찬은 크게 하고 훈육은 감정을 배제한 후에 사실로만 꾸짖어야 한다. 나에게도 마찬가지이다. 나에게 관대하지는 않되 내가 했던 행동들에 대한 칭찬은 반드시 필요하다. 이것을 습관으로 자리 잡아서 셀프 칭찬하는 시간을 갖고 자녀에게도 칭찬하는 시간을 가져야 한다. 그래야 나도 자녀도 자신감을 갖고 인생을 살아갈 수 있다.

나와의 소통을 통해 나를 알게 되면 내가 알지 못했던 나를 직면 할 수 있다. 내가 나를 마주하는 과정에서 '마음에 드는 나'와 '마음에 들지 않는 나'를 발견하게 된다. '마음에 들지 않는 나'를 발견하면서 마음이 힘들 수도 있다. 하지만 그것을 알아차리는 순간 우리는 더욱더 발전하고 정신적으로 성숙한 자아를 만들 수 있을 것이다. 나 자신을 알아가는 것을 두려워하지 말고 직면하여 내가 어떤 상태에 처해 있는지를 잘 알아야 한다. 그에 맞는 해결책을 찾아 극복하면 앞으로의 나의 인생에 대해 자신감을 가질 수 있을 것이다.

인생은 두려움을 극복하고 용기를 갖는 자에게 더 큰 기회를 가져다 준다. 그 기회는 우연히 일어나는 것이 아니며 자신과의 소통을 통해 자신을 잘 알고 있을 때 기회를 잡을 수 있으므로 나와의 소통을 꾸준히 연습하는 것이 중요하다.

7. 사랑받고 자란 엄마가 사랑을 주는 엄마가 된다

〈정서지능이 높은 아이일수록 마음 편하고, 성격 좋은 사람으로
성장할 수 있습니다.〉

- 노경선 박사 -

사랑을 주기 전에 여러분들은 언제 사랑을 받고 있다고 느끼는가?
한번 생각해 보자. 내가 사랑받고 있다고 느끼는 순간은?

첫 번째, 남편이 안아 주거나 이마에 키스, 가벼운 스킨십을 해 줄 때.
두 번째, 다른 사람이 나를 위해 음식을 준비해 줄 때.
세 번째, 다른 사람이 나를 보는 순간 반갑게 맞이해 줄 때.

나는 이 정도로 요약할 수 있을 것 같다. 독자들도 본인이 언제 사랑
받음을 느끼는지를 작성해 보자.

첫 번째, ---

두 번째, ---

세 번째,

그런데 생각보다 사랑받는다고 느끼는 순간이 많지는 않다. 그 이유는 사랑이 감정적인 단어이기 때문이다. 우리는 물질적인 것을 받을 때보다 감정적으로 인정받을 때 사랑이라는 감정을 느끼게 된다. 그럼 사랑의 사전적인 의미는 무엇일까? "사랑해."라는 말은 자주 하지만 인생을 살아가면서 '사랑'이라는 단어의 의미에 대해 한번 생각해 본 적이 있는가?

〈사랑이란〉

1. 어떤 사람이나 존재를 몹시 아끼고 귀중히 여기는 마음. 또는 그런 일.
2. 어떤 사물이나 대상을 아끼고 소중히 여기거나 즐기는 마음. 또는 그런 일.
3. 남을 이해하고 돕는 마음. 또는 그런 일.

이처럼 사랑은 감정적으로 느끼는 것이지 물질적으로 보여지는 것이 아니다. 예를 들어, 내가 값비싼 명품을 선물 받았다고 하자, 포옹도 하나 없고, 감정도 없는 선물만 받았을 때 과연 내가 사랑받고 있다고 느낄까? 나는 꽃 한 송이라도 좋으니 '감사해, 사랑해.' 이런 말을 감정과 함께 진심으로 선물을 받았을 때 '사랑'받고 있는 감정을 느끼는 것 같다.

예전의 부모들은 사랑받을 줄도 모르고 사랑을 줄 줄도 몰랐다. 6.25 전쟁통에 태어난 우리 시대의 부모들이 과연 어떤 사랑을 제대로 받기나 했을까? 그 부모들에게서 태어난 자식들이 우리 세대이니 우리도 사랑을 제대로 받은 적 없고, 사랑을 표현할 줄도 모른다. 공부 잘하고, 예의 바르게 행동하고 남에게 욕 안 먹으면 자식을 잘 키웠다고 생각했지만, 지금은 그 기준이 많이 달라졌다. 집안의 온화한 분위기에서 사랑이 나오고, 그 사랑이 자식들에게 전해지면 자식들도 그 주위의 사람들에게 사랑을 전해 줄 수 있는 사람이 된다.

어릴 적 보릿고개 시절을 겪었던 우리의 부모님 세대는 나라가 가난해 아껴야 했었고, 삶의 질을 높이기보다 하루하루 인생을 살아가는 데 발판을 마련해야만 했던 경제적으로 매우 힘들었던 시기를 겪으신 분들이었다. 누구보다 열심히 살아야 했고, 잘살아야 했고, IMF 시기를 겪으면서 경제적으로도 최대의 고비를 넘겨야 했던 분들이다. 대한민국의 실정에 맞게 그 부모에게 사랑받지 못해서 우리에게 제대로 된 사랑을 주지도 못했다. 지금은 그래도 우리나라가 경제적으로도 성장했고 예전처럼 먹고사는 것에는 큰 문제가 없으니 예전의 우리 부모의 시대보다 자식들에게 사랑을 나눠 줄 경제적인 여유도, 시간적인 여유도 훨씬 많아졌다.

고기도 먹어 본 사람이 먹을 줄 안다고, 사랑도 받아 본 사람이 나누어 줄 줄 안다. 나는 이때까지 내가 사랑을 많이 받고 자란 줄 알고 있었다. 왜냐하면 우리 부모님이 우리를 위해 최선을 다해서 살았기 때문이다. 부모님의 입장에서는 자신이 열심히 일해서 그 돈과 시간을 자식들을 위해서 투자하고 최선을 다해 바쁘게 살았다고 말씀하신다. 그것이 틀린 말은 아니다. 어느 부모인들 자식을 위해 돈을 쓰고 시간 쓰는 것을 아까워하리. 하지만 아쉽게도 이것은 사랑을 주는 것과는 조금 다르다. 돈과 시간을 아이들에게 쓰는 것은 사랑을 주는 방법으로 전부는 아니라고 생각한다. 지금의 부모들이 착각하는 것이 있는데, 아이들에게 식견을 넓혀 주려고 여행을 많이 다니고, 성적을 위해 학원을 많이 보내는 것은 아이들에게 사랑을 감정적으로 전해 주는 것이 아니다. 아이들에게 단지 경험만 넓혀 줄 뿐, 진정으로 사랑을 주는 방법은 아니다.

하루하루 아이를 사랑해 줄 수 있는 것은 그러한 비싼 여행과 학원이 아닌, 따뜻한 포옹과 따뜻한 말 한마디이다. 돈이 많아 좋은 곳에 아무리 여행을 많이 다니더라도도 아이들과 함께 살을 맞대거나 말 한마디 없는 바쁜 스케줄은 의미가 없다. 여행을 하는 것이 좋다는 의미는 여행하는 동안은 다른 것을 하지 않고 오로지 아이에게 집중하여 아이의 의견을 들어 주고 서로 대화하는 시간을 많이 가졌을 때 가족과의 여행이 의미가 있다.

반드시 물질적인 것만이 사랑을 주는 것은 아니다. 집이 넓고 주거 환경이 좋은 것은 아이에게 외부적인 요소로부터 안전하게 만들어 줄 수는 있다. 하지만 중요한 것은 엄마, 아빠의 사랑과 따뜻한 말 한마디이다. 우리 부모님은 일하는 시간을 쪼개서 우리 삼 남매를 데리고 이리저리 여행도 많이 다녀 주시고 할아버지, 할머니께도 효도하는 모습을 보여 주셨다. 하지만 내가 아이들에게 사랑을 잘 주지 못하는 이유를 생각하면 나도 자랄 때 부모님께 따뜻한 말 한마디를 들은 기억이 별로 없었다. 부모님께서 사랑을 나에게 일부러 주지 않았던 것이 아니라 사랑을 주는 방법을 몰랐기 때문에 느끼지 못했을 것이다.

그래서 우리도 바쁜 현대 사회를 살아가고 있지만 일부러라도 아이들과 살을 맞대거나 이야기하는 시간을 만들어야 한다. 나는 저녁 식사 시간이나 저녁을 먹고 난 뒤가 아이들과 이야기하기가 좋다고 생각한다. 시간이 언제라도 사실 상관은 없다. 아침에도 함께 이야기를 나눌 시간이 있으면 좋은데, 아이가 어리다면 저녁 시간에 함께하는 시간을 가지는 것이 좋고, 아이가 학업 시간이 길어질 청소년 무렵 때는 아침에 대화를 나누어도 좋다. 아이가 어릴 때는 샤워를 하면서 엄마와 함께 대화를 하거나 놀이 시간을 갖는 것이 가장 자연스럽고 시간을 확보하기가 좋다. 씻기도 하면서 아이들과 함께 놀 수 있기 때문이다. 그리고 스킨십도 할 수 있는 1석 3조의 효과를 누릴 수 있다. 워킹맘들은 퇴근하고 와서 비록 몸은 힘들겠지만, 반드시 스스로 아이를 씻기는 것이 좋을 것이다. 서로의 몸을 씻겨 주면서 스킨십도 하고 간질간질 장난도 치면서 아이에게 정서적 안정감을 줄 수 있기 때문이다. 그리고 로션을 바를 때도 자연스러운 스킨십을 할 수 있다. 평소에 포옹이나 스킨십을 잘하지 못하는 부모에게 샤워를 같이하거나 로션을 발라 주는 행위는 아이에게 정서적 안정감을 안겨 주는 최고의 일상이라고 할 수 있다. 혹시 어떤 스킨십을 해야 할지 모를 때는 아이와 꼭 샤워를 같이 하고, 몸 구석구석에 로션을 발라 주자. 그럼 아이와 자연스럽게 친해질 수도 있고, 육체적인 거리도 좁힐 수 있는 좋은 기회를 얻을 것이다. 워킹맘이라고 해서 너무 슬퍼하지 않아도 된다. 육아는 양이 아닌 질이 더 중요하니 많은 시간을 보내지 못하는 것에 죄책감 느끼지 말고 함께할 수 있는 시간에 아이들에게 더 집중하는 엄마가 되도록 노력하자.

8. 지금이 가장 행복하고, 감사한 순간이다

〈감사는 최고의 항암제요, 해독제요, 방부제다.〉

- 존 헨리 -

행복은 어디에 있는 걸까? 살면서 행복하다고 느낀 순간은 언제인가? 살면서 한 번이라도 이런 생각을 해 본 적이 있는가? 그렇다면 이때까지 살면서 행복했던 순간들을 한번 떠올려 보자. 저자의 행복한 순간은 대학을 갔을 때, 신혼여행을 가서 여행할 때, 아이를 낳았을 때 등등 큼직한 행복이 있다. 하지만 삶에서 큰 행복뿐만 아니라 작은 행복도 행복이다.

나는 초등학교 때 공부를 잘했고, 중학교 때는 보통이었고, 고등학교 때는 잘하지 못했다. 아니 안 했다고 하는 것이 더 맞겠다. 초등학교 때는 공부가 쉬웠다. 물론 나뿐만 아니라 다른 애들도 그랬을 것이다. 중학교 때도 공부가 쉬웠다. 그래서 어려운 과목은 하지 않고 내가 좋아하는 과목만 했다. 내가 좋아했던 과목은 영어였는데, 아쉽게도 영문과에 진학하지 못했다. 고등학교 때 성적이 따라 주지 않았기 때문이다. 가족들이 나는 전문대학밖에 가지 못할 거라고 예상했는데 다행히 이름있는 4년제에 입학해서 가족들이 깜짝 놀랐다. 그래서 대학 합격 통지서가 도착했을 때 나는 행복함을 느꼈다. 왜냐하면 내가 4년제가 입학했기 때문이 아니라 가족들의 기대치보다 높은 대학을 들어갔기 때문이다. 나는 내가 만족을 느끼는 것보다, 다른 사람들의 기대에 부응했을 때 대체로 뿌듯함과 행복감을 느낀다.

두 번째로 내가 행복감을 느꼈을 때는 내가 아이를 보고 웃을 때였다. 이것은 안타깝게두 아이가 없는 사람들은 절대 느낄 수가 없는 감정이다. 아이를 임신하고 낳을 때는 엄청 힘들었는데 아이가 나를 보고 웃으면서 사랑한다고 이야기할 때, 세상을 다 가진 기분이 들었다. 셋째까지 낳았지만 셋째가 사랑한다고 말할 때는 진짜 아직도 너무나 이쁘다.

부모님이 눈에 넣어도 아프지 않은 내 자식이라고 하는 말을 어릴 적에는 이해하지 못했지만, 지금은 이해할 수 있을 것 같다. 아이가 먹는 모습만 봐도 기분이 좋고, 아이가 한 발 한 발 내디뎌 걸을 때, 나를 보고 함박웃음을 지을 때, 그렇게 행복할 수가 없다. 아이가 우리를 힘들게 할 때도 있지만 아이가 우리에게 주는 행복은 억만금을 주어도 바꿀 수가 없다. 100일이 지나면 뒤집기를 하고 1년이 지나면 걷기도 하고 뛰기도 하고, 2년이 지나면 말을 하게 된다. 아이가 태어나서 36개월 동안 우리는 아이가 주는 모든 행복 중 90% 정도 느낀다고 한다. 물론 4살도 이쁘긴 하지만 36개월 동안 우리에게 주는 행복은 인생에 다시 오지 않기 때문에 그 시간만큼은 아이에게 집중하고 최대한 눈을 맞추며 행복을 느껴야 한다.

　세 번째로 나는 여행하는 것을 좋아해서 여행할 때 행복감을 느낀다. 나는 모험심이 강하고 새로운 곳을 돌아다니는 것을 좋아하는 성격이다. 여행을 혼자 하는 것도 좋았는데 결혼하고 처음으로 남편과 둘이서 여행했던 시간을 잊을 수가 없다. 왜냐하면 좋아하는 사람과 함께 좋은 곳에 다녔기 때문이다. 다른 사람들은 신혼여행에서 제일 많이 싸운다고 했는데 우리 부부는 신혼여행을 하면서 서로의 성격에 대해 더 잘 알게 되었고, 서로 배려하는 법을 배우게 되었다.

　네 번째는 남에게 음식을 대접했을 때, 내 음식을 잘 먹는 모습을 보면 행복감을 느낀다. 이런 나를 보면 영락없는 아줌마인 것 같다. 처녀였을 때는 엄마가 해 주는 밥, 남이 만들어 주는 밥을 먹을 줄만 알았지, 내 스스로 요리는 거의 만들어 본 적이 없었다. 나의 요리를 먹어 주는 배우자가 생기고 애들이 생기니 당연히 맛있게 먹이고 싶은 엄마의 마음이 생겼다.

　처음에는 모두 쉽게 만드는 볶음밥이나 달걀프라이로 시작했다. 우리 친정 아빠가 달걀프라이를 진짜 잘 만드셨는데 그러고 보니, 30년 동안 한 번도 옆에서 만드는 것을 본 적이 없었다. 그래서 요리 동영상도 찾아보고 블로그도 찾아보면서 이제는 주부 9단만이 할 수 있다는 웬만한 찌개나 요리류는 맛있게 만든다. 그리고 아이들이 어렸을 때는 이유식을 만드는 게 관건이었다. 엄마도 처음인 데다 요리까지 초짜인 나는 이유식 책도 사서 읽어 보고, 영상도 많이 참고했다. 마트에 가면 시판 이유식이 많이 있었지만 나는 그 당시에는 워킹맘이 아니었기 때문에 아이들에게 내 손으로 만든 이유식을 꼭 먹이고 싶었다. 내가 자랄 때는 배달 이유식이나 시판 이유식이 없었다. 하지만 플라스틱 통 안에 담긴 밥을 아이에게 사먹이고 싶지는 않았다. 지금도 반찬은 거의 사 먹지 않고 집에서 해 먹는 편인데, 아이들에게 내가 물려줄 수 있는 큰 것은 건강이라고 생각했기 때문이다. 특히 어렸을 때 먹었던 음식은 성인이 될 때까지 건강에 영향을 많이 끼치는 편인데 아이의 건강을 위해서라도 이유식을 만들어 먹이는 편이 더 낫다고 생각했다. 그래서 아이가 내가 만든 음식을 잘 먹어 줄 때 나는 진짜 행복함을 느낀다.

또 우리 집에 누군가를 초대했을 때, 손님들이 내가 만든 음식을 맛있게 먹어 줄 때 더없이 행복함을 느낀다. 요리는 준비할 때는 힘들지만, 상대방이 정성을 느끼고 맛있게 먹어 주면 요리를 만든 입장에서는 엄청 뿌듯하다. 특히 주부들은 남이 만들어 준 음식은 컵라면이라도 맛있다며 농담할 정도로 요리를 하는 것에 지쳐있다. 친한 지인들이 우리 집에 와서 커피도 맛있다고 하고, 내가 만든 음식을 맛있게 먹어 주면 나는 그 자체로 힐링 되고, 행복함을 느낀다.

역시 행복은 내가 받는 것보다 누군가에게 행복한 감정을 주었을 때 더 많은 행복을 느끼는 것 같다. 내가 열심히 일해서 받은 월급으로 생일선물을 선물하거나 감사의 표시를 할 때 더 많은 행복감을 느끼는 것이다. 고로 행복은 받는 것도 좋고, 줄 때는 더 좋다.

행복감을 느끼는 것은 습관이며, 행복은 결코 멀리 있지 않다. 작은 행복도 행복이고 큰 행복도 행복이다. 우리는 행복을 느끼는 것이 특별한 날, 특별한 장소에서 느껴야 한다고 생각한다. 하지만 아침에 일어나 햇빛을 맞는 것, 아침에 눈을 뜨는 순간조차 행복해야 한다. 만약 지금의 삶에서 행복을 느끼지 못한다면 어떤 순간에 내가 다행이라고 생각하는 것들을 행복으로 바꿀 필요가 있다. 다행이라고 느끼는 순간은 사람마다 다를 수가 있는데 오늘 만약에 내가 지각할 뻔했지만 지각하지 않았던 일, 냄비를 태울 뻔했지만 태우지 않았던 일 등등 하루에 일어나는 소소한 일 중 다행이라고 생각하는 것들을 행복으로 바꾸면 된다.

예를 들어, "오늘 지각하지 않아 정말 다행이야."를 "오늘 지각하지 않아서 행복해."로 바꾸면 지각하지 않은 것 자체만으로 행복을 느낄 수 있다. 행복함을 느끼는 것도 습관이 안 되어 있다면, 음식과 마찬가지로 연습해서 습관으로 기르는 것이다. 공부 습관을 만드는 것, 어떠한 기술을 연마하는 것 등 육체적인 움직임을 바꾸는 것만이 습관이 아니다. 행복, 사랑, 감사 등 긍정적인 감정을 느끼는 것도 습관으로 바꾸게 되면 우리 뇌가 그 행동에 대해 감정으로 인식하게 된다. 마음속에서 우러나오는 것보다 항상 그 감정을 느끼도록 유지하는 습관을 만드는 것이 더 중요하다. 우리 몸의 근육도 운동을 하면 만들 수 있다. 몸뿐만 아니라 감정을 쌓는 데도 근육이 필요한데, 한 번에 습관을 만들기란 어렵다. 하루에 한 번, 1분씩이라도 짧게 행복을 생각하는 시간을 정하자. 나는 아침에 눈 떴을 때, "오늘도 아침에 눈을 뜨게 해 주서서 행복하고 감사하다."라는 말을 한다. 나도 예전에는 이런 습관이 없었는데 '감사와 행복'을 연습하면서 습관으로 만들어지기 시작했다.

없던 습관을 만들기 위해서는 최소한 3주, 21일의 시간이 필요하다고 한다. 행복함을 느끼는 습관을 만들기 위해 21일 동안 시간을 정해 먼저 연습을 한다. 그리고 의식적으로 66일 이라는 시간을 조금 더 투사하게 되면, 그 이후부디는 무의식적으로 행복함을 느끼는 것이 습관이 자리 잡힌다고 한다. 우리 뇌는 현실과 가짜를 구분하지 못한다. 내가 지금 행복하지 않더라도 습관적으로 머릿속으로 '행복하다.'를 되뇌거나, '행복하다.'라고 글씨를 쓰게 되면 우리의 뇌는 진짜 행복하다고 느끼게 된다는 것이다. 그러다 보면 행복한 감정이 습관이 되고, 무의식적으로 행복하게 생각하고 행동하게 된다. 내가 어떤 일을 할 때 두려움이나 불안함을 느끼더라도 행복한 감정이 습관으로 자리 잡히면 두려움과 불안함을 덜 느끼거나 긍정적인 방향으로 생각할 가능성이 커진다. 그래서 행복한 감정도 근육을 만드는 것처럼 없던 것을 키워 나가는 것이다. 그것이 바로 '감정 근육'이다. 불안함, 이미 일어난 상황을 남 탓으로 돌리는 감정, 좌절, 두려움 등 부정적인 감정을 계속 생각하는 사람은 '부정적 감정 근육'이 쌓인다. '부정적 감정 근육'이 많이 쌓여있는 사람은 당연히 모든 일에 있어서 부정적인 결과만을 낳을 수밖에 없다. 반대로 행복한 감정, 자신감, 편안함, 극복, 인내심 같은 긍정적인 감정을 계속 생각하는 사람은 '긍정적인 감정 근육'이 쌓이게 된다. 현대인들은 지금 물질적인 요소에 치우쳐져 마음에 병든 사람이 매우 많다. 나는 이런 외적인 요소에 치우쳐 스트레스를 받는 현대인들에게 행복한 감정 근육을 만들어 '행복한 자아'를 가진 사람으로 바꾸어 주고 싶다.

인간은 누구나 다 살아가는 것이 힘들고 고통스럽다. 힘들고 고통스러움을 느끼지 않으면 행복 또한 느낄 수 없다. 하지만 힘들다고 해서 힘든 생각만 하면 더욱더 힘들어진다. 정신적으로 피폐해질 뿐만 아니라 스트레스를 많이 받아 스트레스가 온몸으로 퍼져 나가 결국엔 신체적으로까지 영향을 끼친다. 외적인 요소만을 신경 썼다가 신체적으로 건강하지 못한 사람이 요즘에 훨씬 많아지고 있다. 자신이 현재 어떤 것에 중요한 가치를 두고 살아가고 있는지 잘 살펴보자. 결국엔 내면이 행복한 사람만이 외적인 요소도 성장시킬 수 있으며, 내적인 성장과 외적인 성장을 동시에 받아들일 수 있다. 인생은 누구나 힘들지만 힘든 인생을 극복하며 잘 살아가는 것이 중요하고, 그것이 바로 우리에게 주어진 인생 숙제이다. 모두가 매일매일 행복할 수는 없다. 하지만 행복한 감정을 습관으로 만들어 내가 그 행복감을 자주 느낄 때, 몸과 마음이 모두 편해질 수 있을 것이다.

몇 개월 전에 아이를 유모차에 태우고 가다가 내가 반대쪽에서 오는 차량을 보지 못해서 유모차가 차에 치였다. 다행히 그 차는 경차였고, 운전자분이 나이가 좀 있는 아줌마라 매우 착하셨다. 나의 부주의로

인해 아이가 다칠 뻔했고, 하마터면 경찰과 보험회사를 부를 만한 큰
일이 벌어질 상황이었는데 다행히 운전자분이 차분히 넘어가 주셔서
아무 일이 없이 넘어갔다. 아마 그때 큰 차에 치였더라면 아이도 많이
다쳤을 것이고, 운전자분도 크게 당황하거나 화를 냈을 것이다. 하지
만 다행히도 큰 사고 없이 지나갔다. 지금 생각해 보면 아찔할 정도로
위험한 상황이었는데 마음을 가다듬고 생각해 보니 정말 온 우주에 감
사해야 할 일이라고 생각했다. 아이도 나도 다치지 않고 지금까지 건
강하게 일상생활을 잘하게 되어서 너무 감사했다. 이처럼 큰일을 겪었
을 때도 불만보다는 항상 감사함을 갖고 살아가는 것이 중요하다.

지금 이 순간, 잠시 눈을 감고 행복함과 감사함을 느껴보자. 하루에
단 1분이라도 진심으로 감사하고 행복을 느낀다면, 우리 몸은 웃을 때
분비되는 도파민, 세로토닌, 엔도르핀 같은 '행복 호르몬'을 자연스럽게
만들어낸다. 그래서 많은 사람들이 '감사일기'를 권하는 이유이다.

작은 감사가 쌓이면, 결국 우리의 삶도 조금씩 달라진다. 감사를 느
끼면 스트레스를 없애는 호르몬도 분비가 되고, 심장에도 영향을 끼치
게 되어 심혈관 질환도 예방할 수 있다. 웃어야만 엔도르핀이 생기는
것이 아니다. 사소한 일에도 감사하고, 작은 순간에도 행복을 느낀다
면, 그것이야말로 우리의 몸과 마음을 지키는 가장 큰 힘이 될 것이다.
매 순간 감사하며, 기꺼이 행복해지자.

2장

자존감 높은 엄마가
행복한 엄마다

1. 자존감이란 무엇일까?

자존감, 도대체 그것이 무엇일까? 요즘 서점이나 유튜브 채널을 보면 자존감에 대한 열기가 뜨겁다. 과연 자존감이란 무엇인지 사전적 의미를 먼저 알아보자.

〈자존감〉

자아 존중감을 자신을 존중하고 가치 있는 존재라는 것으로 인식하는 마음. 간단하게 말해서 자기 자신을 긍정적으로 바라볼 수 있냐는 의미.

그야말로 나를 스스로 존중하는 마음이다. 우리는 '상대방을 존중해라.' '인간을 존중해라.'라는 인간의 존엄에 대해서 교육을 많이 받아 온 유교 민족이다. 우리나라는 특히 유교문화가 강해서 인생을 '내'가 필요한 사람으로 살아가는 게 아니라 '남'이 필요로 하는 '나'로 살아간다. 우리의 인생을 한번 잘 되돌아보자. 왜 우리나라만 유독 K-며느리, K-장녀라는 단어가 만들어졌을까?

지금 기성세대인 시부모님이나 부모님은 우리에 대한 기대치가 컸었다. 그 기대치에 맞춰 살려고 하니 한번 사는 인생인데 내 인생은 제대로 살아 보지 못한다. 그 기대에만 부응하려고 살다가 스트레스만 받아 결국 이도 저도 아닌 힘든 삶을 살게 되는 것이다. 요즘은 그래도 본인의 의견을 많이 내세우고 여성의 사회적 지위도 높아졌다. 우리 어머니들의 삶이 힘들었기 때문에 나이가 들어 본인들이 힘들었던 삶을 보상받거나 대우받고 싶어 한다. 그래서 며느리와 장녀에게 기대치를 놓지 못하고 희생에 대한 대가를 바라는 것이다. 이제부터는 힘들더라도 그 관습을 조금씩 끊어내야 한다.

지금의 워킹맘들이 자존감이 내려가는 이유는 아직도 여자의 역할이 너무 많이 요구되기 때문이다. 예전에는 사실 결혼하면 엄마의 역할만 충실히 하면 됐었다. 물론 모두는 아니지만 지금처럼 워킹맘이라는 단어도 존재하지 않았고, 일하는 며느리, 일하는 엄마가 별로 없었다. 남편 뒷바라지와 아이들만 건강히 잘 키우면 그걸로 엄마의 역할이 충분한 시대였다. 예금이나 적금만으로도 충분히 돈을 모을 수 있었고, 지금보다 경제는 어렵지 않았다.

하지만 지금은 결혼하면 여자에게 주어지는 역할이 얼마나 많은가? 한 아이의 엄마로서, 한 부모님의 딸로서, 며느리로서, 배우자의 아내로서, 직장 내에서 일하는 사람으로서 수많은 역할을 해내야 한다. 몸뚱이 하나로 이 모든 역할을 해내기는 당연히 힘들다. 역할이 늘어나니 이것도 잘하고 싶고, 저것도 잘하고 싶은 욕심은 있는데 몸뚱이는 하나이니 한계에 부딪힌다. 돈을 벌러 나가자니 아이를 잘 돌보지 못하고, 집에서 아이들만 돌보자니 삶은 팍팍하다. 돈 나가는 데는 많고, 사회가 이렇게 돌아가다 보니 자신을 탓하지도 누구를 원망하지도 못한다. 또 결혼을 했으니 아내로서의 역할도 해야 한다. 집안일도 해야 하고, 아이를 낳았으니 누구보다 열정적으로 아이들 교육에도 앞서야 한다. 혹시라도 장남과 결혼하게 되면 집안 대소사나 명절, 제사에도 참여해야 하고, 장녀라도 또한 집안의 대소사에 적극적으로 참여해야 한다는 의무를 가진다. 게다가 임신하게 되면 직장에서 상사 눈치를 보며 일해야 하고 임신 휴직, 육아 휴직 기간에도 마음 놓고 쉬지를 못한다. 복직 후에는 연봉을 높여야 하니 열심히 일해서 진급 시험에 통과해야 한다. 여자가 할 일이 얼마나 많은지 아는가?

그러면 어른들은 이렇게 말을 한다. 그럼 애만 보면 되지 여자가 무슨 밖에 나가서 일을 하냐고?

특히 나 같은 다둥이 엄마는 아이들을 세 명이나 동시에 돌보아야 해서 사실 아이들 육아만 하는데도 할 일이 태산이다. 아이들이 어리다고 집안일이 조금만 있는 게 아니다. 하다 보면 한 시간, 두 시간 늘어나는 게 집안일이고 설거지 하나 했다고 해서 주방일이 마무리되는 게 절대 아니다. 설거지하다 보면 옆에 있는 가스레인지가 더러워 보이고 가스레인지 청소를 하면 냉장고도 닦아야 한다. 집안일은 한번 시작하다 보면 끝없이 펼쳐지게 되어 있다. 그렇다고 워킹맘이라 해서 집안일에 손을 놓을 수도 없다. 그러면 집안일을 도와주는 청소 도우미를 불러야 하는데 차라리 그 도우미 아줌마에게 주는 돈으로 아이들 치킨 한번 시켜 주고 싶은 게 엄마의 마음이다. 그래서 힘들더라도 직접 집안일을 하는 것이다. 엄마의 마음은 엄마가 되지 않으면 아무도 모른다. 자식을 낳아 본 사람만이 알 수 있고, 자식을 한 명 낳아 본 엄마는 자식 두 명 낳은 엄마 마음을 모르고, 자식 두 명을 낳은 엄마는 자식 세 명을 낳은 엄마의 마음을 모른다. 이처럼 결혼을 하고 나면 여자의 역할이 눈덩이처럼 불어나게 된다.

그래서 우리나라 여자들이 해야 할 역할은 많은데 이 모든 걸 다 수행해야 하니 어느 역할에도 만족감을 못 느껴서 자존감이 유독 낮은 것이다. 남편이 요즘은 집안일을 같이한다고 하지만 아직 우리나라는 육아도, 집안일도 거의 엄마에게 맞추어져 있다. 그래서 정신적으로나 육체적으로 엄마가 빨리 지치게 되는 것이다. 혹여라도 맞벌이에서 엄마가 조금이라도 덜 벌게 되면 남자는 이렇게 말한다. '그렇게 힘들면 너가 나보다 더 많이 벌어 오든가.'라고 말하며 여자의 마음도 모르면서 말을 함부로 내뱉곤 한다.

그래서 우리는 각자의 역할을 정하고 나의 자존감을 높이는 연습을 반드시 해야 한다. 내 자존감이 높지 않으면 우리 아이들에게 부정적인 영향을 미치기 마련이다. 나의 감정과 표정, 말투와 행동 하나하나가 아이들에게 전달되기 때문이다. 적어도 아이들이 자아 형성이 완성되는 초등학교 저학년까지는 엄마의 자존감이 최대치여야 한다. 물론 최대치로 다 끌어올릴 수는 없지만 그래도 임신했을 때부터 아이가 10살까지 엄마의 자존감이 높아야 자신감 있고, 행복한 아이로 키울 수 있다. 특히 이 기간에는 남편과 가족들의 협조가 필요하다. 자신의 자식과 손자들이 잘 자라기 위해서는 아이들이 볼 때만이라도 아내를 치켜세워 주어야 한다. '칭찬은 고래도 춤추게 한다.'는 말이 있다. 비단 남편만 아내에게 잘해 주라는 말이 아니다. 아내인 내가 먼저 남편을 춤추게 하면 남편도 반드시 따라 하게 되어 있다. 그래서 현명한 평강 공주가 바보인 온달을 장수로 만들어 낸 것이다. 일단 협조를 위해서는 힘들더라도 내가 먼저 남편을 존중해 주고 칭찬해 주어야 할 필요가 있다.

우선 내가 남편과 아이들을 칭찬해 주는 데 필요한 것은 나의 자존감 높이이다. 내 자존감이 높아야 다른 사람을 칭찬할 때 진심으로 우러나오는 칭찬을 할 수 있다. 이때 하는 칭찬이 진짜든 가짜든 괜찮지만, 내 자존감이 높을 때 비로소 진정한 칭찬을 할 수 있다. 그럼 나의 자존감이 높이가 얼마인지 아래 표를 보고 한번 체크해 보자.

나의 자존감의 높이는 어디까지일까? 다음 테스트를 통해 나의 자존감을 체크해 보자.

〈미국의 심리학자 마셜 로젠버그의 자존감 테스트〉

- 매우 그렇다: 4점 / 그런 편이다: 3점 / 대체로 그렇다: 2점 / 전혀 아니다: 1점

NO.	자존감 테스트	매우 그렇다	그런 편이다	대체로 그렇다	전혀 아니다
1.	나는 다른 사람만큼 가치 있는 사람이다.				
2.	나는 어떤 결정을 내릴 때 별 어려움 없이 결정한다.				
3.	나는 좋은 장점을 많이 갖고 있다.				
4,	나는 어떤 일을 해결할 때 다른 사람만큼 해 나갈 수 있다.				
5,	나는 행복한 사람이다.				
6.	나는 나 자신을 잘 안다.				
7.	나는 쉽게 포기하지 않는 사람이다.				
8.	나를 좋아해 주는 사람이 많다.				
9.	나는 스스로에 대해 긍정적인 태도를 갖는다.				
10.	나는 현재의 내 일과 내 모습에 만족한다.				

나의 자존감 지수는 몇 점일까?

자존감 점수가 30점 이상은 높음, 20~29점은 보통, 19점 이하는 낮음이다.

그럼 내가 자존감 점수가 낮다면 내 특징과 잘 맞는지 한번 확인해

보자.

〈자존감이 낮은 사람의 특징〉

1. 다른 사람을 많이 의식한다.

2. 자신은 무능력하다고 생각하고 쉽게 포기한다.

3. 화를 자주 내고 자주 싸운다.

4. 타인의 영향을 많이 받으며 의존적이다.

〈자존감이 높은 사람의 특징〉

1. 타고난 성향을 있는 그대로 받아들이며 존중한다.

2. 자신에게 타고나지 않은 것을 부러워하지 않는다.

3. 부족한 점을 개선하려 노력한다.

4. 타인이 자기 모습 그대로 좋아하기를 기대한다.

이제 조금 자신의 자존감에 대해 평가를 내렸는가? 자신을 알게 되었다면 자존감이 높은 수준을 향해 이제부터 조금씩 변화하면 된다. 나도 처음에는 자존감이 매우 낮은 편이었다. 육아에 치여, 살림에 치여, 아이들에 치여 나 자신이 거의 녹아 없어졌기 때문이다. 자존감이 떨어질 수밖에 없는 상황에 놓여 있었다. 하지만 이런 시간은 누구에게나 찾아온다. 적어도 엄마라면, 모든 엄마가 자존감이 다 낮아지진 않지만 아이들을 키우는 과정에서 자존감이 낮아지는 건 당연한 일이다. 그러니 나의 자존감 지수가 너무 낮다고 좌절하지 말자. 검사를 하면서 내 자존감 높이에 대해서 잘 알 수도 있고, 그렇게 높이를 알아 가다 보면 질 높은 육아로 가는 길을 스스로 찾게 될 것이다. 이 책을 쓴 이유는 나도 자존감이 높은 엄마가 되기 위해서였다. 궁극적으로는 자존감이 높아야 아이들을 잘 키울 수 있다고 생각했기 때문이다.

만약에 내가 한 명의 아이를 낳았다면 이 책을 출간하지 않았을지도 모른다. 적어도 내 배 속으로 세 명의 아이들 낳았기 때문에 아이들 잘 키워야겠다는 책임감이 강했다. '내가 낳은 아이 남 탓하지 말고 내가 잘 키우자.'라는 생각을 가지게 되었다. 그래서 육아와 관련된 책을 읽으며 공부하기 시작했다. 결국은 자존감이 낮았던 나의 문제였고, 나를 바꾸어야 아이들도 남편도 바뀌기 시작한다는 것을 깨달았다. 김미경 강사의 《마흔 수업》이라는 책이 있다. 우리나라에서 자존감 하면 '김미경 강사'를 빼놓을 수 없다. 이 책에서도 마찬가지로, 나와 세상을 연결하기 위해서는 자존감을 높이는 것이 필요하다고 말한다. 경단녀라고 좌절하지 말고, 육아에 힘들다고 쓰러지지 말자. 어차피 이 시간은 지나가게 마련이다. 그 시간을 낭비할 것인지, 아니면 책을 통해 나를 알아 가고 미래를 설계하는 데 쓸 것인지는 내 선택에 달렸다. 아이를 키우는 동안 아이들에게만 시간과 돈을 투자하지 말고, 그중 10%라도 내 인생과 미래에 대해서 투자해 보자. 남과 나를 비교하지 말고, 남의 아이와 나의 아이를 비교하지 말자. 남의 아이와 나의 아이를 비교하는 순간, 우리는 나의 자존감도, 아이의 자존감도 잃게 된다. 남과 비교하지 말고, 나와 아이의 자존감을 함께 세워 나가는 삶을 선택하자. 중요한 것은 나 스스로의 자존감을 지키고, 아이의 자존감 또한 함께 키워나가는 인생을 살아가는 것이다.

어떤 일에 부딪히고 좌절이 찾아올 때마다, 우리에게 필요한 것은 포기가 아니라 회복 탄력성이다. 아이들과 함께 그 회복력을 키워 가며, 함께 성장하는 인생을 살아가자.

2. 자존감, 도대체 어떻게 찾는 건데?

살아오면서 내 자존감에 대해 진지하게 생각해 본 적이 있는가? 한 번쯤 스스로에게 물어보자. 나는 자존감이 높은 엄마인가, 아니면 보통이거나 낮은 엄마인가? 스스로의 자존감 지수를 알아야 아이에게도 건강한 자존감을 물려줄 수 있다.

먼저 자존감이 높다고 나온 엄마는 괜찮다. 그래도 엄마로서 자신의 자리를 이때까지 잘 지켜 냈다면, 아이와 배우자에게도 자신의 생각을 솔직하게 전달 할 수 있었을 것이다. 어떤 문제가 생기더라도 대화를 통해 풀어가며, 관계를 건강하게 유지할 수 있었을 것이다.

두 번째, 자존감이 보통인 엄마도 자신의 뜻을 그래도 조금은 유지하며 사는 편이다. 문제는 세 번째, 자존감이 낮은 엄마이다. 나도 이 책을 펴내기 전에는 자존감이 낮은 엄마였다. 내가 결혼하고 10년을 살았는데도 나 스스로 잘 살고 있다고 느낀 적이 별로 없었기 때문이다.

일은 시작한 지 얼마 되지 않아 일하는 경력이 부족했고, 그렇다고 아이의 교육을 제대로 한 것도 아니었다.

가령, 길에서 아는 어른을 만났을 때, 아이가 피곤해서 인사를 하지 못했음에도 불구하고 '인사를 잘 안 한다.'며 부모의 교육을 탓하는 말들이 비수처럼 꽂힐 때가 있다.

그리고 다른 친구들은 결혼할 때, 내 집을 마련해서 갔다는데, 나는 집은커녕 전셋집에 살고 있어 괜히 작아 보이는 내 모습이 싫어질 때도 있다.

'다른 아이들은 공부도 잘하는데 우리 아이는 왜 뒤처지는 걸까?' 하며 이런저런 비교가 쌓이다 보면, 나 자신 하나의 문제가 아니라 가정 전체에 대한 자존감이 낮아진 나를 발견하게 된다.

혼자 살 때는 나 혼자 비교하며, 자존감이 낮아지는 것도 오롯이 내 몫이었다. 하지만 가정을 꾸리고 아이를 키우다 보니, 이제는 나만이 아니라 아무 잘못도 없는 우리 아이나 가족을 비교하고 있는 나를 발견했다. 그러다 보니 사소한 말에도 예민해지고, 힘든 상황이 닥칠수록 나 자신을 탓하기보다 환경 탓만 하며 마음이 흔들리는 날들이 많아졌다. 그렇게 나는 조금씩, 내 자신을 깎아내리고 있었다. 그러면서 나의 자존감은 소리없이 깊게 무너지고 있었다.

주부는 정확한 직업이 없으니 직책도 없고, 객관적으로 보여지는 점수나 월급도 없다. 그래서 나에 대한 평가나 보상이 없으니 자신감이나 자존감이니 뭐니 하는 것들은 다 떨어져 있었다. 아줌마들끼리 모이면 서로 힘들다는 이야기뿐, 같은 환경에 처한 사람들이니 서로 위로만 해 주었고, 그에 대한 대책은 그 어디에도 없었다. 남편들은 이런 상황을 10년 동안 겪어 보지 못해서 모른다. 물론 직장생활이 힘들다는 거 우리 주부들이 잘 모를 수도 있다. 하지만 남자들은 바깥 생활도 하고, 직책도 있고, 성과급도 있고, 연봉도 있고, 어느 정도 직책이 오르면 부하나 상사들도 바뀌고 그 회사 안에서 자신을 찾아간다. 하지만 말 안 통하는 아이 셋과 하루 종일 지내면 내가 아이인 건지, 엄마인 건지, 그조차 잊을 때가 많다. 모든 주부들이 다 나처럼 생각하는 건 아니지만 대체적으로 직함이 주어지지 않거나 어떤 일을 했을 때 보상이 없으면 일상이 무기력해지고 지치기 마련이다. 주부라는 직업은 노동에 대한 성과는 눈에 보이지 않기 때문에 아무리 일을 열심히 해도 동기가 생기지 않는다. 그래서 아이에게 동기를 부여해서 아이에게 성과를 내도록 한다. 그래서 아이에게 동기를 부여하지만, 그로 인해 아이가 스트레스를 받을 수도 있음을 기억해야 한다.

나를 더 작아지게 만드는 것은 나의 삶과 다른 '워킹맘'이었다. 말하자면 '슈퍼 워킹맘'이라고 일도 잘하면서 아이도 잘 키우는 슈퍼 워킹맘이 주변에 가끔 있었다. 그런 아줌마들을 보면 정말 대단하다는 생각밖에 안 들었다. '워킹맘'은 대부분 조부모님이나 외조부님이 곁에 계시거나 또 다른 이모님을 고용하기도 하는데 내 형편에 그렇게 하기는 쉽지 않았다. 그렇게 일하러 다니는 '워킹맘'이 부러웠고, 그럴 때면 나 자신이 한없이 작아 보였다. 실제로 일하는 엄마들이 자존감이 더 높다는 연구 결과도 있다.

이런 감정이 자꾸 반복되다 보니 나의 힘들었던 감정을 아이에게 주고 있는 나를 발견하였다. 아이는 '감정 쓰레기통'이 아닌데, 내 자존감이 낮아져 몸과 마음이 지쳐 있을 때면 아이들에게 짜증을 내고 화를 내었다. 매일 아이들에게 화를 내고 짜증을 냈고, 급기야는 아이들을 괜히 낳았다는 생각까지 하게 되었다. 내가 삶을 이렇게 살면 아이들에게 정서적으로 좋지 않다는 것을 알면서도 나도 모르게 이런 행동을 하는 내가 너무 싫었다.

특히 첫째가 크기 시작하면서 무의식적으로 나의 행동과 말투 등을 따라 하는 것이 보였다. 원래 착하고 귀여운 아기천사였는데, 나의 잘못된 행동과 말투로 아이를 망치고 있다는 생각이 들었다. 그래서 나는 내 삶을 정말 바꾸기로 마음먹었다. 첫째가 나의 행동을 보고 배워 둘째에게 마음에 상처 주는 말을 많이 하는 것을 보았다. 나는 그렇게 되풀이 되는 상황을 매일 보면서 밤마다 후회하며 눈물을 흘렸다. 하지만 다음 날이면 또 똑같은 내가 되어 있었다. 나를 모방하며 자란 우리 딸이 또다시 둘째에게 나와 비슷한 말투로 아이를 대했다. 그때 정말이지 나는 죽고 싶었다. 더 이상 엄마로서 자격이 없다고 느꼈기 때문이다. 내가 짜증 내고 화만 내는 모습을 아이에게 많이 보였더니 내 아이가 나처럼 그렇게 변해 있었다. 그만큼 내가 아이에게 상처 주고 화를 내었다는 것이다. 자존감이 낮은 사람들의 특징은 남에게 화풀이를 하는 것이다. 왜냐하면 자신의 삶에 만족하지 못하기 때문에, 어떤 일이 생기면 쉽게 남 탓을 하거나 환경을 탓하게 되는 경우가 많다. 그래서 내 아이의 태도를 보고 나를 정말 바꿔야겠다고 다짐했다. 내가 아이가 셋인데 이대로 키우다가는 나와 아이 셋 모두 망칠 것 같은 생각이 들었기 때문이다. 부모는 아이의 거울이다. 그 거울이 늘 화가 나 있으면, 아이들 역시 그 감정을 그대로 닮아간다. 완벽하진 않더라도, 웃으려는 노력이라도 해야 한다. 그래야 거울 속에 비친 아이들도 그 미소를 흉내 내며 조금씩 배워 갈 수 있다. 그래서 나는 자존감을 찾기 위해 내 일을 시작하기로 진짜로 마음먹었다.

그런데 좀처럼 일을 쉽게 시작하지는 못하였다. 우리 둘째가 어린이집 들어가는 날을 손꼽아 기다렸는데, 어린이집에 들어갈 수 있는 해에 코로나가 터졌다.

'코로나…. 너는 뭐니? 네가 뭔데 내 인생이 끼어들어서 다시 내 발목을 잡는 거니?' 코로나 때문에 사망자가 생겨나고 특히 어린아이들과 임산부, 노약자에게 치명적으로 좋지 않다고 하는 것이다.

'내가 우리 둘째 어린이집 갈 날을 얼마나 기다렸는데…. 이런 괘씸한 코로나 같으니라고….'

그래서 우리 둘째와 함께 2년이란 시간을 가정에서 보육하게 되었다. 그리고 2년이 지나 드디어 아이를 어린이집에 보내게 되었다.

'두둥!'

그런데 나에게 아이가 또 찾아왔다. 아이가 찾아온 건 정말 기적적인 일이고 너무 기쁜 일이지만 나는 다시 아이가 크기 전까지 전업주부의 생활을 다시 시작해야 했다. 나는 임신 9개월의 기간을 버티고, 셋째가 어린이집 들어가기 전까지 24개월을 아이와 함께 보냈다. 이번에 어린이집을 보내고 나면 나는 반드시 일을 해야겠다는 마음으로 3월이 되기 전 셋째의 어린이집을 미리 등록하였다. 어떻게 생각하면 아이에게 미안한 일이었지만 이렇게 살다가는 아이들과 나 모두 망칠 것 같다는 생각이 들었다. 그래서 나는 일을 찾기 시작했다. 역시 하늘이 무너져도 솟아날 구멍이 있다고 했는가. 사람 일은 자신이 마음먹기에 달렸다. 나는 단 한 번의 면접으로 일할 기회를 얻게 되었다.

정말 많은 엄마들이 '아이를 볼까? 일을 시작할까?'에 대한 갈등을 많이 하는 것 같다. 세 명의 자녀를 키워 본 엄마로서 만 24개월 이후에는 어린이집에 보내도 된다고 생각한다. 아이가 24개월 이후에는 어린이집에서 보육을 하고, 어린이집에 있는 시간에는 엄마가 일을 하는 것이 엄마에게도, 아이에게도 좋다. 예전에 우리가 어릴 때만 해도 아침 9시까지 출근해서 6시에 오는 경우가 많았다. 예전과 달리 지금은 시간제 일자리도 많고, 온라인이나 재택근무처럼 집에서 일할 수 있는 기회도 많아졌다. 방법만 잘 찾는다면 시간에 크게 구애받지 않고, 나에게 맞는 일을 충분히 할 수 있는 시대가 왔다. 일하는 엄마들이 많아짐으로 인해 보육 기관에 맡겨지는 아이들의 나이도 어려졌다. 예전에는 6살 때 유치원이 첫 기관이었는데 지금은 유치원이 첫 기관이 아니라 어린이집을 마치고 두 번째 오는 교육기관이므로 아이들의 사회성 발달에도 어린이집에 가는 것이 도움이 될 것이다. 오히려 엄마와 아이가 단둘이 하루 종일 시간을 보내다 보면, 엄마 혼자 교육 계획까지 세우고 돌보아야 하기에 육아의 질이 오히려 낮아질 수도 있다. 요즘은 아이들이 워낙 빠르게 성장하니 아이가 어리다고 생각하지 말고 원장님과의 상담을 통해, 질 좋은 시설을 찾아서 아이를 맡겨도 괜찮다. 그 대신 나는 24개월 동안 오롯이 아이를 내가 키웠기 때문에 이러한 선택을 주저 없이 할 수 있었다. 하지만 모두 다 같은 환경에 처한 것은 아니니 일을 할 수 있다면 24개월 이후에는 아이를 기관에 맡기는 것이 나쁜 엄마가 되었다고 생각하지 말자. 육아는 양보다 질이 결정한다. 그래서 직업을 갖게 되면 엄마의 자존감도 높아지고 아이에게도 좋은 영향을 끼치게 될 것이다.

3. 솔직함은 오히려 당당함을 만든다

휠체어를 타고 다니지만 당당한 엄마인 《시련은 축복이었습니다》의 박혜정 작가의 책에서 이런 내용이 있다. 이 작가는 비록 휠체어를 탔지만, 아이들이 휠체어 타는 엄마를 숨기고 부끄러워하지 않기를 바라는 마음에 스스로를 더 드러내야겠다는 생각을 했다고 한다. 아이들의 어린이집 행사부터 엄마들의 모임 등에 절대로 숨어 있지 않았고 더 적극적으로 참여했다. 휠체어를 탄 엄마도 있다는 걸 오히려 더 보여 주려고 했다고 한다. 첫째가 초등학교 입학을 하고서 4년 동안 운영위원도 도맡아 했다. 그래서인지 하교 때 작가의 아이들은 엄마를 부끄러워하는 게 아니라 오히려 저 멀리서부터 "엄마~~~" 하면서 정말 반갑게 달려온다고 한다. 이렇게 휠체어를 탄 엄마의 모습을 자랑스러워하는 딸들이 오히려 너무 사랑스럽다.

더 이상 작가는 휠체어 타는 엄마가 아닌 자랑스러운 엄마가 되었다.

이렇게 당당한 엄마는 외적인 요소를 떠나서 내적으로 아이들에게 안정감을 주는 엄마가 되었다. 이런 엄마 밑에서 자란 아이들은 엄마를 보고 자라 사회에 나가서 자라면서 당당하고 멋진 삶을 펼치게 된다. 우리는 아이들을 위해서라도 당당하고 떳떳하게 살아야 한다.

이 책을 읽고 나는 내가 얼마나 당당하게 살았는지 생각해 보았다. 나는 사실 결혼하면서부터 시댁 쪽에서 지원을 많이 받았다. 그리고 일도 하지 않는 경단녀가 되었다. 아이를 낳아 키우고 있지만, 생활비를 남편에게 받아 쓰는 내 자신이 자꾸만 초라하게 느껴졌다. 결혼은 했지만, 경제적으로 아무것도 해내지 못하고 있는 나 자신이 스스로도 자존감이 떨어질 만큼 한없이 작게 느껴졌다. 내가 할 수 있는 것은 고작 아이를 돌보고 집안일을 하는 것뿐이었다. 아이를 잘 키울 자신도 없었고, 경제적으로 도움이 되지 않는다는 생각에 내 자존감은 점점 낮아져 갔다. 하지만 이제는 아이들 앞에서 당당한 엄마가 되기 위해 그런 생각을 내려놓으려 노력하고 있다. 나는 아이 셋을 낳은 누구보다 당당한 엄마이고 아이들을 잘 교육시키고 있다. 비록 아이들이 혼나거나 잘못한 일을 저지르기도 하지만 대체로 잘 자라 주고 있다.

엄마들이 가장 당당해지는 순간을 떠올려 보면, 아이들이 공부를 잘하고 교육적인 성과를 이뤄낼 때인 것 같다. 그런 순간에야 비로소 집안에서 자신 있게 웃을 수 있는 것 같다. 또 두 번째는 경제적으로 자립할 수 있을 때 당당해지는 것 같다. 우리나라의 40%의 여성이 경제적인 이유로 이혼하지 못한다고 한다. 아이들이 다 크고 자기의 일을 가졌을 때, 비로소 당당하게 이혼을 할 수 있다고 한다. 다른 나라는 경제적인 이유와 상관없이 나의 가치관과 나와 배우자에게서 비롯되는 문제들로 이혼을 결정하는데 우리나라는 '경단녀'라는 이유로 자립하고 싶어도 하지 못하는 실정이다. 여자들이 당당하게 살기 위해서는 반드시 임신과 육아에 대한 정부의 강력한 지원이 필요하다. 임신은 했지만, 경단녀가 됨과 동시에 자존감이 떨어져 아이들을 올바르게 키우지 못할 수 있기 때문이다. 또 워킹맘들은 아이가 혹시 기죽을까 봐 어린 아이들을 내버려 두고 제대로 일을 하지도 못한다. 애도 어린데 어린이집에 맡긴다는 둥, 임신했는데 일은 언제까지 할 거냐 둥둥 어떤 선택을 해도 질책을 받기 때문이다. 그래서 임신과 출산을 겪고 나면, 이전까지 당당하던 여성들조차 자신감이 줄고 점점 위축되는 느낌을 받게 된다. 그러니 고학력자에 전문직인 여자일수록 아이를 더 가지지 않으려고 한다. 왜냐하면 회사 다닐 때는 본인의 위치가 컸는데 임신과 육아를 거치면 어떠한 직함도 없이 그냥 누구누구 엄마로 바뀌기 때문이다. 그래서 요즘에는 전문직 종사자이거나 연봉이 높을수록 아이 낳기를 두려워하는 여자들이 많다고 한다.

결혼과 임신, 출산을 장려하기 위해서 나라에서 돈을 줄 것이 아니라 사회구조적으로 개혁해야 한다. 아이를 낳으면 1억, 한 달에 100만 원 지원하는 정책들, 어차피 그 순간만 지나면 끝일 텐데 어떻게 아이 낳는 것을 돈으로 자꾸 해결하려고 들까. 여성부에서 여성들이 아무리 토론을 해도, 출산 경험이 없는 남성들이 최종 결정을 내리다 보니, 여성들이 실제 겪는 어려움에 대해 제대로 공감하거나 해결책을 마련하기 힘들다. 돈으로 해결하기 이전에 우리는 한 인간으로서 인정받기를 원한다. 아이를 낳아도 그 아이를 잘 보살펴 줄 수 있는 정책을 마련해야 한다. 인구 절벽이 눈앞에 보이는 상황에서 돈으로 해결하려는 정부의 정책은 도무지 이해할 수가 없다. 임신을 해도 당당하게 일하러 갈 수 있는 자신감, 아이를 낳아도 어릴 때부터 안전하게 보호할 수 있는 제도를 마련해야 한다. 특히 우리나라는 아동 학대에 관한 법의 판결이 너무 약하다. 아이를 죽여도 어린이집 교사는 사형에 처하지 않는다. 아이를 키우는 입장에서 아이를 학대하거나 폭력을 행사하면 그 어린이집은 반드시 운영정지 기간을 주고 해당 선생님은 강력하게 법의 처벌을 받아야 한다. 또한 가정에서 아이를 봐주시는 이모님을 두면 CCTV는 반드시 켜 두도록 하는 법을 만들어야 한다. 아이들이 이렇게 버젓이 학대를 당하고 있는데도, 정부의 형벌이 너무 약해 아이를 돌보는 사람들이 아이를 함부로 대하는 상황이 벌어지고 있다.

어린이집에서 폭력을 행사하고 죽이는 사건이 빈번히 발생하는 사고를 막기 위해서는 제도적으로 변화가 필요하다. 그래야 엄마들이 어린아이들을 맡기고 일하러 갈 수 있기 때문이다. 경단녀의 기간이 길어질수록 엄마들은 자기 자신을 잃어 간다. 자신도 찾으면서 일찍 아이를 찾을 수 있다면 그것 또한 좋은 직업으로 연결될 수 있다. 아이를 키우면서도 당당한 엄마가 되기 위해서는 자신을 위한 시간이 필요하고, 그 시간적인 여유와 경제적인 여유를 정부에서 보장해 주어야 할 것이다. 그렇게 엄마가 집 안에서 스스로 당당함과 자신감을 느낄 때, 그 자신감은 아이들을 키우는 데 가장 중요한 정신력이 된다. 그리고 아이들이 그런 환경에서 자란다면, 우리나라의 미래도 분명 밝아질 것이다.

아이들을 일정 기간 키우고 나면, 엄마 자신도 다시 성장할 때가 온다. 임신과 출산, 육아에 매여 시간이 지나갔다면, 잃어버린 내 시간을 되찾기 위한 노력이 반드시 필요하다.

아이를 어린이집에 맡기고 나면 처음에 '아싸, 가오리!'를 외치며 못해 봤던 것들로 채워 나가면 된다. 동네 카페에 유모차 없이 걸어서 한번 가 보고, 계단이 있어서 못 가 봤던 식당들도 한 번씩 가 보면 된다. 그리고 아이 없이 네일아트도 한번 받아 보고, 마사지도 한번 받아 보면서 내가 미뤄뒀던 나만의 시간을 조금씩 찾아가자. 굳이 네일 숍이나 마사지 숍이 아니라도 좋다. 내가 예전부터 배우고 싶었던 것, 내가 어린아이 때부터 꿈꾸었던 것이 있었지만 취업이나 결혼 때문에 미처 시작하지 못했던 것들을 배우기 시작하면 된다. 요즘엔 유튜브나 네이버 TV에 영상들이 많이 있기 때문에 굳이 돈을 들여 배울 필요가 없다. 베이킹이나 어려운 요리들도 손쉽게 집에서 하도록 알려 주니 말이다. 영어 회화를 배우러 외국에 나갈 필요도 없다. 수많은 영어 튜터들이 온라인으로 수업해 주기도 하고, 영화도 마음만 먹으면 무료로 볼 수 있는 사이트가 많이 있기 때문이다. 그리고 나라에서 지원해 주는 내일배움카드나 국가 지원사업에 도전 해 본다면 창업자금도 국가로부터 지원받을 수 있다. 내가 못 한다고 생각하지 말고 길을 찾다 보면 기회는 열릴 것이다. 기회는 가만히 있는 자에게 주어지지 않는다. 끊임없이 연구하고 찾아보는 사람에게 기회가 주어지고 운이 따라 올 것이다. 그렇게 소소하게 일상을 배움으로 채우다 보면 직업을 가질 기회도 갖게 된다. 만약 배움이 싫다면 오전 시간에만 할 수 있는 파트타임 잡을 찾아보는 것도 좋은 방법이다. 이렇게 나 스스로를 업그레이드시키면 나 자신에 대해 당당해지고 경제적으로도 여유가 생길 수 있다. 그러면 남편에게도 당당한 아내, 자녀들에게도 당당한 엄마가 될 수 있다. 그런 당당한 엄마의 모습을 보면서 아이들이 자라고, 가정이 성장할 것이다. 만약에 내가 주부가 딱 맞는 일이라면 굳이 주부의 생활을 하지 않고 일하러 나가라고 권하고 싶지는 않다. 나는 내가 10년 동안 주부의 생활을 견뎠기 때문에 밖으로 나갈 수 있는 힘이 생겼다고 말하고 싶다. 자신만의 내공이 쌓인 사람은 자신의 직업을 주도적으로 선택하고 오래 할 수 있는 원동력을 갖추게 된다.

아이를 키우는 것도 마찬가지이다. 아이는 부모를 보고 자란다. 부모가 일에 자신감을 가지고 자존감을 높일 때, 아이들은 자연스럽게 그런 모습을 배우며 성장한다. 오히려 워킹맘의 아이들이 더 잘 자란다는 이야기가 있을 정도이다. 워킹맘들은 일하는 시간에는 일을 열심히 하고, 아이와 함께 있는 시간에는 집중적으로 아이와 노는 데 시간을 보내면 된다. 특히 주말이나 일주일 중 하루는 아이와 온전히 함께하는 시간을 꼭 가져 보자. 그 시간에는 어렵거나 힘든 일을 해 주지 않아도 된다. 아이와 함께 눈 마주치며 책 읽어 주기, 가위바위보를 하더라도 져 주면서 아이에게 작은 자신감을 만들어 주면 된다. 아이들에게 필요한 건 족집게 과외교사가 아닌 부모의 눈맞춤과 포옹, 따뜻함, 믿음과 사랑 같은 정서적인 교류이다. 공부를 아무리 잘해도 부모의 사랑을 못 느끼고 자존감이 없는 아이로 자라기를 바라는가?

우리가 100년을 살아야 하는데 과연 공부가 이 모든 것을 대신 해 줄 수 있을까? 앞으로 우리는 로봇을 다룰 줄 아는 사람이 되거나, 아니면 로봇이 대체할 수 없는 인간만의 고유한 직업을 가진 사람이 되어야 한다. 그래서 공부보다 더욱 중요한 것은 인성이다. 우리가 자랄 때만 해도 은행 금리가 높고 부동산을 사 놓기만 하면 오르는 시대라서 부모님들이 공무원, 판사, 검사, 의사 등 안정적인 직업을 원하셨다. 우리는 그 시대의 부모님께 세뇌당한 자녀들이라서 우리 아이들에게도 그렇게 하기를 원하는 부모들이 아직 많다. 하지만 지금으로부터 20년 뒤 우리 아이들이 성인이 되면 직업의 50% 이상이 로봇이 대체되는 시대가 올 것이다. 우리나라는 선진국이지만 AI에 대한 인식이 아직 너무 부족하고, AI 교육도 부족한 실정이다. 중국과 미국은 다가오는 AI 시대를 예측하며 여러 산업에 적극 도입하고 있다. 학교에서는 학년별로 미래 산업에 맞춘 맞춤형 교육도 시행 중이다. 반면 우리나라는 AI에 대한 인식이 아직 부족하고, 일상생활에서 AI가 제대로 체감되지 않고 있다. 하지만 몇 년 뒤에는 AI가 아마 노동력을 장악해 우리가 일하는 자리가 부족해질 것이다. 이렇게 미래가 어떻게 무섭게 변할지 모른 체 아이들에게 아직까지 공부만 주입하는 교육은 해서는 안 될 것이다.

독일처럼 우리나라도 정말 전문직이나 공부할 사람만을 위한 대학이 존재해야 한다. 그런 아이들은 진심으로 국가가 책임지고 잘 키워야 하며, 우리나라와 세계를 위해 일할 인재로 성장할 수 있도록 지원해야 한다. 그리고 가정마다 인성교육을 잘 시켜야 할 것이다. 지금도 미디어 때문에 아이들 인성이 망가지고 있다. 내가 학교에서 저학년을 지도할 때 정말 기본적인 인사조차 안 하는 아이들이 많다. 특히 수업 시산에 삘똥, 수업 교재 자체를 안 들고 오는 아이들도 있다. 물론 초등학교 1학년이니 그럴 수도 있다. 하지만 학기가 끝나가는 학기 말이 되어서도 본인의 필기구와 숙제, 교재를 챙기지 못하는 아이들이 있다. 집에서는 공부 이전에 먼저 학생이 갖추어야 할 기본적인 습관이나 태도를 먼저 만들어 주어야 한다. 유치원을 졸업하기 전에 이런 교육을 전체적으로 받게 하거나, 입학 후 3월 한 달은 '지각하지 않기, 필기구 제대로 챙겨 오기, 인사하기, 식사 예절' 등 기본적인 습관을 우리나라에서 의무적으로 가르쳐야 할 교육이라고 생각한다. 가정과 학교에서 기본적인 인성교육을 시키고, 자신감을 어렸을 때부터 형성해 준다면 인생에서 성공한 아이로 키울 수 있을 것이다.

4. 훈육과 야단은 반드시 구분해야 한다

"방으로 들어와."

"잘못했어요. 잘못했어요."

우리 첫아이가 3살 때쯤 남편이 아이가 잘못하면 방으로 아이를 데려가서 이렇게 훈육하곤 했었다. 이게 훈육인지 야단인지 우리는 첫아이를 키울 때라 아이를 방으로 데려가 이렇게 야단치곤 했었다. 내 상식엔 도무지 이해가 안 되는 행동이었지만 남편은 아이를 어릴 때 잡아야 한다며 나에게 가만히 놔두라고 했다. 이런 어린아이를 붙잡고 많이도 싸웠다. 가부장적인 집안에서 자란 남편은 어릴 때 잡지 않으면 나중에 힘들다고 이야기했었다. 한참 이때 유행했었던 프로그램이 있었는데 오은영 박사의 〈금쪽같은 내 새끼〉라는 프로그램이었다. 우리 아이들을 어떻게 키워야 하는지, 문제가 있는 아이들의 사연을 받아 실제로 가정을 촬영하고 오은영 박사가 문제점을 찾아 2주간 미션을 실행하고 풀어 나가는 프로그램이었다. 내 마음속엔 우리 집도 저기에 사연을 내보내면 뽑힐 것 같았다. 과연 우리가 아이에게 혼내는 방식이 맞는 건지 궁금했기 때문이다. 그러면서 아이의 마음에 관해서 공부를 많이 하게 되었다.

그럼 우리가 아이들을 키울 때 해야 하는 것은 훈육일까? 야단일까? 훈육에 대한 사전적 의미를 찾아보자.

• 훈육: 덕(德)으로써 사람을 인도(引導)하여 가르치고 기름.

진짜 중요한 사실이 여기 있다. 훈육의 '훈 + 훈' = '훈훈'하다. 우리가 잘생긴 사람을 보거나 마음이 따뜻한 사람을 '훈훈하다.'라고 이야기하는데 이 '훈'의 어원이 '훈육'의 훈과 같은 단어였다.

• 훈훈하다: ① 날씨나 온도가 견디기에 알맞을 정도로 더움.
  ② 마음을 포근히 감싸 주는 따뜻함.
• 덕: ① 크다
  ② (덕으로) 여기다.
  ③ (덕을) 베풀다(일을 차리어 버리다, 도와주어서 혜택을 받게 하다).

그러니까 훈육은 따뜻하고 포근히 감싸 주는 마음으로 자식을 교육

한다는 뜻이다. '덕'이라는 단어는 '베풀다.'라는 뜻이 있는데, 뜻풀이했을 때의 훈육은 '마음을 포근히 감싸 주는 따뜻함을 크게 베풀다.'라는 뜻으로 해석된다. 그래서 아이를 훈육할 때 사랑으로 해야 한다는 말이 여기서 나오는 말이다. 어떤 교육 프로그램 중에서 눈이 보이지 않는 시각장애인 아버지의 자녀가 어떻게 '서울대'에 입학했는지 연구한 프로그램이 있었다. 심지어 자녀도 아버지의 유전으로 눈이 아주 나쁜 상태로 공부를 했는데 어떻게 서울대에 들어갔을까에 대한 연구였다. 그 이유는 무엇이었을까? 아버지의 자식에 대한 무한한 사랑이었다. 그 학생의 아버지는 시력도 좋지 않고, 아이를 키워 줄 아내도 없었지만, 아이를 위해 최선을 다해 사랑을 쏟았다. 눈이 안 보이니 책을 읽어 줄 수도 없었고, 제대로 밥을 해 먹일 수도 없었다. 가정형편이 어려워 학원이나 과외를 보낼 수도 없었다. 하지만 아이를 위해서 매일매일 최선을 다해 살았다.

그리고 아이에게 스킨십하는 일을 빼놓지 않았다. 이 아버지는 서울대에 입학시키려고 일부러 스킨십을 한 게 아니었다. 아이는 눈에 보이지 않았지만, 시각을 제외한 청각, 촉각, 미각으로 아이와 소통했다. 바로 그 점에서 우리가 진정으로 배워야 할 것이 많다. 아이들에게는 학원 가는 일보다, 100점을 맞는 일보다 더 중요한 것이 부모가 주는 정서적인 안정이라는 것이다. 공부 잘하는 아이들을 조사한 결과 부모와의 유대관계가 좋았던 아이들이 대체적으로 성적이 좋았다고 한다. 부모와의 대화, 스킨십, 노는 시간이 12세 이전까지 충분히 이루어져야 그 기동력으로 아이들이 청소년이 되어서도 성장도 잘하고 공부도 잘한다는 것이었다. 어쩔 수 없는 경우도 있겠지만, 돈보다 중요한 것은 아이들과 부모님이 함께 이야기를 나누는 시간이다.

그러므로 훈육과 야단을 하면서 아이들과의 정서적인 교류가 반드시 이루어져야 한다.

그럼 우리가 흔히 하는 '야단'이란 어떤 것일까?

• 야단: 소리를 높여 호되게 꾸짖다.

야단의 사전적 의미다. '야단'에는 확연히 보이는 차이가 있다. 내가 아이들에게 주로 했던 것은 '훈육'이 아니라 '야단'이었던 것이다. 지금 생각해 보면, 어린아이들에게 너무 가혹했던 행동들이었다. 아이를 제대로 키우려다 아이들에게 소리를 지르고, 아이들의 행동을 강제로 멈추게 하며, 어린 나이에 호되게 꾸짖었던 내 모습을 반성한다. 이 책을 쓰면서 아이들을 키울 때 무지하고 어리석었던 나 자신을 반성하게 되어 너무나 다행이다.

그럼 우리가 제일 어려워하는 훈육은 어떻게 이루어져야 할까?

첫 번째로 훈육을 할 때 조심해야 할 점은 부모의 감정이 들어가서는 안 된다는 것이다. 이것은 비단 부모뿐만 아니라 아이를 양육하거나 보육하는 어린이집 선생님, 유치원 교사 등에게도 포함되는 이야기이다. 흔히들 '감정 쓰레기'라는 말을 쓰는데 아이들은 우리의 감정 쓰레기통이 아니다. 어떠한 일이 있더라도 나의 감정을 아이에게 투영하여서는 안 된다. 내가 짜증 나고 화나고 예민한 일이 있으면 숨을 크게 들이쉬고 내쉬고를 3번 정도 반복한 후 아이를 바라보아야 한다. 특히 부모들은 자녀를 가까이하다 보니 감정을 자제하지 못하고, 때로는 해서는 안 될 말을 하기도 한다. 이런 상황을 객관적인 제3자의 시선에서 바라보며 훈육하는 연습이 필요하다.

내 아이가 정말 소중하지만, 아이가 잘못했을 때는 '옆집 엄마'가 되어 한 발 물러서서 객관적으로 바라보며 훈육하는 것이 필요하다. 그렇게 할 때 아이의 잘못과 올바른 행동을 분명히 구분할 수 있다.

두 번째로 조심해야 할 점은 너무 오랫동안 아이를 훈육하면 안 된다는 것이다. 아이들은 어른이 아니다. 소리를 지르지 않고, 훈육한다며 아이를 오래 붙잡고 잘못에 대해 반복해서 이야기하는 것은 피하는 것이 좋다. 어린아이들은 생각하거나 집중하는 시간이 어른들보다 훨씬 짧기 때문이다.

그래서 잘못된 상황이나 언어, 행동에 대해 잘잘못만 명확히 가려 주고, 그에 대한 부연 설명은 너무 길게 하지 않는 것이 좋다. 너무 길면 아이가 혼란스러워하거나, 자신이 무엇을 잘못했는지 잊어버릴 수 있다. 특히 어린아이들일수록 집중도가 떨어지는데 잘못한 일에 대해서 왜 잘못했는지, 다음부터는 하지 말아야 한다고 짧게 일러 주는 것이 아이들에게는 효과가 좋다. 그렇다고 아이들에게 소리 지르면서 야단치는 것은 금물이다. 소리를 지를 때 아이들의 뇌가 정지된다고 한다.

어른들도 마찬가지이다. 누군가가 자신에게 소리치면 그 소리에 집중한다기보다는 오히려 듣기 싫어지고 행동이 멈추기 마련이다. 그러므로 아이들에게 무서움을 주려고 소리를 지르는 것이 옳은 방법이 절대 아니다. 낮은 목소리로 아이들에게 잘못한 점을 설명해 주고 다음부터는 하지 않아야 한다고 따끔하게 말해 주는 것이 옳은 방법이다.

세 번째로 조심해야 할 점은 다른 친구들과 비교하는 훈육은 하지 말아야 한다. 그것은 훈육이 아니라 단순히 옆집 아이와 비교하는 것밖에 안 된다. 하지 말아야 할 것을 일러 주는 것뿐이지 굳이 다른 친구의 이름까지 거론하면서 우리 아이의 자존감을 낮추어서는 절대 안 될 것이다. 어떠한 일이 있어도 같은 형제, 자매나 친구들과의 비교는 금물이다. 그러면 오히려 아이들은 자신을 더 낮추어 생각하는 경향이 짙어져 자신을 비하하는 성격으로 변할 수 있다. 그러므로 아이들이 잘못한 사실에 대해서만 꾸짖어야 하고 다른 사람과 비교해서는 절대 안 된다.

5. 우리 집은 은수저

"오늘 욱이 엄마를 만났는데 욱이가 공무원 시험에 붙었다더라."

공무원 시험, 경찰 시험… 그놈의 공무원이 뭔지….

사실 아직도 우리나라 엄마, 아빠들은 공무원이 가장 좋은 직업이라고 생각한다. 나의 친정 아빠가 경찰공무원이었던 탓에 나는 세상에 공무원이라는 직업이 최고인 줄 알았다. 그리고 오로지 우리나라 직업은 공무원뿐인 줄 알았다. 우리 언니에게는 특수교사를 하라고 했었고, 공부를 안 하는 나에게는 아예 공무원을 하라는 말도 안 꺼내셨다. 그리고 공부를 안 했던 내 동생에게는 공부하라는 말도 안 하셨지. 지금 생각해 보니, 부모님 말씀이 참 일리가 있었다. 공무원이라는 직업의 가장 큰 메리트는 죽을 때까지 연금이 보장된다는 점이었다. 그것도 어마무시한 금액… 지금 생각해 보니 내가 벌어서 직접 해 드릴 수도 없는 금액이었다.

근데 어릴 때는 그것도 모르고 우리 집이 제일 못사는 줄 알았다. 왜냐하면 우리 집은 대구에서 젤 내로라하는 학군지에 살았기 때문이다. 그중에는 집안 형편이 좋은 친구도 있었고 안 좋은 친구도 있었지만, 친구의 부모님 직업이 대부분이 교사, 의사, 직업 공무원 등 전문직이었다. 어릴 때는 알지 못했다. 이런 학군지에서 자라는 것이 커서 도움이 많이 되었다는 것을. 나는 공부를 잘하는 편도 못하는 편도 아니었다. 중학교 때까지 상위권에 있었는데 고등학생이 되고 공부를 하지 않았다. 친구들은 공부를 잘했는데 나는 공부를 해야 하는 이유도 깨닫지 못했고, 정보력이 부족해 공부를 어떤 식으로 해야 하는지도 잘 알지 못했다.

그러다가 나는 그럭저럭 수능 점수에 맞춰 지방대에 가게 되었다. 지방대에 갔더니 진짜 몇몇 아이들 빼고는 다 공부를 열심히 하지 않았던 기억이 난다. 그래서 나는 대학교에서도 정신을 못 차리고 아르바이트에 매진해, 공부를 열심히 하지 않았다. 공부를 열심히 해서 장학금을 받을 생각을 하지 않고 시간을 낭비해 주말에 돈을 벌고 있었다. 그때는 당장 쓸 생활비가 부족하다 보니 한 달 일하면 돈을 받는 아르바이트밖에 할 생각뿐이었다. 학비는 부모님이 대 주셨기 때문에 내 생활비만 벌면 되었었다. 그래서 친구들과 함께 맛있는 것도 사 먹고 필요한 옷도 사고, 가방도 사고, 화장품도 샀다. 가고 싶은 곳에 여행도 가고 일도 하면서 어린 나이에 적지 않은 돈을 벌었지만 그만큼 쓰기도 했다. 그렇게 돈은 모으지 못한 채로 결혼을 하게 되었다.

결혼을 하고, 아기를 낳아 키워 보니 돈 쓰이는 곳이 이만저만이 아니었다. 전기세, 도시가스비, 상하수도 요금, 보험료 등등 생각지도 못했던 돈들이 필요했다. 그나마 월세는 안 들어가서 다행이긴 했지만, 아이들 교육비며 식비, 교통비 등 엄마가 되어 보니 살면서 필요한 돈이 얼마나 많은지 알게 되었다. 그래도 진짜 다행인 건 친정 아빠가 공무원이었던 것이 진짜 감사한 일이었다. 어렸을 때 엄마가 너무 절약하고 살아서 우리 집이 진짜 형편이 어려운 집인 줄 알았다. 그런데 학군지 집 가격이 워낙 비쌌고, 과외비나 학원비가 다른 지역에 비해 비쌌기 때문에, 평균적인 생활비가 많이 들어갔었다. 더군다나 우리는 삼 남매에 할머니까지 모시고 살았기 때문에 다른 집안보다 만만치 않은 생활비가 들었을 것이다. 그래서 엄마는 입버릇처럼 절약을 강조하셨다. 하지만 우리 집은 정말 먹는 것에는 부족함이 없이 자랐다. 부족함이 없이 자랐다. 물론 외식은 못 했지만, 외할아버지께서 과수원을 하셨기 때문에 철철이 안 먹어 본 과일이 없었다. 복숭아, 자두, 배, 사과, 옥수수, 고구마, 감자 등 땅에서 나오는 식재료는 다 외할아버지, 외할머니가 손수 재배한 음식을 먹고 자랐다. 지금으로 말하면 유기농 음식이다. 봄이면 모내기를 했고, 여름이면 옥수수도 따고, 고추도 따고, 오이도 따고, 가지도 땄다. 나는 그래서 몸이 건강했고, 아이를 세 명이나 아무 탈 없이 건강한 아이로 낳을 수 있었다. 지금 생각하니 그 모든 것들이 다 감사해야 할 일이었다. 만약 그때 우리가 인스턴트 음식을 자주 먹었다면, 건강한 아이를 갖기 어려웠을지도 모른다. 다행히 엄마는 통닭, 떡볶이, 튀김 등 집에서 만들 수 있는 간식은 거의 직접 만들어 주셨고, 그 덕분에 우리는 건강하게 자랄 수 있었다. 지금 생각해 보면 정말 감사한 일이다.

어릴 적 엄마 덕분에 요리 솜씨가 늘었고, 지금은 우리 아이들에게 간식은 거의 직접 만들어 먹인다. 내가 돈에 대해서 불평불만 할 게 아니라 어렸을 때부터 내가 다른 사람들보다 가지지 못한 것을 생각하면 정말 돈으로 환산할 수 없을 정도로 잘 살았던 것이다. 그 모든 유기농 제품들은 지금 마트에서 산다고 생각하면 한 달에 적어도 100만 원 정도는 들지 않았을까. 지금도 다행히 친정 아빠, 엄마와 시부모님께서 먹을 것을 많이 보내 주셔서 아이들을 건강하게 키우고 있다. 그래서 나는 식비도 엄청 절약하고 있는 셈이었다. 그래서 내가 원하는 일을 할 수 있는 지금 이 순간이 얼마나 소중한지 감사하게 느껴야 한다. 이렇게 카페에 앉아 글을 쓰고 있는 지금도, 참 감사한 일이다.

한때는 내가 왜 이렇게 살까, 나는 왜 이렇게 혼자 힘들까라는 생각에 사로잡혀 있었다. 그런데 책을 쓰고 나의 삶을 되돌아보면서 나는 정말 가진 것이 많은 여자라는 것을 깨달았다. 우리 친정 부모님과 시댁 부모님께 용돈도 제대로 드린 적 없는 못난 딸이자 며느리지만 그만큼 부모님들이 잘 살고 계셔서가 아닐까? 나는 내가 평생 흙수저라고 생각하고 살았다. 진정한 흙수저를 겪어 보지도 못하고 혼자서 그렇게 생각하고 살았던 것이다. 하지만 주위를 살펴보고 더 낮은 곳을 바라보아라. 나는 금수저는 아니지만, 적어도 은수저, 동수저일 수도 있다.

건물이 있어 건물에서 돈이 나오는 건물주도 좋다. 하지만 연금이 나오는 공무원 부모님이 계신다는 것도 천하의 행운이라고 생각하고 살아야 한다. 아직도 우리 부모님은 현직에서 일을 하고 계신다. 아빠는 퇴직하셨지만, 사무실을 차려 일을 하시고, 새벽엔 농사도 짓고 계신다. 엄마도 함께 농사일을 하시면서 우리에게 반찬도 만들어 주시고, 가게에 나가서 일도 하신다. 분명 부모님께 이러한 성실한 점들을 물려받았다면 진정한 금수저가 아닐까?

돈만 물려준다고 해서 금수저가 절대 아니다. 금수저들은 본인이 노력해서 얻은 돈이 없어서 겉은 금이지, 안은 흙일 수 있다. 잡으면 흙처럼 부러지고 단단하지 못하기 때문이다. 하지만 흙수저는 겉은 흙이지만 안은 단단한 금인 사람도 있다. 그만큼 우리는 살아가면서 경제적인 부분을 채우기 위해 많이 노력했기 때문이다. 그것은 돈으로 물려받거나 금전적으로 해결할 수 없다. 직접 겪어 본 사람만이 자기만의 수저 색깔을 만들 수 있다. 그러므로 금수저를 부러워하지 않아도 된다. 오히려 흙수저가 더 단단한 내면을 가졌으므로 결국에는 금으로 바뀔 가능성이 있기 때문이다. 주위에 감사한 것을 찾아보면 나는 돈보다 더 값진 것을 가졌을 수도 있다. 내 안에 있는 것이든, 내 밖에 있는 것이든. 꼭 찾아보길 바란다. 그럼 이제는 나만의 금수저 목록을 한번 써 보자.

〈작가만의 금수저〉

1. 건강한 신체를 물려주신 것

2. 부지런함과 성실함을 물려주신 것

3. 부모님이 건강하게 살아 계신 것

4. 경제적으로 힘들게 살아 주신 것

5. 어른이 되어서 격려해 주시는 것

〈나만의 금수저〉

1. _____

2. _____

3. _____

4. _____

5. _____

이러한 점들이 나에게는 금수저보다 더 좋은 것을 물려주신 부모님께 감사히 생각하는 점이다. 여러분들도 부모님께 받은 각자의 목록을 작성하여 돈 주고도 살 수 없는 것을 한번 작성해 보자. 금수저 인생이 부럽지 않은 자신만의 수저를 만들 수 있을 것이다.

그러면 나의 인생에 대한 자존감이 올라가서 앞으로 못 할 일이 없게 되는 사람으로 변하게 될 것이다.

6. 아이 앞에서 초조해하지 마라

"애들아, 빨리 일어나, 늦었어. 얼른 나가야지."

내가 입버릇처럼 했던 말이다. 나는 일분일초가 아까운 삶을 살았다. 아침 5시에 일어나 집안일을 하고 6시 30분쯤에 아침 운동을 하고 와서 아이들 등교 준비를 했다. 그래서 일분일초가 아까워 어른의 속도에 맞춰 아이들을 다그치듯 훈육하게 되었다. 하지만 돌 지난 아이가 한 걸음을 떼는 데는 3초가 걸리고, 다섯 살 아이가 유치원 갈 준비를 혼자 마치는 데는 무려 한 시간이나 걸린다. 초등학생 8살 아이가 학교 가는 준비를 하는 것도 적어도 30분은 걸린다. 나는 어른 시간에 맞춰서 아이들이 준비하는 시간을 매우 답답해했다. 내가 여유가 없으니 아이들에게도 매일 초조한 엄마로 비추어지고 아이들을 재촉하는 엄마가 될 수밖에 없었다. 모른 사람에게는 속도가 있다. 어른들도 다 같이 외출준비를 하더라도 아빠는 1시간이 걸리고 엄마는 30분이 걸릴

지도 모른다. 그런 아이들에게 참을성 없이 재촉하기만 했으니 아이들은 기다려 주지 않는 엄마가 야속했을지 모른다. 아이에게 초조한 모습을 보이면 아이들은 불안에 시달리게 된다. 이런 경험이 반복되면 아이는 항상 자신을 '늘 늦는 사람'으로 인식하게 되고, 성인이 되어서도 삶에서 안정감을 느끼지 못한 채 불안정한 상태로 살아가게 된다.

마음이 여유로운 사람에게는 남들에게도 여유로운 표정과 태도로 대한다. 그래서 타인과 함께 있더라도 편안한 마음을 느끼게 해 주는 사람이 될 수 있다. 우리나라 속담에 '천 리 길도 한 걸음부터'라는 말이 있나. 누언가를 빠르게 끝내려 하면 오히려 일을 그르칠 수 있고, 돈도 마찬가지로 한순간에 번 돈은 한순간에 사라지기 쉽다. 모든 일은 순서가 있고, 순서에 맞게 해야 큰 피해를 입지 않게 된다.

처음부터 영재였던 아이가 끝까지 대학교를 잘 들어간다는 보장이 없다. 중학교 때까지 영어 단어도 읽지 못했던 아이가 서울대학교에 들어가는 일도 있고, 중 3 때까지 예체능만 하던 아이가 한 과목 빼고 수능 1등급을 받는 경우도 있다. 그러니 우리 아이를 끝까지 믿고 기다려 주자. 하지만 방치하는 것은 안 된다. 나의 아이가 공부를 잘하는 것을 원한다면 아이의 속도에 맞춰 믿어 주어야 한다는 말이지, 공부를 스스로하게 기다려 주라는 말은 아니다. 어떤 일이든지 마찬가지다. 언젠가 되겠지라는 생각은 내 마음속의 방치이다. 어떠한 목표가 있으면 실행을 해야 한다. 실행을 하면서 차근차근해야지 일을 그르치지 않고 목표를 향해 갈 수가 있다. 어떤 비행기의 목적지가 인천에서 뉴

욕이라고 하자. 그러면 기장이 막무가내로 운항해서 뉴욕에 무사히 도착할 수 있을 것 같은가? 그전에 비행기를 점검해 주는 사람도 필요하고, 연료도 채워 넣어야 하고, 그 안의 승무원들도 객실을 위해 최선을 다해야 하고, 관제탑도 정상운행을 해야 하고, 수많은 일들이 합쳐져서 우리가 목적지에 도달하게 되는 것이다. 이것은 비단 비행기 운항에서만 대입되는 전개가 아니다. 이렇듯 우리가 하나의 일을 이루기 위해서는 수많은 전제 조건과 과정들이 필요한 것이다. 요즘 사회는 더 빠르게 빠르게 변하고 있다. 왜냐하면 현대인의 미디어 중독으로 오래 기다릴 수 없는 세상에 만연하여 살고 있기 때문이다. 유튜브나 인스타그램 등의 미디어 매체는 이제는 동영상도 기다리기 힘들어 쇼츠나 릴스 등 짧은 영상으로 대체되고 그런 짧은 영상들이 더 인기가 있다. 그래서 이제는 기업이나 자영업자들이 쇼츠나 릴스 같은 짧은 영상 편집을 배우고 이를 통해 상품을 마케팅하는 일은 이제 당연한 일이 되어 버렸다. 이처럼 '빨리빨리'라는 말이 굳이 언급되지 않더라도, 우리의 일상 전반에 깊숙이 스며들어 있는 만큼, 기다림이나 인내에 대한 태도는 점점 더 사라지고 있다.

나도 현대 시대에 살다 보니 요즘 문화에 젖었는지 아이를 키우는 엄마임에도 불구하고 빨리, 빨리를 강조하는 생활을 하고 있었다. 어느새 우리는 기다리거나 인내하는 방법을 까먹었을지도 모른다. 그래서 아이를 키울 때 가끔은 할머니나 할아버지의 정서가 필요할 때도 있다. 양육방식에서 차이가 나지만 우리에게 없는 기다림의 미덕이 갖추어져 있기 때문이다. 우리가 쇼츠나 짧은 동영상을 자주 찾게 되는 이유는, 별다른 노력 없이도 도파민이 쉽게 분비되기 때문이다. 별다른 노력이나 집중 없이도 즐거움을 느낄 수 있기 때문에 더욱 중독되기 쉽다.

예전에는 친구들과 함께 모여야지 재미있는 활동을 하고, 사람을 만나야 이야기할 상황이 만들어졌지만, 지금은 상대방 없이 카메라만 있더라도 내가 떠들 수 있고, 댓글로 충분히 상대방과 나의 의견을 나눌 수 있다. 그래서 요즘에는 미래를 준비하거나 경제적 능력을 키우기 위해 노력하지 않는 사람들도 많아졌다. 굳이 더 나은 삶을 위해 애쓰지 않더라도, 방 안에 가만히 앉아 손가락 하나로 스마트폰을 누르는것만으로도 도파민이 분비되어 순간적인 만족감을 얻을 수 있기 때문이다.

아마 우리 세대에서 아래 세대로 점점 내려갈수록 서로 소통하는 문화가 줄어들고 인간에게서 인내심은 더 이상 필요 없는 것이 되어 버릴지도 모른다. 사실 이런 문화가 만연한다면 조금 무섭기는 하다. 돈도 마찬가지이다. 불과 몇 년 전만 해도 가상화폐에 투자한다고 하면 '그걸 누가 하냐.'며 의아해했다. 그러나 이제는 돈조차도 실물이 아닌 디지털 형태로 바뀌었으며, 그만큼 사람들의 '돈'에 대한 개념 역시 기존과는 전혀 다른 방향으로 바뀌고 있다. 요즘 청년 중에는 돈이 열심히 일한 결과가 아니라, 단지 운이나 손쉬운 방법으로도 얻을 수 있는 것이라고 착각하는 경우도 많다. 실제로 그런 사례가 많기 때문에 우리 아이가 자랄 때 돈을 버는 것은 어려움을 조금 갖고 도전해야 하는 일임을 반드시 부모가 알려 주거나 겪도록 해 주어야 한다. 그만큼 올바른 경제 개념을 심어 주는 교육이 더 중요하다.

최근에는 의대 열풍이 불어 아이들의 수학 선행에 가속도가 붙었다. 의대 입시 정원을 정부에서 늘리게 되면서 엄마들이 의대에 가기를 더 희망하고 있다. 게다가 영어까지 잘해야 하니 우리나라는 사교육 1번지에서 아예 0번지가 되었다. 수학은 3년 정도는 선행해야 의대에 갈 수 있다는 엄마들의 말이 전해지고 있다. 초등학교 졸업하기 전까지는 중학교 수학 과정을 선행해야 하고, 수능 영어를 모두 끝내야 한다고 한다. 그 이후 중학교와 고등학교 시기에는 나머지 교과목 학습에 전념해야 한다고 주장하는 것이다. 겉으로 보기엔 그럴듯한 말처럼 들릴 수 있지만, 현실에서는 모든 아이들이 그 상향된 기준에 맞춰 똑같이 따라오는 것은 불가능하다. 집안의 환경, 아이들의 성장 속도, 부모님의 성격과 아이의 성격 등 모든 조건을 고려하고 뒷받침이 되어야 한다. 뒷받침은 안 되지만 열악한 환경에서 공부를 악착같이 해서 의사가 된 사람들도 있다. 그래서 부모님이 가장 중요하게 해야 할 것은 아이들을 선행학원에 보내는 것이 아니라 우리 아이들의 성장 속도에 맞춰서 아이들을 교육해야 한다는 것이다.

엄마의 바람대로만 아이를 교육하다 보면 아이가 그 기대를 따라가지 못할 수도 있다. 그렇다고 해서 아이를 마냥 놀게만 두는 것도 바람직하지 않다. 가장 중요한 것은 부모가 먼저 적절한 환경을 만들어 주고, 그 안에서 아이를 올바르게 이끌고 지도하는 것이다. 왜냐하면 아이들은 아이들이기 때문이다. 그렇기 때문에 어린 시기에는 학습보다 먼저, 올바른 생활 습관과 예절, 기본적인 태도를 가르치는 것이 우선이다. 그 후에 학습적인 교육이 이루어져야 보다 건강하게 자랄 수 있다. 올바른 생활 습관이나 태도가 갖춰지지 않은 상태에서 공부부터 시작하게 되면, 아이들이 학습 과정을 제대로 따라가지 못할 수 있다. 따라서 아이들과 함께 충분히 인성과 기본적인 태도를 다진 후, 학습 역량을 키워 나가는 것이 바람직하다.

그래서 아이들에게는 앞에서 끌고 나가는 부모보다 한 걸음 뒤에서 따라가 주는 부모가 좋다. 특히 아이가 어릴 때는 부모가 더 인내하고 기다려 주어야 한다. 인내 뒤에는 그에 따른 보상이 반드시 따른다. 특히 기저귀를 뗄 때, 우리 아이만 늦게 뗀다고 생각하면 안 된다. 아이들은 언젠가 기저귀를 떼게 되어 있다. 초등학교 때 기저귀를 하는 아이들이 있는가? 당연히 없다. 그럼 우리 아이는 당연히 기저귀를 뗄 것이라는 생각으로 인내하고 아이를 키워야 한다. 가만히 놔두라는 것이 아니라 기저귀를 뗄 때까지 환경을 만들어 주고 말과 행동으로 가르쳐야 한다. 하지만 절대 조급하게 가르쳐서는 안 된다.

우리나라에 글자를 못 읽는 아이가 과연 있을까? 그렇지 않다면, 우리 아이도 당연히 글자를 읽을 수 있다고 믿고 가르쳐야 한다. 절대 아이들 앞에서 남과 비교하거나 조급함을 나타내어서는 안 된다. 그런 마음 자체를 버려야 한다. 아이에게 조급함을 나타내지 않는 방법은 다른 아이들보다 조금 일찍 시키면 조급함을 버릴 수 있다. 보통 7살에 한글을 배우기 시작한다면, 내 아이에게는 6세부터 한글에 친숙해질 수 있는 시간을 줘서 좀 더 수월하게 한글을 익히도록 돕는 것이 좋다. 엄마들이 조급한 이유는 아이들에게 그 학령기에 맞춰 모든 걸 하게 하기 때문이다. 한글을 뗄 때 조급함을 가지지 않으려면 한글에 익숙한 환경을 만들어 주면 되고 영어를 일찍 배우게 하고 싶으면 영어에 익숙한 환경을 엄마가 미리 만들어 주면 된다. 부모가 아이에게 조급한 마음이 생겨도 겉으로 드러내지 않고, 아이를 믿고 기다려 주고 있다는 것을 느끼게 해 주는 것이 중요하다. 물론 아이들을 키우면서 조급함이 없을 수가 없다. 나 역시 아이들에게 매일 조급한 마음이 생기지만 그 마음을 참고 스스로 조절해야 한다. 그것이 바로 어른이며, 부모이다. 부모가 되면 어른의 속도보다 아이의 속도에 맞춰 주는 것이 아이에게도 좋고 자신에게도 좋다. 이것은 한 번의 연습과 실행으로 이루어지는 것이 아니다. 매일, 매시간, 매분 마음을 다스려야 한다.

아기를 낳았다고만 해서 부모가 되는 것이 아니다. 부모다운 태도와 행동을 했을 때 비로소 부모가 되었다고 할 수 있다. 매번 이렇게 기다려 주며 살라는 것은 아니다. 부모도 충분히 부모가 될 시간을 가져야 하고 아이에게도 바른 어른으로 성장할 수 있도록 기다려 주고 지지해 주어야 한다. 그것만으로도 우리는 충분히 훌륭한 부모가 될 수 있음을 잊지 말자.

7. 내 꿈을 아이에게 투영시키지 마라

어렸을 적 나의 꿈은 선생님이었다. 왜냐하면 남들 앞에 나가서 말하는 것을 좋아했기 때문이다. 초등학교 때부터 반장, 부반장을 도맡아 했고 친구들이 일 처리를 늦게 하면 내가 도움을 주어서 함께하려고 노력했다. 그런데 나는 선생님이 되려면 공부를 잘해야 하는 줄 몰랐다. 꿈은 선생님이었으나 꿈을 이루는 방법을 전혀 몰랐던 것이다. 아이의 꿈을 이루기 위해서는 절대로 아이가 혼자 갈 수가 없다. 부모는 아이를 낳은 사람이기도 하지만 미래를 함께 걸어가야 하는 든든한 멘토 역할을 하기도 한다. 예전에야 전쟁통에 아이를 낳고, 부모님들이 밭에서 일하시면 아이들이 옆에서 그저 건강하게 자라기만을 바랐지만, 지금은 일 년만 지나도 강산이 변하는 시대이다. 우리나라는 전 세계적으로 비약적인 발전을 이루었기 때문에 물질적으로도 많이 풍요로워졌다. 그래서 농경사회 때처럼 현대사회에 아이를 키우면 아이가 어디로 튈지 모른다. 지금 우리 아이들은 가이드를 해 주지 않으면 아이들이 길을 헤매기 시작한다. 물론 가이드를 해 주지 않아도 잘 자라는 아이들은 있을 것이다. 비록 부모가 경제적 지원은 어려울지라도, 아이가 미래에 대한 꿈을 꾸고 있다면 그 꿈을 이루는 길을 함께 고민하고 찾아봐 줄 수 있어야 한다. 시간이 없고 정신적 여유가 없더라도 내가 낳은 자식의 미래를 위해서, 그 자식의 꿈을 위해서 노력은 함께 해 주어야 한다. 나는 정작 꿈이 있었지만 어떻게 해야 할지를 몰랐다. 우리 엄마도 그 당시 주부였기 때문에 어떤 대학을 가야 하는지 점수는 어느 정도여야 하는지 정보가 없었다. 나도 그냥 이렇게 학교에 다니다 보면 인생이 잘 살아질 줄 알았다. 적어도 대학생 때까지는 말이다.

그렇게 대학을 졸업할 때까지 내가 놀고 싶을 때 놀고, 일하고 싶을 때 일하고, 돈 쓰고 싶을 때 돈을 쓰며 내가 살고 싶은 대로 살았다.

그러다 결혼하고, 아이를 낳았다. 나는 아이를 사랑하는 법도 모르고 사랑할 줄도 몰랐다. 표현력이 부족한 나에게 사랑한다는 말을 배우게 해 준 건 부모가 아니라 다름 아닌 우리 아이들이었다. 아이가 하루는 필통이 없어서 학교에 안 간다고 했다. 처음에는 학교에 가지 않겠다고 떼를 썼다. 우는 아이를 데리고 학교에 밀어 넣기도 했었지만, 아이는 요지부동이었다. 유치원 때까지는 어떻게 해서든 아이가 부모의 말을 제법 듣는다. 하지만 유치원 때까지 엄마와의 유대관계가 어긋나면 초등학교 때, 학교를 가지 않는 아이가 될 수도 있다. 어차피 엄마는 아이가 필요할 때 옆에 없었기 때문에 유대관계가 형성이 잘 안 되었을 수도 있다.

아이가 필요로 하는 건 돈이 아니다. 부모의 사랑이고 관심이다. 아이들은 사랑한다는 말도 필요 없다. 아이는 사랑한다는 말 자체를 모르고 태어난다. 하지만 조부모님, 부모님 또는 친구들이나 선생님으로부터 그 단어를 배운다. 사랑은 애초에 말이 아니라 행동으로 보여지는 것이다. 자식이 어린 나이에 정신적으로 육체적으로 정말 필요할 때 있어 주어야 하는 것이 부모이다. 명품 옷이나 영어유치원, 비싼 유기농 사탕이 필요한 것이 아니다. 감자를 삶아 먹더라도 엄마와 함께 눈을 맞추며 먹는 것 그것이 바로 부모가 해야 할 일이다. 요즘 부모는 아이의 성적에 목숨을 건다. 그게 바로 자식을 잘 키우는 일이라고 생각하기 때문이다. 물론 성적이 좋으면 아이들이 나중에 커서 훌륭한 인물이 되고 좋은 직장에 들어가는 것은 틀린 말은 아니다. 하지만 유년 시절 부모가 곁에 있었던 자식은 청소년기에도 부모님과의 신뢰가 쌓여, 공부할 때도 집중해서 잘하게 된다. 어디에서나 안정감을 느끼기 때문이다. 요즘 아이들은 모유도 조금밖에 못 먹고 자라서 가끔 불쌍할 때가 있다. 처음에 태어나서부터 간호사에게 맡겨지고, 병원에서 퇴원하면 조리원에 가서 얼굴도 모르는 이모님에게 맡겨진다. 나도 물론 정말 피곤할 때만 아이를 맡겼지만 한두 시간 외에는 잘 때도 함께 자고 모유를 꼭 짜서 먹였다. 모유를 먹일 때는 피곤하고 힘들었지만 그 힘듦이 지나면 아이와 나와의 유대관계가 끈끈해진다. 이 유대관계를 사춘기 전까지 유지하는 것이 정말 중요하다. 아이와의 끈끈함이 없으면 엄마의 역할이 사라져 버린다. 유년기 시절 엄마의 자리는 나중에 그 어떤 것과도 바꿀 수 없다.

아이를 잘 키우려면 아이의 의견을 잘 들어 주고 존중해 주어야 한다. 아이가 남의 물건을 훔치거나 도덕적으로 어긋나는 행동을 하지 않는다면 아이의 선택을 존중하고 의견을 들어 주는 것이 부모의 역할이다. 자식의 행동을 통제하는 것을 부모의 권한이라고 생각하는 부모들이 있다. 예를 들어 담배를 피우거나, 학생이 해야 할 행동에서 도덕적으로 어긋난다면 호되게 꾸짖어야 하고 가르쳐야 할 필요는 있다. 하지만 그 외의 행동들은 아이들의 의견을 반드시 먼저 들어 주고 존중해 주어야 한다.

가령, 아이가 입고 싶은 옷이나 가방이 있을 때, 경제적으로 부족하다면 그 부분에 대해 설명해 줄 수는 있지만 색상이나 모양까지 강요하는 건 가스라이팅이나 마찬가지다. 아이는 아이 그대로 하나의 인격체이다. 이것은 훈육이 아닌 지나친 간섭이 된다. 그렇게 되면 어떠한 선택을 할 때도 본인의 의견을 내세우지 못하게 된다. 부모에게 의지하여 이런 습관이 클 때까지 유지되면 성인이 되어서도 자신의 의견을 포기하게 된다. 그러므로 어릴 때부터 지나치게 예의 없게 굴지 않는 이상 본인의 의견을 표출하는 시간을 많이 만들어 주고 들어 주어야 한다. 그래야 리더로 성장할 기회도 있고, 가족이 아닌 다른 집단에 가더라도 본인의 의견을 내세우고 다른 사람과 대화를 잘 이끌어 가는 인재가 될 수 있다.

아이는 절대 부모의 소유물이 아니다. 하늘에서 내려 준 귀한 손님이다. 우리는 외부 손님에게는 잘하면서 정작 집에 있는 자식을 손님이라고 생각하면 깜짝 놀란다. 그만큼 아이를 대하거나 남편을 대할 때 예의 있고, 존중하는 자세로 대하여야 한다. 그래야 나중에 아이도 자라서 부모를 부모답게 대할 것이다. 부모에게 야단과 꾸중을 더 맞고 자란 아이는 나중에 자라서도 부모에게 똑같이 대할 것이다. 부모는 야단칠 때 '우리 아이는 그렇지 않겠지.'라고 생각하지만, 실제로는 부모의 행동을 통해 배우는 것이 가장 많다.

아이를 대할 때, 좀 더 부느럽고 공감을 많이 해 주는 부모가 된다면 아이들도 그런 아이로 성장할 것이다. 내가 아이를 존중하고 믿어 주는 만큼, 나중에 그 아이가 성장하여 나를 존중하고 나아가 다른 사람들도 존중하는 아이로 자란다. 가정에서도 무시당하고 학대받으며 자란 아이는 밖에 나가서도 친구들을 무시하고 폭력적인 아이로 자랄 확률이 매우 높다. 그러므로 아이를 키울 때는 존중하고 성심성의껏 나에게 주어진 범위 내에서 정성을 다해 키우는 것이 바람직한 부모의 역할이라고 볼 수 있다.

8. 엄마는 너만 믿어

믿음, 신뢰의 정의란 무엇일까? 사전적 의미로는 다른 사람의 동의와 관계없이 확고한 진리로서 받아들이는 개인적인 심리상태이다. 나는 과연 우리 아이들을 100퍼센트 믿고 있을까?

워킹맘인 나는 첫째가 2학년이라 혼자 있을 때가 종종 있었다. 일주일에 두 번은 피아노 학원을 가는데 일찍 마치고 집에 와서 피아노 학원을 가는 사이에 시간이 조금 남는다. 한 번은 집에 돌아오니 침대 위에 리모컨이 놓여 있었다. 나는 TV를 볼 때면 내가 있을 때만 틀어 주곤 했는데 2학년이 되더니 TV 켜는 법을 혼자 터득한 모양이다. 리모컨을 발견한 나는 또 참지 못하고 아이에게 화를 내었다.

"너는 엄마 없는 동안 책은 안 보고 TV만 보고 학원 갔구나?"
"아니에요, 엄마. 저 30분밖에 안 봤어요."

"TV가 뜨끈뜨끈한 걸 보니 엄마 없을 때 계속 봤네."

"아니에요."

"뭐가 아니야. 요즘엔 도서관도 안 가고 집에서 TV만 보고 학원 갔나 보네."

"아, 알았어요. 엄마 마음대로 생각하세요."

'탁!' 하며 방문 닫고 들어가는 소리가 들린다. 도대체 내가 아이에게 뭘 한 거지? 스스로 피아노 학원 갔다 오는 아이에게 기특하다고 말은 못 해 줄 망정 아이에게 도리어 화를 내고 아이를 잘못 판단하는 실수를 해 버렸다. 나는 왜 이도록 아이를 믿지 못하는 걸까.

이것은 아이의 문제가 아니라 내 성격이 문제였다. 아이가 TV를 30분을 봤든 1시간을 봤든 아이의 말을 우선 믿어 주어야 했다. 사실 나는 평소에도 상대방의 입장을 깊이 헤아리기보다, 내 시선에서만 판단하고 평가해 버리는 습관을 갖고 있었다. 설사 이런 잘못된 습관을 갖고 있다 하더라도 그 상황에서는 아이 말을 들어 주어야 했었다. 어른이라는 이유로 본인이 유리하게 생각하고 말하기 마련이다. 부모라면 아이의 마음을 먼저 이해하고 믿어 줘야 하는데, 그런 기본적인 믿음조차 지켜지지 않은 그 상황이 정말 안타까웠다. 내가 믿어 주지 않으면 이 세상에서 우리 아이들을 누가 믿어 줄까.

한번은 아이들끼리 싸워서 나에게 왔다.

"엄마, 민진이가 나 먼저 때렸어요." 첫째가 말했다.

"엄마, 아니에요. 누나가 먼저 때렸어요." 하며 서로 싸우기 시작했다. 이렇게 서로의 의견을 내세우며 싸울 때는 항상 누구의 편을 들어주어서는 안 된다. 각자에게 생각할 시간을 주고, 때린 것을 확인한 후에 왜 때렸는지 원인을 파악해야 한다. 그리고 아이의 마음을 먼저 읽어 준 다음에 체벌하거나 훈육해야 한다. 우리는 가끔 우리가 어른이라는 이유만으로 그 상황을 판단하여 아이를 꾸짖곤 한다. 하지만 아이들에게는 본인만의 이유가 있으며 그 이유를 다 듣고 난 후에 잘잘못을 가리거나 잘못된 태도를 고쳐 주어야 한다. 훈육을 하기 전에 항상 아이에 대한 믿음이 전제되어야 한다. 아이를 한번 믿어 주지 않기 시작하면 그다음은 아이가 우리에게 말을 걸고 싶어도 걸지 않을 것이다. 그러니 아이가 아직 나에게 쫑알쫑알하며 이야기한다면 아이의 이야기를 충분히 듣고 아이의 편이 되어 주어라. 세상에서 믿을 사람이 하나 생기면 이 아이는 앞으로 살아가는 데 무서울 것이 없다. 아이의 든든한 버팀목이 되어 주는 부모가 있기 때문이다. 하지만 어릴 때부터 너무 잘잘못을 가려 아이를 가르치려 한다면 나중에 진정으로 아이가 부모를 필요할 때 먼저 손을 내밀지 않을 것이다. 그러니 아이가 성인이 되어서도 어떠한 일이 생기면, 엄마는 꼭 '내 편'이라는 것을 인식해 주어야 한다. 그러면 아이가 독립할 때까지, 또는 독립하고 나서도 어떤 일이 생겼을 때도 부모와 함께 상의할 것이다.

예전에 어떤 아이가 초등학교 6학년 때 왕따를 당해서 자살한 적이 있었다. 그 아이가 자살한 이유는 부모님에게 자신의 힘든 이야기를 해도 들어 주지 않았기 때문에 자살을 했다고 유서에 적혀져 있었다.

선생님도, 친구도, 부모님도 아무도 자신의 이야기를 들어 주지도 않고 믿어 주지 않았다고 한다. 그러니 아이들이 무심코 한 말이라도 그냥 지나치지 말고 새겨들어야 한다. 그것이 부모에게 어떤 시그널을 주고 있다는 뜻이기 때문이다. 아이가 속상하게 할 때가 있어도, 공부를 조금 안 한다고 해서 내 아이가 다른 아이가 되는 건 아니다. 내 아이는 여전히 소중한 내 아이일 뿐이다. 그러니 속은 조금 상할지라도 아이에게 직접적으로 힘들다는 표현을 하거나 혼을 크게 내지는 말자. 정말 경찰을 부를 일이 나지 않는 이상, 아이가 어떤 일을 했을 때는 반드시 아이의 의견을 먼지 들어 주고 엄마는 항상 너를 믿고 있다고 말해 주어야 한다. 아이가 듣고 싶어 하는 말은 바로 이것이다.

"어떤 일이 있더라도 엄마는 항상 네 편이야. 언제나 응원해."라는 말이다. 그럼 아이도 바뀌고 나도 바뀔 것이다.

그러면 아이도 마음을 열고 자신이 일어났던 일이나 힘들었던 일을 부모에게 꼭 이야기해 줄 것이다. 인생에서 힘든 일을 터놓고 이야기할 사람이 있다는 것이 얼마나 중요한 일인가.

나의 엄마는 힘든 일을 혼자 많이 참고 살았다. 엄마뿐만 아니라 우리나라 사람은 너무 많이 참아서 '화병'이 많다고 한다. 우리의 엄마들은 동방예의지국 정신이 유난히도 강한 한국에서 자기의 의견을 못 내놓고 항상 참고 살았다. 어른에게 말대꾸해서도 안 되고, 항상 예의 있게 행동하고 내가 희생하면 다 잘될 거라고 세뇌당했기 때문이다. 어른들 앞에서 한마디라도 더 하거나 의견을 냈다가는 예의 없는 아이로 찍히기 일쑤였고, 심지어 더 옛날에는 남편에게도 한마디 하지 못했던 시절이 있었다. 그래서 우리는 참는 삶이 옳은 삶이라고 생각했고, 그 때문에 우리 부모님 세대가 많이 참다보니 '화병'이 많다고 한다. 그런 '화병' 많은 부모 밑에서 자랐으니 나도 그 부모를 보고 자라 아이와 말이 잘 통할 리 없었다. 엄마는 회식이 잦고 언성을 높이는 아빠와의 대화에서도 항상 참아야 했고, 맏이 역할을 하기 위해서도 항상 자기 자신을 희생해야 했다. 그러니 누구와도 엄마의 힘든 이야기를 나눈 적이 없었을 것이다. 5남매의 맏이로 우리 삼 남매를 보살피며 동생들을 길러야 했고, 형편이 팍팍한 엄마는 경제적으로나 정신적으로나 여유로울 틈이 없었다. 그 사이에서 자라난 우리 삼 남매도 문제점이 있을 때, 누구와 대화로 해결하는 방법을 잘 배우지 못했다. 그렇게 살다 아이를 낳고 키워보니 우리 엄마와 똑같이 행동하는 나를 발견하였다. 내가 시험을 치고 돌아오거나 어디 갔다 왔을 때도 엄마는 항상 무뚝뚝했고 반응이 없었다.

"어머, 어떻게 이렇게 잘 다녀왔어?"라든가 "엄마 대신에 동생 잘 데리고 다녀 줘서 고맙다."

라는 말도 내가 성인이 되고 결혼한 후에 듣게 되었다. 어떨 때는 '한 번이라도 부모님에게 내가 대견하다는 말을 듣고 자랐다면 좋았을 텐데…'라는 생각이 들었다. 이렇게 자란 내가 부모가 되다니, 가끔씩 우리 부모님을 원망하기도 했다. 그런 믿음이 있는 대화 속에서 부모와 아이와의 정서적 교류가 시작된다.

육체적으로는 엄마의 몸속에서 태어났지만, 사실 정서적인 교류는 했는지 안 했는지 기억도 나지 않는다. 지금 생각해 보니 우리 엄마의 엄마인, 외할머니도 바쁘고 무뚝뚝하셨고, 그런 외할머니 밑에서 자란 우리 엄마도 당연히 바쁘고 무뚝뚝했다. 그래서 나는 내 자식을 키우며 깨달았다. 무뚝뚝한 부모 아래에서 자란 아이는, 결국 감정을 표현하는 법을 배우지 못한다는 것을. 그래서 나는 매번 다짐했다. '나는 절대로 그런 엄마가 되지 말아야지.', '정말 좋은 부모가 되어야지.' 하고 말이다. 하지만 아직도 나의 아이들에게 하는 것을 돌이켜보면 나도 아직 우리 아이들에게 무뚝뚝한 엄마인 것 같고, 정서적 교류가 잘 이루어지지 않은 것 같다. 그래서 나는 매일매일 하루에 한마디라도 아이에게 격려하는 말을 하려고 노력한다.

정서적인 교감은 저절로 생기는 게 아니었다. 책을 읽고 영상도 보며, 내가 먼저 스스로 노력해야 한다는 사실을 셋째 아이를 키우면서 비로소 알게 되었다. 부모의 자리는 아주 거창한 것이 아니다. 그저 많이 사랑해 주고, 많이 믿어 주는 부모보다 더 큰 존재는 없다는 걸 깨달았다. 지금의 성적이 아무리 높더라도, 아이에게 진정한 자양분이 되는 것은 엄마의 따뜻한 응원과 정서적인 지지임을 알게 되었다. 그러니 아이와 함께 마음을 나누고, 아이를 믿어 주는 부모가 되자. 내 아이가 정말 힘든 일에 부딪혔을 때 찾아오는 사람이 바로 내가 되길 바라면서 말이다.

3장

돈으로 행복을
살 수 없다

1. 돈, 그까짓 거 없으면 뭐 어때

돈이 모든 걸 해결해 줄 수는 없지만, 삶을 좀 더 편하게 해 주는 건 분명하다. 내가 책에서도 여러 번 언급했듯, 나의 친정아버지는 경찰 공무원이셨고, 어머니는 소일거리를 하시며 가정을 돌보시던 평범한 주부셨다. 외가, 친가 모두 우리에게 경제적으로 여유를 줄 수 없었던 형편이었다. 그나마 아빠의 끊이지 않는 월급과 학자금 대출이 있었기에 우리가 대학도 졸업했고, 엄마의 부동산투자로 큰 집으로 이사할 수도 있었다. 그래서 나는 우리 집 살림이 항상 빠듯하다고 생각했다.

엄마 말로는 아빠는 항상 월급만 갖다주고 상여금은 안 준다며 투덜 댔던 기억이 있다. 그래서 나는 돈에 대해 감사함을 모르고 자랐다. 돈에 대한 인식도 부모로부터 대물림된다는 사실조차 크고 나서야 알았다. 내가 자랄 때, 외가에서 여러 가지 농작물을 많이 얻어 오곤 했다. 쌀이며, 사과, 대추, 감, 호박, 김치, 무, 된장, 간장, 고추장, 포도 등등 거의 모든 농작물은 외가로부터 왔다. 그런 음식 재료가 가계에 조금 이나마 도움이 되었기 때문에 우리가 그나마 음식은 풍족하게 먹었다고 엄마는 항상 이야기하셨다.

인생을 살아가면서 이런 감사한 점을 먼저 생각해야 하는데, 엄마는 아빠에 대한 불만을 토로하기 일쑤였다. 아빠는 경찰이 직업이셨지만 우리 삼 남매에게 힘들다는 한마디 하신 적도 없었고, 엄마에게도 한번도 일을 그만둔다는 이야기도 하지 않았다. 술은 많이 마셨지만, 월급은 손댄 적도 없이 꼬박꼬박 엄마를 주셨던 것 같다. 하지만 엄마는 뭐가 그리 불만이었는지 지금 생각하면 그 월급에 대한 감사함을 모르고 지냈던 것 같다. 항상 돈에 불만이 있었던 엄마 밑에서 자라서인지 나도 지금 아이들을 키우면서 돈에 대해서 부정적인 인식을 더 많이 갖고 있다. 돈은 부자들만이 많이 가질 수 있는 것이고, 돈으로는 모든 것이 다 해결해 줄 것만 같은 그런 생각들 말이다. 물론 그 말이 잘못된 것은 아니지만 만약에 아빠가 그 월급마저 술값으로 냈다면? 큰 사기를 당해서 그 월급마저 엄마에게 주지 못했다면? 엄마는 더 불행한 사람으로 지냈을 것이라는 생각이 든다.

지금 엄마가 되어 생각해 보니 엄마의 마음을 이해 못 하는 것은 아니지만 엄마는 자꾸 아빠의 장점을 보지 못하고 다른 아빠들의 장점만 보려 애썼던 것 같다. 나도 자꾸 다른 남편들과 비교되고 나에게 왜 이만큼의 생활비밖에 주지 않는지 항상 불만이었다. 하지만 나는 돈을 아껴 쓰는 방법을 나름대로 터득했고, 책을 읽으면서 매달 생활비가 들어오는 것이 얼마나 감사한 일인지 깨닫게 되었다. 나도 이렇게 생활비를 받는 입장에서는 항상 부족하다고 느꼈었다. 하지만 나와 같은 상황에서도 돈을 모으는 아내가 있고, 빚만 내는 아내가 있을 것이다. 250만 원을 주어도 알뜰살뜰 생활하는 주부 VS 용돈으로 500만 원을 줘도 부족하다고 하는 주부가 있다는 것이다. 그래서 결코 돈의 액수가 중요하지 않다는 것을 깨달았다. 후자의 주부는 1,000만 원을 주어도 아마 부족하다고 할 것이 뻔했다. 돈은 살아가는 데 필요한 수단이지만, 정말 많다고 해서 과연 그것이 이득만을 준다고는 생각하지 않는다. 돈이 정말 많아지게 되면 정신적으로 신경 써야 할 부분들도 돈이 불어나는 만큼 늘어날 것이다.

하지만 아이들을 키울 때 돈이 중요한 이유는 물질적으로 여유로운 삶이 아이들에게도 긍정적인 정서를 줄 수 있다는 말에 동의하기 때문이다. 경제적으로 어려움이 있어도 아이들을 키울 수 있지만, 매일 돈을 아껴 써야 한다는 강박에 시달리면 엄마의 신경이 날카로워지기 때문이다.

즉, 엄마의 신경이 날카로워지면 그 화살이 90% 이상 아이에게로 가게 되어 있다. 결혼해서 내가 경제적인 활동도 못 하게 되니 남편을 원망하고 결혼을 후회하게 되는 마음을 갖게 되는 것이다. 모든 선택은 결국 내가 한 것이지만, 경제적인 여유가 부족할수록 자꾸만 남을 탓하게 되는 마음이 커졌다. 그래서 여유로운 환경에서 자란 아이들이 정서적으로도 더 안정적이고, 타인에게도 너그러워질 수 있는 것이다.

나는 아이들을 키우면서 나의 모자란 부분을 너무 많이 깨닫게 되었다. 특히 돈에 대한 인식이 나는 항상 부정적이었다. 학창 시절까지 돈을 아껴야겠다는 강박이 강해서 대학교 때 아르바이트 한 돈을 모으지 않고 몽땅 써 버렸다. 못 사봤던 옷도 사 보고, 친구들과도 만나서 놀고, 해외여행도 하면서 한 푼도 모으지 않고 다 써 버렸다. 하지만 나는 그것에 대해 전혀 후회하지 않는다. 만약에 그때도 누가 돈을 아껴 쓰라고 했다면 엄마가 된 지금 더 펑펑 쓰고 싶었을 것이다. 하지만 그때 내가 스스로 돈을 벌어서 많이 써 보았기 때문에 지금은 그나마 아껴 쓸 수 있는 힘이 생기게 되었다. 결국 아이를 키우는 데 있어 경제적 여유는 정서적인 여유로도 이어진다. 삶이 팍팍하면 누구라도 예민해지기 쉬운 법이다. 아직 성숙하지 않은 부모라면 더더욱 그럴 수 있다.

하지만 무조건 돈이 많다고 아이를 잘 키울 수 있다는 것은 아니다. 왜냐하면 나도 절약하는 생활을 오랫동안 하면서 돈을 많이 안 쓰고도 아이를 잘 키울 수 있는 방법을 깨달았기 때문이다. 그래서 내가 직접 실천해 온 알뜰한 육아 노하우 몇 가지를 함께 나눠 보려 한다.

1) 전집은 구매하지 않고 도서관에서 빌려 봐도 된다

아이가 어릴 때부터 어찌나 영사님들이 전집구매를 많이 유도하는지, 아기를 처음 가진 나는 진짜로 그 책을 다 사야 하는 줄 알았다. 신랑은 모르겠지만 아마 세단차 한 대값은 전집 책값으로 썼을 것이다. 그 시절에는 할부금을 감당하기도 힘들었고, 매달 빠져나가는 책값을 보고 상당히 정신적으로 피폐해졌다. 그래도 다행히 아이들이 책 읽는 것을 좋아하게 되어서 지금은 그 돈을 쓴 것이 아깝지는 않다. 하지만 경제적으로 여유가 되지 않는다면 엄마들에게 전집은 사지 말라고 말리고 싶다. 책은 언제든지 빌려 볼 수도 있고 집 앞으로 매달 대여해 주는 서비스도 있기 때문에 경제적으로 여유가 되지 않는다면 스트레스를 받으면서 살 필요가 없다. 특히 요즘은 당근 같은 중고 마켓 앱 서비스들이 등장했기 때문에 책에 돈을 많이 쓸 필요는 없다. 책을 굳이 사고 싶다면 서점에서 아이들이 좋아하는 분야의 책을 한 권씩 모으는 것이 좋은 방법이다.

2) 장은 마트에서 보는 것보다 시장에서 보는 것이 좋다

어릴 때 아이들과 함께 마트에서 장을 보는 것보다 시장에서 장을 보내면 보다 유익한 시간을 보낼 수 있다. 아이들에게 모르는 채소, 생선, 과일 이름을 알려 줄 수도 있고, 야채가게 사장님들에게 귀여움을 받을 수도 있다. 특히 시장은 가격흥정이 가능하고 우리가 좋아하는 간식들도 저렴하게 마구 사 먹을 수 있다. 마트는 주차하기도 편리하고 접근성이 좋지만 가끔은 근처 시장을 이용해 장을 보는 것은 아이들의 흥미를 유발하기에 아주 좋은 장소이다. 그러면서 사람구경도 하고 맛있는 것도 먹을 수 있다.

또 숫자와 셈을 저절로 익히기에도 매우 좋은 장소이다. 현금을 갖고 시장을 자주 가게 되면 아이들은 돈의 개념에 대해 익숙해질 수 있고,

숫자를 셈하는 것을 자연스럽게 체득하기 때문에 수학에 대한 거부감이 줄어들기도 한다.

아이를 키우면서 이렇게 귀찮은 경우가 한두 번이 아닐 것이다. 하지만 이런 귀찮음이 아이를 바르게 성장하게 하고 돈도 절약하게 되는 습관을 기르게 해 준다. 거기서 좋아하는 떡볶이도 먹고, 붕어빵도 먹으며 아이와 데이트하는 시간을 가지면 아이와 추억도 쌓일 것이고 돈도 절약하게 될 것이다.

3) 장난감은 꼭 플라스틱 장난감이어야 한다는 개념을 버려라

나는 아이들에게 직접 장난감을 사 준 적은 없다. 유치원이나 어린이집에서 받아오거나 할아버지, 할머니께서 선물로 사 주신 장난감 뿐이다. 나는 장난감보다는 웬만하면 색종이나 클레이같이 아이들이 직접 손으로 만지면서 만드는 놀이를 추천한다. 아이들에게 플라스틱은 몸에 좋지도 않을뿐더러 빨리 싫증 나는 물건이 된다는 것을 잊지 말아야 한다. 혹시 플라스틱 장난감이 필요하다면, 요즘에는 대여서비스가 잘 되어 있기 때문에 부피가 큰 장난감은 가까운 도서관에서 대여 하는 것을 추천한다. 또한 중고마켓에서도 장난감을 나눔 받거나 저렴하게 구매할 수 있다. 그러므로 아이에게 꼭 장난감을 새로 사줘야 한다는 고정관념에서 벗어나는 것이 중요하다. 요즘은 다양한 나눔 문화가 잘 형성되어 있어서, 꼭 비싼 새 장난감이 아니더라도 아이는 충분히 즐겁고 풍요롭게 자랄 수 있다. 오히려 이런 과정을 통해 감사하는 마음과 나누는 기쁨도 함께 배울 수 있다.

4) 배달이나 외식은 자주 하지 않는다

나는 아이들과 밀가루 반죽하는 것을 매우 좋아한다. 마트에서 파는 클레이보다 저렴하고, 인체에도 무해하고, 먹을 수도 있기 때문이다. 밀가루뿐만 아니라 엄마가 직접 식재료를 다듬는 모습을 보면 책을 읽지 않고도 자연스럽게 재료의 이름도 알게 되고, 촉감도 느껴볼 수 있다. 억지로 촉감놀이를 시키지 않아도, 아이가 스스로 식재료를 만지고 느껴 보는 경험만으로도 충분하다. 그러다 보면 한 입, 두 입 자연스럽게 먹게 되고, 결국 편식 없이 다양한 음식을 즐기는 아이로 자라날 수 있다. 집에서 하는 음식이 거창하지 않아도 된다. 아이와 내가 건강하게 먹을 수만 있다면 그것만으로 만족한다. 집에서 집밥을 먹이면 아이들 건강에도 좋고, 외식비도 절약하게 될 수 있을 것이다.

5) 아이가 어릴 때의 해외여행은 부모도 아이도 만족하지 못한다

모처럼 휴가를 얻어 해외여행을 어린아이와 간다면 아이도 기억하지 못하고 부모도 힘들기만 할 것이다. 특히 비행기를 타면 고도가 높아 아이들 귀에 좋지 않아서 아이들이 소리를 지르고 울게 될 확률이 매우 높다. 그러니 그 돈을 몇 년 동안 아껴서 아이가 초등학생이 되었을 때, 아이가 그 여행을 기억하게 될 즈음에 떠나는 것도 늦지 않다. 그 돈을 조금만 아껴서 몇 년을 기다리면 아이도 부모도 모두 행복한 여행이 될 것이다.

절대로 아이가 어릴 때 섣불리 해외여행이나 장거리 여행을 가지 마라. 돈만 낭비하고 후회가 될 여행이 될 것이다. 나중에 사진을 본다고 해도 아이는 기억을 못 할 것이고 엄마와 아빠만 어린아이를 데리고 다니느라 힘들 뿐이다. 그러니 조금만 더 참고 기다리자. 모두가 행복하고 좋은 추억을 만들 여행이 될 때까지.

이처럼 돈은 여러모로 중요한 요소이지만, 돈이 많다고 해서 아이를 무조건 잘 키우는 것도 아니고, 돈이 부족하다고 해서 아이를 못 키우는 것도 아니다. 나는 8년 동안 외벌이 가정에서 생활비를 받아 쓰며 살았지만, 결혼 10년 차가 되는 해에 1억을 모을 수 있었다. 결국, 돈을 모으는 것도, 쓰는 것도 모두 엄마가 어떻게 하느냐에 달려 있다. 그러니 너무 남편에게만 부담을 주며 닦달하기보다는, 서로의 역할을 인정하며 함께 방법을 찾아가는 것이 가족 모두의 정신건강에 도움이 된다.

2. 돈이 많으면 행복할까?

　나는 돈이 많은 집안에서 자란 건 아니다. 그렇다고 없는 집안에서 자란 것도 아니고 대한민국에서 아주 지극히 지극히 평범한 집안에서 자랐다는 것을 성인이 된 다음에야 깨달았다. 하지만 그렇게 자랐다고 해서 내가 불행하게 자랐다고 생각한 적은 단 한 번도 없었다. 그리고 어릴 때는 그게 잘 사는 건지 못사는 건지 사실 요즘 아이들처럼 비교해 본 적도 없다. 사실 돈이 많다고 해서 아이들을 잘 키우는 것이 정답이 아니기 때문이다. 오히려 넘쳐나는 물질들 속에서 부모와 환경의 감사함을 모르고 자랄 수도 있다.

　남들이 보기에 좋은 환경에서 자라고, 좋은 과외선생님을 만나고, 좋은 학원을 다닌다고 해서 아이들이 행복한 것은 절대 아니다. 나중에 그렇게 자라서 대학은 좋은 곳에 입학할지 몰라도 절대로 아이들은 부모에게 그 고마움도 모를 것이며, 머릿속에 남지도 않을 것이다. 게다가 외제차 안에서 엄마가 준비한 도시락을 먹고 학원 문앞까지 엄마가 학원 시간에 맞춰 태워다 준다. 이것이 과연 아이를 올바르게 키우기 위한 길일까?

비가 오면 비가 온다고 차 태워서 데려다주고, 눈이 오면 눈이 온다고 차로 데려다준다. 아이들은 스스로 학교를 찾아가고 걸어가는 과정에서 많은 것들을 배운다. 유치원 때부터 아이들을 차에 태워 보내면 앞으로 인생에 대한 길을 어떻게 찾아가게 할 것인가? 요즘 아이들은 커다란 목표가 없이 무기력증에 시달리고 있다. 왜냐하면 어릴 때부터 클 때까지 육체적 성장만 할 뿐 정신적 성장은 하나도 하지 못한 채 공부만 하면서 자랐기 때문이다.

비단 모든 부모가 그렇다는 것은 아니다. 4살 때부터 영어 놀이 유치원이니 뭐니 만 48개월도 채 안 된 아이들에게 한 달에 100만 원이 훌쩍 넘는 돈을 소비한다. 그렇게 아이들에게 다 써 놓고 나중에 노후 자금이 없다고 나중에 눈물을 흘려도 소용이 없다.

비록 남들 눈에는 아이를 태워 보내는 것이 좋아 보일지 몰라도 아이가 진짜 독립적으로 행복하게 자랄 수 있도록 도와주고 있는 것인지를 한번 진지하게 생각해 보아야 한다. 공부가 진짜 필요하다고 생각한다면, 본인이 열심히 해서 이루어 내는 것이다. 진짜 본인이 원하는 꿈이나 필요한 직업을 갖고 싶다면 경제적으로 여유가 되는 부모는 도와줄 수는 있다. 하지만 차로 태워 주면서까지 아이들을 학원 보내는 일이 과연 마땅한 일인지 한번 꼭 생각해 보길 바란다. 두 손, 두 발 멀쩡한 아이를 차에 태워 학원에 보낸다는 것은 우리나라가 가진 독특한 문화이다.

그리고 요즘 아이들은 뭐든지 너무 넘쳐서 문제다. 툭하면 호캉스에다 키즈 펜션, 하다못해 카페에서 5,000원짜리 음료를 친구들과 함께 아무렇지도 않게 마신다. 친구들과 먹는 음식이 2,000원짜리 분식이 아니라, 마라탕에 심지어는 고기 뷔페까지 가서 친구들과 함께 식사를 하는 경우도 보았다. 물론 친구들끼리 가성비 좋게 모여서 먹기에는 좋지만 이런 식사 자리가 비일비재하다면 반드시 소비를 자제해야 함을 가르칠 필요가 있다.

요즘은 유치원생 때부터 생일이면 호텔이나 키즈 펜션을 예약해 아이에게 특별한 경험을 안겨 주려고 하는 경우가 많다. 물론 아이에게 좋은 추억이 될 수는 있지만, 한 번 그렇게 해 주기 시작하면 아이는 그 다음 생일에는 더 화려하고 흥미로운 곳으로 가기를 기대하게 된다. 처음에는 기념으로 시작했던 일이 부모에게는 점점 부담으로 다가올 수 있다.

처음에는 동네 키즈카페에서 더 넓은 키즈카페로, 그다음은 키즈 펜션, 그다음은 호캉스, 그다음은 해외여행…. 요즘엔 아이들에게 흥미로운 경험을 너무 빨리 시켜 주고 있는 것이 아닐까? 이렇게 자라는 아이들은 이제 어떠한 것에도 흥미를 갖기 힘들게 된다. 그래서 요즘 아이들은 유튜브 쇼츠나 릴스처럼 짧은 영상으로 빠르게 도파민을 분비시켜 버리는 경우가 많다. 하지만 원래 아이들은 자연 속에서 잎을 뜯어 케이크를 만들고, 흙을 쌓아 성을 만들며 자신만의 상상력과 작품세계를 넓혀 가야 한다. 그런 활동 속에서 집중력과 창의력이 길러진다.

이런 식으로 자라게 되면, 나중에는 인스타그램 같은 SNS에 보여지는 삶에 집착하며, 자신이 가진 것보다 더 많은 돈을 쓰게 된다. 결국 그 과도한 소비는 빚으로 이어지고, 그 부담을 고스란히 짊어지고 살아가야 할지도 모른다.

인스타에 나오는 것들은 대부분 허상인 삶이 대부분이다. 왜냐하면 남에게 잘 보이기 위해 가상 세세에 게시물을 올리기 때문이다. 특히 아이들은 SNS에 함부로 현혹되지 않고 자기 분수에 맞는 삶을 살도록 배워야 한다.

이렇게 지금처럼 아이들을 키우게 되면 5,000원짜리 음료를 먹는 것이 당연시되고, 호텔에서 수영하는 것은 아무것도 아닌 것이 되어 버린다. 아이들을 경제적으로 유복하게 키우는 것이 절대로 아이들을 잘 키우는 것이 아니다. 인간은 목이 마를수록 우물을 파는 법이다. 최대한 아이들에게 물질적으로 해 주지 않으려고 노력해야 한다. 그 돈으로 미래의 자신에게 투자하거나 취미를 갖는 것이 훨씬 좋다. 지금 성공하는 사람들의 사례를 못 보았는가? 절대로 유복한 가정에서 자란 아이들이 크게 성공하는 것은 못 보았다.

어릴 때부터 아이들에게 과도한 경제적 풍요를 제공하는 것이 꼭 좋은 것만은 아니다. 특히 청소년이 되어 갈수록 더욱 그렇다. 그렇게 자라면 아이들은 일상의 소중함을 잊기 쉽다. 호텔에 가는 것이 당연해지고, 외제차를 타는 것이 특별하지 않게 되면, 다른 아이들을 무시하거나 일상 속 감사하는 마음을 잃게 될 위험이 크다. 그래서 조금만 힘들면 소리를 지르거나 시간과 장소에 상관없이 떼를 쓰게 된다. 이러한 물질적인 것보다, 올바른 생활과 부모님의 정서적인 사랑이 뒷받침된다면 경제적으로 부유하지 않더라도 사춘기를 문제없이 잘 지나갈 수 있다.

경제적으로 유복한 가정에서 자랐지만, 성인이 되어 무너지는 경우도 있다. 아버지가 평생 모은 돈이 사업 실패나 무분별한 소비로 허무하게 사라지는 경우가 종종 있다. 만약 아이들을 경제적으로 부유하게 키우고 싶다면, 먼저 돈의 가치와 올바른 소비 습관, 경제 관념을 아이들에게 충분히 가르친 뒤 함께 현명하게 소비하는 습관을 들이는 것이 중요하다.

아이들이 어릴 때, 부모님이 일하는 장소에 데려가는 것은 아이들에게 동기부여가 되는 가장 큰 방법이다. 아이들은 집, 학교, 학원 등 하루 동안의 동선이 짧기 때문에 이 세상이 어떻게 돌아가는지 잘 모른다. 아빠가 세차장에서 일하면 엄마와 함께 아빠가 일하시는 모습을 보여 줘도 좋고, 엄마가 경찰관이라면 아빠와 함께 엄마가 일하는 경찰서에 방문하는 것도 좋다.

나도 내가 일하는 학교에 아이들을 데려와서 나의 수업을 듣게 한 적이 있다. 그러면서 아이들의 꿈을 키우기도 하고 부모님이 고생하는 모습을 볼 수 있다. 아이들도 초등학생만 되면 충분히 스스로 사고하는 능력이 있다. 세상에 부끄러운 부모는 없다. 어떠한 일을 하든지 여건이 된다면 아이들에게 꼭 자신들의 직업을 보여 주기를 강력히 추천한다. 얼마나 힘들게 일하는지, 얼마나 다양한 사람을 만나는지, 출퇴근은 어떻게 하는지 최소한이라도 아이들에게 보여 주면 아이들은 또다른 생각을 가질 수 있기 때문이다.

하지만 아이들에게 돈이 주는 영향력도 크다. 어떤 부모는 경제 관념을 가르치기 위해 일부러 절약하며 아이들에게 올바른 소비 습관을 심어 주려고 노력한다. 반면, 진짜 경제적으로 여유가 없어 아이들에게 돈에 대해 부정적인 인상을 줄 수밖에 없는 부모도 있다.

나는 친정엄마의 영향을 받아 후자에 속했다. 그렇다고 경제적으로 여유가 없었던 건 아니었는데 항상 내 마음속에는 '돈이란 없는 것'이라는 인식이 결혼하고 나서도 박혀 있었다. 그래서 어느 정도 경제적으로 여유가 있으면 살아가는 데 좀 덜 힘들 수 있고, 아이들에게 여유를 갖고 이야기할 수 있는 태도를 가지게 된다. 그래서 아이들을 키울 때는 최대한 부부가 노력해서 경제적 여유를 갖는 것도 좋은 방법이다. 왜냐하면 엄마의 마음에서 여유로움이 나와야 아이들에게도 편안한 엄마가 될 수 있기 때문이다.

물론 경제적으로 어려운 엄마에게서 여유로움이 나오지 않는다는 것은 아니다. 하지만 아이에게 넓은 이해와 포용력을 주기 위해서는 돈도 중요하다는 사실을 간과하지 말자. 그 돈을 아이들을 위해 쓰라는 것이 아니라 심적으로 안정을 주는 돈으로 인정하라는 것이다. 아이들을 키우면서 돈은 반드시 필요하지만 남용해서는 안 된다. 부부가 함께 돈을 어떻게 모을지, 돈을 어떻게 어디에 써야 할지 반드시 경제적인 부부에 대해 충분히 대화하고 계획을 세워서 아이들에게 좋은 돈 쓰는 습관을 만들어 주도록 노력해야 한다. 아이를 키울 때 돈이 가장 중요한 것은 아니지만, 분명 중요한 요소인 것은 사실이다.

3. 나의 가치는 내가 스스로 올리는 것이다

내가 생각했을 때 나는 과연 스스로 얼마나 가치가 있는 사람인가를 한번 생각해 본 적이 있는가? 내가 한 달에 생활비로 250만 원을 받을 때, 문득 이런 생각이 들었다. '과연 나는 하루에 얼마짜리 인간일까?' 그래서 내 가치를 하루 단위로 계산해 본 적이 있다. 왜냐하면 가치는 기본적으로 값을 매기는 일이기 때문이다. 그래서 내 생활비 2,500,000원을 30일로 나누어 보았더니 대략 83,333원이 나왔다.

물론 남편이 때로는 용돈도 주고 음식도 사 주고 옷도 사 주었지만, 일당이 거의 반올림해서도 84,000원 정도였다. 임신했을 때는 그렇다 치고, 아이들을 재우고 먹이고 입히고 방 청소에 집안 살림까지 계산한다면 나는 시급 10,000원에 하루에 8시간을 일하는 사람이 된다.

그러면 아이가 갓난아이일 때부터 어린이집에 입학하기 전까지는 초과근무이다. 그럼 초과수당 받아야 하는 거 아닌가? 하하. 지금은 내가 아이들을 유치원을 보내고 경제적 활동을 하니 이렇게 웃으며 얘기할 수 있지만, 결혼하고 나서 생활비를 줄곧 8년 동안 이렇게 받아 온 나에게는 저렇게 시급으로 따져 생각할 수밖에 없었다.

아이들 보험료에 교육비, 병원비. 전기세, 수도세, 가스비, 통신비, 내 병원비, 부모님 용돈까지 하면 저축할 돈은 사라진다. 그래서 내 인건비는 건지지도 못하고 봉사 정신만 투철한 엄마가 되었다. 결혼하기 전 직장인일 때도 연봉 3,000만 원, 결혼 이후에도 연봉 3,000만 원. 생각해 보니 내 연봉이 10년째 그대로 동결이었다. 그래도 10년 사이에 남편도 있고, 집도 있고, 차도 있고, 자식들도 있다. 그렇게 계산하면 이미 부자인걸.

하지만 그 10년의 시간을 돌이켜 봤을 때, 내 연봉이 고작 3,000만 원이라는 객관적인 수치로 나타내보니, 그 순간 나의 정신력이 무너져 내렸다. 친구들은 승진하고 이직도 하면서 자신이 찾던 길을 찾게 되고 자신의 가치가 올랐다. 남편도 바깥일을 하면서 본인의 일을 하고 그것이 결과물로 보였을 때 자신의 가치가 상승하게 되는 것 같았다.

하지만 아줌마로 남게 된 나는 아이들도 아직 어리고 객관적으로 보여지는 것이 하나도 없었다. 물론 지금도 마찬가지로 진급을 한 것도 아니고 연봉이 오른 것도 아니다. 하지만 엄마로서 10년을 내가 살았다는 것이다. '엄마'라는 이름은 아무에게나 주는 직함이 아니다. 오로지 아이를 낳은 사람만이 진정한 '엄마'라는 이름을 갖게 된다. 요즘은 불임도 많고 이혼한 가정도 많아서 결혼하고 나서도 어엿한 '아내', '며느리', '엄마'라는 말을 듣기 힘들게 되었다. 나는 10년 동안 승진은 못했지만 세 명에게서 '엄마'라는 호칭을 듣게 되었고, 누군가의 소중한 '아내'이자 하나밖에 없는 '며느리'가 되어 있었다.

결혼 초반에는 결혼하지 않은 친구나, 결혼했지만 아이가 없는 친구들이 무척 부러웠다. 하지만 세월이 흐르자 그 친구들이 오히려 나를 부러워했다. 나는 이제 10년만 지나면 세 명의 아이들로부터 자유로워진다. 하지만 아이가 없는 아이들은 아직 키우려면 20년이나 남았고, 자유를 오랫동안 누릴 시간만큼 지유가 더 늦게 찾아온다는 단점이 있었다. 그래도 나는 결혼 안 한 친구들이 엄청 부러웠다. 결혼하지도 않고 자유롭게 여행 다니고 회사에 다니는 친구들이 말이다.

그래서 나도 아이를 키우고나서는 꼭 일하겠다고 다짐했다. 우여곡절 끝에 일을 구하고 내가 스스로 돈을 벌어 보니 그 뿌듯함이 이루 말할 수 없었다. 엄마라고 도전하지 말라는 법 있나? 당장이라도 집 앞에 있는 편의점에서 아르바이트라도 하고 내 통장에 꽂힌 돈을 보길 바란다. 아이들이 조금 컸다면 나를 위한 손톱 관리도 하고 액세서리도 한번 사 보고, 신어 보고 싶었던 신발도 한번 신어 보며 나 스스로 나에게 선물을 해 주어 보아라.

내가 나에 대한 편견이 바뀌면 자식들도, 시댁도, 친정도, 남편도 나를 다르게 볼 것이다. 매일 똑같은 옷을 입는 것은 지겹다. 매일 똑같은 삶을 사는 것도 지겹다면 나를 나 스스로 바꾸어야 한다.

'올해는 살 빼야지, 올해는 돈 모아야지.' 같은 똑같은 말은 매년 반복하지 마라. 어제와 오늘이 같으면 내일도 같을 수밖에 없다. 지금이라도 당장 본인 스스로 올릴 수 있는 가치를 찾아서 잘 키우자. 절대 처음부터 거창하게 할 생각은 하면 안 된다. 아이들도 아직 자라고 있고, 인간의 가치는 한 번에 크게 오르는 것이 아니기 때문이다.

하루에 10분씩, 하루에 30분씩, 하루에 1시간씩 점점 시간을 늘려 가자. 당장 오늘 3분이라도 운동하거나 책을 읽어도 좋다. 적어도 하루에 10분은 나를 위해 투자하자.

이미 내가 가진 가치가 크다면 그 목록을 써 내려가도 좋다. 나는 그 목록을 써 내려가면서 나의 직업을 찾았다. 여러분도 아래에 한번 써 보길 바란다.

〈내가 현재 가진 가치〉

1. 4년제 대학을 나온 것

2. 토익점수

3. 영어를 좋아하는 것

4. 운동을 좋아하는 것

5. 음식을 만드는 것을 좋아하는 것

6. 아이들 책을 매일 읽어 주는 것

7. 운전을 할 수 있는 것

8. 돈을 절약하는 것

9. 쇼핑을 싸게 하는 것

10. 당근 마켓을 잘 이용하는 것 등

〈내가 현재 가진 가치〉

1. _____

2. _____

3. _____

4. _____

5. _____

6. _____

7. _____

8. _____

9. _____

10. _____

꼭 열 가지가 아니어도 좋다. 비록 모두에게 인정받지 않더라도, 세 가지쯤은 분명히 스스로 자랑스러워할 수 있는 가치를 갖고 있을 것이다. 책 읽기, 난초 키우기, 정리·정돈하기, 쇼핑몰에서 싸게 사는 법 등등 찾으면 수도 없이 많을 것이다. 그중에서 본인이 가치있다고 생각하는 일을 SNS에 기록하는 것부터 시작하면 자신의 가치는 어느샌가 올라가 있고, 그것이 경제적으로도 도움이 될 수도 있다.

자신의 가치는 이미 가진 것으로부터 충분히 찾을 수 있다. 30~40년의 인생동안 가치가 없는 삶을 사는 사람은 없기 때문이다. 반드시 본인과 배우자의 가치를 찾아서 꼭 올해에는 몸값을 올리길 바란다. '엄마'가 되고 나서 더 가치 있는 일이 많아졌을 수도 있다. 그러니 자녀들의 교육비에 투자하는 대신에 본인의 가치를 높일 수 있는 시간을 반드시 가지길 바란다.

그것이 1년이 모이고 2년이 모이면 반드시 자기 자신을 나타낼 수 있는 일이 열릴 것이다.

4. 내가 변해야 아이도 변한다

"이게 다 아빠 탓이야!!!" 녹록지 않은 결혼생활, 공무원 정년퇴직을 하기 전에 기필코 두 딸을 결혼시켜야만 했던 우리 친정 아빠. 나는 아빠의 계획에 의해 나의 결혼이 진행되었을 거라고 굳게 믿었다. 나는 해외여행도 좋아하고 집에만 있으면 병나는 철없는 여자앤데, 그것도 모르고 결혼시키려 했으니 나에게 일찍 결혼하라고 부추겼던 부모님을 원망했다. 아빠는 특히 여자가 젊었을 때 결혼하지 않으면 데려갈 남자가 없다는 둥, 25살 이후에는 여자가 노화한다는 둥, 27세 이전에는 반드시 결혼해야 한다고 세뇌 교육받을 정도였다. 아니 무슨 조선 시대도 아니고 27세 이전에 결혼이 웬 말이야? 아빠는 이미 우리가 대학 시절 때 결혼할 나이를 결정하고 계셨을지도 모른다. 결혼이야 해야 하는 줄 알았지만 누가 이렇게 갑자기 결혼할 줄 알았을까?

"올해 안으로 남자 안 데려오면 결혼 안 시켜 준다."

결혼 초창기에는 너무 적응이 안 되어서 '내가 왜 결혼했을까?'부터가 시작이었다. 우리 친정아버지는 공무원인 데다가 자식이 셋이나 있어 정년퇴직하시기 전에 세 남매 모두 결혼을 하길 바라셨다. 막내는 나이가 어리기도 하고 남자이니 그냥 포기를 했고, 둘째 딸인 나라도 빨리 결혼하기를 내심 바라셨던 것 같다. 내가 스물다섯 살이 지나고 서울에 취직하자 아빠는 빨리 신랑감을 구해 오라고 재촉하셨다. 난 남자친구도 없고, 남자 사귀는 것에 관심도 없었는데 갑자기 결혼할 사람을 찾아오라니 이게 말이야 방구야. 게다가 회사에 있는 남직원들은 거의 기혼자였고, 친구들은 여자밖에 없으니 딱히 남자를 만날 기회도 없었다. 그러다가 회사에 있는 한 명의 미혼남을 발견했다. 그는 키도 컸고, 늘씬하고, 자상하고, 유머러스했다. 대구에서 온 촌년이 서울말 하는 남자가 얼마나 신기하고 자상했을까.

매일 투닥투닥거리는 말투만 듣다가 자상한 서울 남자가 말을 거니 날 좋아하는 줄 착각했다. 그러다 그 한 명의 미혼남과 결혼하게 되었다. 그 말로만 듣던 사내 커플이 되었던 것이다. 신혼집은 신랑의 본가 근처 500미터 거리의 작은 투룸 빌라, 거의 원룸에 작은 방 하나가 붙여진 집에서 살게 되었다. 우리 집은 아빠가 공무원이지만 자식이 셋인 탓에 서울에 신혼 전셋집 구하는 데는 비용도 보태 주지도 못했고, 결혼식 치르는 비용과 냉장고, 이불, 그릇, 수저, 예물 정도까지 밖에 도움받을 수밖에 없었다. 이렇게 해서 2015년 5월 30일, 작은 투룸에서 내 결혼생활은 시작되었다. 스물여덟의 나이, 결혼도 처음 임신도 처음, 입덧도 처음, 시댁도 처음, 남편도 처음, 신혼집도 처음, 이불도 처음이었다. 남편의 자는 습관, 시댁의 음식, 임신했을 때 나의 모습 등 모든 것들이 생전 겪어 보지 못한 낯선 것들이었다. 사는 동네도 처음, 미용실도 처음, 슈퍼마켓, 편의점, 시장, 약국, 병원까지 싹 다 새로운 것들이었다. 여기서는 나에게 도움을 주는 사람도 없고 말동무가 되어 주는 사람도 없었다.

회사에 처음 결혼 소식을 알렸을 때, 같은 회사에서 커플이 탄생했으니 여자는 회사를 나가야 한다는 사장님의 말을 듣고 억장이 무너졌다. 내가 어떻게 버텨 서울에 상경해서 처음 일하게 된 정식 직장인데, 결혼한 여자라는 이유 하나만으로 회사에서 잘리게 되었다. 나는 결혼식을 올린 이후, 바로 임신하게 되었는데 첫째를 임신했을 때는 입덧도 아주 심했다. 거의 결혼식 때부터 입덧 때까지 10킬로그램 정도가 빠졌고, 몸무게 41킬로그램에 아기를 낳아서 길렀다.

임신도, 입덧도, 모든 게 처음인 나에게 이 상황은 견디기 힘들었다. 좋은 건 하나도 없고, 매 순간이 버겁고 싫기만 했다. 가족도, 직장도, 친구도 모두 잃어버린 듯한 기분이었다. 심지어 내 옆에서 자는 이 사람은 피 한 방울 섞이지 않은 낯선 남자였다. 한 번도 같이 밤을 지새운 적도 없고 신혼여행 때 처음으로 온전히 함께 있었다. 거기에다가 낯선 그 남자는 해가 뜨기 전에 일하러 나가서 해가 진 후에야 퇴근을 했다. 나는 아침에는 도시락을 싸 주고, 저녁에는 저녁밥을 차려 기다렸다. 밥하는 것도, 도시락 싸 주는 것도, 누군가의 저녁을 차려서 기다리는 것 또한 처음이었다. 내가 27년을 살았는데 안 해 본 게 이리 많았던가. 라면이나 끓이고, 달걀부침이나 할 줄 알았지, 이렇게 국을 끓이고, 밑반찬을 하고, 생선을 구워 본 것도 다 처음이었다. 이 모든 '처음'들 속에서 나는 어떻게 헤쳐 나가야 할까. 하루아침에 실직자인 동시에 임산부가 된 나는 뭐부터 어떻게 해야 할지 몰랐다. 원래라면 이 시간에 출근해서 지하철을 타고 있었어야 할 몸인데, 후줄근한 임산부 원피스만 걸친 채 집에 머물러 있는 게 너무 싫었다. 화장도 못 한 내 모습이 한심하고, 초라하고, 비참하게 느껴졌다

결혼도 결혼이지만, 생판 다른 남녀가 만나 결혼 후 아이를 낳아 기르는 것이 이렇게 힘들 줄 몰랐다. 키워 본 어른들이야 아기 키우는 게 뭐가 힘들다고 하느냐마는 당시 나는 죽고 싶은 심정이었다. 이렇게 책 쓰기 전까지는 부모님 탓, 남편 탓, 자식 탓을 참 많이도 했다. 이 모든 것이 내 선택이었음에도 나는 나에게 일어난 상황을 모두 외부탓으로 돌리고 있었다. 도무지 내가 왜 여기에 있는 줄도 몰랐고, 힘든 결혼생활을 겪고 있는 나를 만들게 한 부모님을 원망했다.

내가 공부만 더 열심히 했으면 이렇게 경력단절녀가 되지 않았을 것이고, 결혼하고 대구에서 살았더라면 엄마가 나를 조금이라도 도와줬을 텐데 말이다. '왜 나는 친정엄마도 멀리 계셔서 혼자서 이 고생을 할까?' 하는 별의별 생각을 다 했다. 신혼 초 임신했을 때 시댁에서 설거지도 많이 하고 고향에도 내려가지 못하는 내가 불쌍해서 울기도 많이 울었고 하늘에 원망도 많이 했다. 특히 '남들도 다 결혼생활을 하는

데 왜 너만 힘들어하냐?'라는 말을 남편이 나에게 했을 때는 정말 정말 서러웠다. 남편마저 내 편을 안 들어 주다니 정말 이 세상엔 내 편 하나 없다는 말을 이제야 깨닫게 되었다. 물론 남편도 결혼생활이 처음이었지만 아내가 너무 힘들어하니 '내가 결혼을 잘못했나?'라는 생각도 하게 되었다고 한다.

그래서 나는 내 생각을 고치기로 했다. 모든 건 결국 나의 선택에서 비롯된 일이라는 것을 인정하고, 이제는 외부를 탓하지 않고 내가 먼저 변하기로 결심했다. 매일같이 불평하던 미음을 감사로 바꾸었고, 힘든 순간이 와도 아이들과 남편을 탓하지 않으려 노력했다.

처음에는 쉽지 않았다. 하루를 연습하고, 한 달을 연습하고, 일 년을 연습한 끝에야 비로소 내 주변의 감사한 일들이 눈에 들어오기 시작했다. 아이를 가져서 힘든 일을 하지 않아도 되는 것, 남편이 벌어다 준 생활비로 걱정 없이 살아갈 수 있는 것, 아이를 낳아도 머물 수 있는 보금자리가 있는 것, 비록 엄마는 멀리 계시지만 그 덕분에 스스로 아이를 키울 수 있는 힘이 생긴 것, 그리고 남편과 함께 가정을 이뤄가고 있다는 사실까지... 이 모든 것들이 내게는 너무도 감사한 일들이었다. 그렇게 나는 주어진 삶에 대해 진심으로 감사함을 느끼게 되었다.

그렇게 나의 불평과 불만이 하루하루 줄어들자, 남편도 아이도 점점 마음의 여유를 갖게 되었다. 집안을 지키는 주인의 마음이 너그러워야 가족 모두의 마음도 편안해진다는 걸 이제야 깨닫게 되었다. 물론 지금도 완전히 너그러워졌다고 말할 수는 없다. 아직 부족한 점도 많고,

때때로 예민하게 반응할 때도 있다. 하지만 예전처럼 불안에 휘둘리거나 감정적으로 격해지는 일은 훨씬 줄어들었다. 여러분도 외부 환경이나 타인의 탓만 하지 말고, 내 안에 이미 존재하는 무한한 가치를 발견해 보길 바란다.

그것으로 하루하루를 채워 간다면, 어느새 내면이 성장하고, 그 성장이 결국 가정의 화목으로 이어질 것이다.

지금부터, 내 안의 부족한 부분을 하나씩 알아차리고 그것을 장점으로 바꾸는 연습을 해 보자.

작은 변화가 모여, 인생을 바꾸는 커다란 전환점이 되어 줄 것이다. 모든 인간은 완벽하지 않다. 다만 단점을 장점으로 바꾸는 연습을 하고, 매일 눈을 뜰 때마다 감사하는 마음을 작은 습관으로 만든다면, 어제보다 조금 더 나은 삶과 행복한 가정을 만들어 갈 수 있다. 그런 나의 모습을 본 아이와 남편, 그리고 주변 사람들 역시 더 밝고 행복한 하루를 보낼 것이다.

5. 하루, 하루 최선을 다하면 후회가 없다

"어머, 어떻게 아이도 셋인데, 일도 하고, 네일 숍도 다니고, 피부관리도 해요? 정말 대단하다."

단골 가게 네일 원장님이 해 주신 말이다. 나는 원래 꾸미는 것도 좋아하고, 아이들도 잘 키우는 데도 관심이 많았다. 출산하기 전날까지 내 손에 젤 네일은 반드시 있었고, 임신했을 때도 하루에 한 시간은 꼭 등산을 했다. 아이를 낳고 나서는 자기 전에 아이들에게 한 시간씩 잠자리 독서를 해 주었고, 이유식도 한 번도 사 먹이지 않고 직접 만들어 먹였다. 반찬가게 반찬 맛이 마음에 들지 않아 밑반찬부터 메인 메뉴까지 거의 모든 음식을 집에서 만들어 먹였으며, 이불과 신발도 빨래방에 맡긴 적이 한 번도 없었다.

아이가 50일 때부터는 일주일에 두 번 이상 아이의 문화센터 수업에 참여하였고, 하루에 한 시간 이상은 꼭 아이에게 바깥 산책을 시켜 주었다. 일주일에 한 번씩은 꼭 서점이나 도서관에서 책을 읽었고, 세 아이를 임신할 때마다 각기 다른 자격증을 따기도 했다. 첫째 때는 세무회계 자격증을, 둘째 때는 바리스타 자격증을 셋째 때는 미용 자격증 (필기)을 땄다. 그 때는 임신 중에 엄마가 공부하는 것이 태교에 좋다고 들었기 때문이다. 아마 모든 엄마들이 나처럼 이렇게 열정적으로 살리라 믿는다. 게다가 가계에 조금이나마 보탬이 되고자 막내가 3살이 되던 무렵, 바로 일을 시작했다. 그렇게 나는 솔로로 지낼 때보다 훨씬 더 열정적으로 살아가고 있었다. 내가 휴식을 갖는 시간은 아침에 운동하는 시간뿐이었다. 그것도 휴식은 아니고 운동이긴 하지만 나 혼자만의 시간이 그 시간뿐이기 때문이다. 아직도 나는 아침에 운동하는 습관을 갖고 있다. 마침 우리 집 근처에 다행히 낮은 산이 있어 산책하기에 안성맞춤이었다. 그렇게 일분일초, 하루하루를 바쁘게 살다 보니 벌써 10년이라는 세월이 흘렀다.

첫 아이가 어릴 때는 일주일에 두세 번씩은 시댁에 가서 저녁 식사도 함께했고, 시댁 식구들과도 시간을 자주 보냈다. 결혼하고 한 번도 명절에 고향에 내려간 적이 없었고, 작년 추석 때 처음으로 친정에 내려가서 명절을 지냈다. 우리 시댁은 차례도 새벽 4시에 지내시지만 10년 동안 단 한 번도 늦잠 잔 적은 없다. 결혼할 때 장손에 시집가는 줄도 모르고 결혼했고, 그 덕분에 나는 밑반찬뿐만 아니라 시어머님께 생선찌개, 국, 반찬 등을 많이 배울 수 있었다.

나는 아침에 일어나면 운동을 하고 돌아와서 아이들 학교 갈 준비를 같이 한다. 운동 가기 전 오전 시간에는 반찬을 만들거나 조금 일찍 일어나면 설거지, 빨래 등 밤에 마무리하지 못했던 청소를 한다. 오전에는 남편과 함께하는 운동을 하거나, 첫째 아이의 학교에서 학교에 필요한 학부모 활동을 한다. 쓸데없는 모임은 거의 하지 않고, 친구들과의 사적인 모임도 일 년에 한, 두 번 정도만 갖는다. 왜냐하면 아이들이 학원을 갔다 와서 잠자기 전까지는 엄마 손이 많이 필요하기 때문이다. 나는 시어머님도 친정엄마의 도움도 없이 세 남매를 스스로 키웠다. 물론 가끔 저녁 식사는 차려 주시긴 하셨지만 일을 한다고 해서 아이를 봐주시거나 집안일을 도와주신 적은 없었다. 키울 때는 힘들었지만 조금 키워 놓고 나니 그래도 내 손으로 아이를 키우기를 정말 잘한 것 같아 후회는 하지 않는다. 그리고 아이들에게 엄마의 손길이 필요한 순간은 절대 다시 되돌아오지 않는다.

특히 모두가 힘들었던 2020년, 코로나 덕분에 둘째와 하루 종일 시간을 많이 보냈던 것이 지금 생각해 보니, 너무 감사했다. 첫째를 키울 때는 오전 시간 내내 문화센터를 많이 데리고 다녀서인지 아이와 시간을 보내지 못했던 것에 대한 후회는 없다. 아이들이 유치원에서 돌아오면 도서관에도 가고, 마트에도 가고, 시장도 가고, 공원도 가면서 하루하루 아이들과 함께 최선을 다해서 어린 시절을 보내려고 노력하는 엄마였다. 그래서 그런지 아이들도 엄마, 아빠를 좋아하고 나도 아이들과 함께 많은 시간을 보낸 것이 절대 헛된 일이 아니라고 생각한다.

여기서 내가 이야기하고 싶은 것은 아이들이 어릴 때 부모에게 필요로 하는 부분이 따로 있다는 것이다. 그래서 엄마가 일하는 것을 당장은 조금 포기하더라도 아이들 곁에 잠시라도 있어 주는 시간을 늘리는 것이 좋다. 나는 아이 셋을 데리고 공원에도 가고 도서관도 가고 마트도 가고 시장도 갔다. 그때는 엄마가 아이들을 데리고 다니면서 여러 장소를 보여 주는 것이 있는 것이 최선이라고 생각했기 때문이다. 그래서 나는 아이들의 어린 시절에 엄마와 시간을 함께 많이 보냈던 것에 대해서는 미련이 없다. 나는 아이들이 어린이 집에 입학하기 전까지 일하지 않았던 것을 잘한 결정이라고 생각하고, 결혼하고 나서 지금까지 지난 10년을 절대 후회하지 않는다. 그러니 아이들이 있을 때는 나의 일보다도 아이들과 함께 있어 주는 시간을 많이 갖는 것이 엄마의 최대의 과제라고 생각하면 된다. 콩 심은 데 콩 나고 팥 심은 데 팥 나듯이, 어렸을 적에 부모가 아이 곁을 지켜 준다면, 커서도 부모와의 정서적 교감이 연결된다. 만약 이 시기를 놓친다면 사춘기 이후에 아이들과 잘 지내는 것이 어려워질 수 있다.

달걀프라이와 김치뿐인 반찬이라도 엄마, 아빠와 함께 먹는 저녁이 아이들에게는 가장 큰 기쁨일 수도 있다. 왜냐하면 저녁을 먹는 시간이 유일하게 아이들이 하루에 있었던 일을 부모님에게 다 이야기해 줄 수 있는 시간이기 때문이다. 매일은 힘들더라도 일주일에 꼭 한 번은 아이들과 남편과 같이 식사하는 시간을 갖길 바란다. 나중에 그것은 추억이 되어 아이들과 대화하는 데에 자양분이 된다. 아이가 누구와 친한지, 무엇을 좋아하는지, 어떤 데에 관심이 있는지 잘 지켜본다면 밥상머리에서의 스마트폰 보는 습관도 없어질 것이다. 특히 엄마보다도 아빠의 역할이 중요하다. 밥상머리에서는 꼭 아이들에게 수저를 놓게 하고 반찬을 꺼내라고 시켜야 한다. 유치원생도 수저를 놓을 수 있기 때문에 그 나이가 되면 반드시 아이에게 가족 구성원의 일원이라는 것을 알려 주고 제시간에 필요한 임무를 주어야 한다.

"우리 ○○이가 수저를 놓아 주어서 그런지 엄마가 오늘은 한결 편하네."라는 식의 칭찬을 해 주고 아이를 우리 가정의 구성원으로 인정해 주어야 한다. 그렇게 하면 학교에서의 사회생활을 가정에서부터 미리 배울 수 있다. 그래서 가정교육이 첫 번째 사회활동이라고 말하는 것이다. 만약 가족 구성원이 많을수록 사회생활을 하는 데 익숙하고 편할 수도 있다. 그래서 외동보다는 둘이, 둘보다는 셋이 더 낫다고 어른들이 말씀하시는 것이다.

그래서 엄마가 되면, 자신의 커리어도 중요하고 일도 중요하고 경제적인 풍요로움도 중요하다. 하지만, 아이에게 엄마가 가장 필요한 시기가 있다는 사실을 간과하지 말자. 태어나서 적어도 36개월까지는 엄마가 곁에서 돌봐 줄 수 있다면, 그 시간을 함께 보내는 것이 가장 좋다. 이 시간은 나중에 돈으로 환산이 되지 않고 돈을 주고 살 수도 없는 시간이기 때문이다. 아이들이 어릴 때는 해외여행이나 먼 곳의 여행도 필요 없다. 가까운 뒷산으로 그저 손잡고 산책하는 것이 아이들에게 제일 행복한 일인 것을 꼭 알아 두길 바란다. 그러니 주말에는 손에서 휴대폰을 내려놓고 아이들의 손을 잡고 반드시 산책하는 것을 추천하고 싶다.

이렇게 아이들이 커 가면 엄마로서 아이들을 키워 냈다는 뿌듯함은 이루 말할 수 없다. 내가 아이들을 잘 키워서가 아니다. 미완성 인간인 내가 아이 셋이나 키워 엄마 소리를 듣고 있다는 것 자체가 기적적인 일이다. 아이를 갖지 않으면 인간은 대부분 성장하기 힘들다. 물론 자신만의 어려운 일들이 닥칠 수 있다. 하지만 나의 성장을 위해서는 반드시 아이들이 필요하고 아이들이 나의 인생의 스승이 되는 셈이다.

아이를 잉태해서 낳는 것은 엄마만이 할 수 있는 일이다. 그래서 엄마들은 인생을 살아갈 때 반드시 자부심을 느끼고 살아야 한다. 약 30년 동안 몸 관리를 잘해서 임신한 '나'에게 칭찬하고, '남편'에게 당당한 마음으로 살아야 한다. 특히 남편들은 건강하게 '아내'를 길러 주고 키워 주신 장인, 장모님께 꼭 감사한 마음을 가져야 한다. 아이를 갖는 것은 가져 본 자만이 알고 아이를 가져 보지 않은 사람은 그 심정을 죽었다 깨어나도 모른다.

엄마에게 아이란 마치 '심장'과도 같다. 살아가는 데 없어서는 안 되고, 숨 쉬는 것처럼 꼭 필요한 존재다. 그래서 '모성애'는 존재하지만 '부성애'는 없다는 말이 나오는 것일지도 모른다. 아이가 세상에 나와 처음 부르는 말도 '엄마'이고, 처음 입에 대는 것도 엄마의 '모유'이기 때문이다. 아빠가 건강한 씨앗을 주는 것도 중요하지만 10달 동안 아무 탈 없이 아이를 품었다가 태어나는 과정은 오로지 '엄마'만이 느낄 수 있다. 그래서 아이들에게 아빠도 중요하지만, 아이들을 키울 때는 '엄마'의 감정과 행동들이 영향을 많이 끼친다. 아무나 '엄마' 소리를 듣는 것은 아니다. 그래서 아이를 키울 때 '엄마'라는 존재는 아이들에게 모범이 되어야 하며, 말과 행동, 습관 하나하나에 신중해야 한다. 아이를 낳았다고 해서 좋은 엄마가 되는 것은 아니다. 아이를 올바르게 키우기 위해서는 엄마도 끊임없이 노력해야 하며, 자식의 말에 귀 기울이는 자세가 필요하다.

특히 엄마가 되고 나면 경험하는 것들이 몇몇 가지 있다. 처음으로 내 젖을 아이에게 물리는 일이다. 내 몸에서 나온 아이가 내 모유를 먹게 되면 그 감흥은 이루 말할 수 없다. 그래서 나는 꼭 엄마들에게 모유 수유를 한 달이라도 하길 권한다. 요즘 사람들은 내 몸이 망가진다고 모유 수유를 잘 하지 않는다고 한다. 아이에게 가장 좋은 선물은 엄마의 몸에서 나온 모유이다.

나는 아이를 가졌을 때부터 꼭 모유 수유를 하고 싶었다. 모유가 아이의 면역력을 높이고, 잔병치레를 줄여 준다는 내용을 책에서 읽었기 때문이다. 그리고 제일 중요한 것은 모유를 먹일 때 아이가 엄마의 심장 소리를 제일 가까이서 들을 수 있기 때문이다. 아이가 10달 동안 지냈던 엄마의 심장 소리를 들으면 아이들이 마음에 안정이 빨리 찾아온다고 했다. 그래서 엄마의 몸이 힘들더라도 모유 수유를 6개월 정도 하는 것을 강력히 추천한다.

또 모유 수유를 하게 되면 엄마는 젖몸살이라는 것도 처음 겪게 된다. 기존의 몸에 흐르지 않던 액체의 양이 급격히 증가하면서 가슴에 흐르는 혈관이 넓어져 가슴을 아프게 만든다. 가슴이 너무 많이 아픈 엄마들은 수액을 맞거나 입원하는 경우도 있다. 하지만 이런 경우에는 아빠가 신경을 써서 가슴 마사지를 해 주어야 하고 만약 아빠가 마사지를 못 하는 상황이라면 산후도우미를 이용해서 반드시 젖몸살 마사지를 그때야 한다. 그래야 엄마의 고통이 줄어들면서 엄마도 행복하고 아이도 행복한 육아를 시작할 수 있다. 모든 육아의 첫걸음은 엄마의 정서로부터 나온다는 것을 절대로 잊지 않았으면 한다. 오로지 남편의 사랑과 인정만이 엄마의 자신감과 자존감을 올릴 수 있다. 일단 여자가 임신하게 되면 원래 하던 일도 못 하게 되고, 몸에 살이 찌면서 자신의 모습이 보기 싫어진다. 그러면서 자신감이 바닥을 치고 자존감이 떨어지게 된다. 출산하고 나서 아이 때문에 꾸미지도 못하고 후줄근한 옷을 입고 아기 띠를 매는 자기 모습이 얼마나 초라해지는지 겪어 보지 않으면 모른다. 아이를 낳고 나서 특히 남편들은 산후 우울증을 막기 위해 아내들에게 최선을 다해 격려하고 칭찬해 주어야 한다. 그래서 여자는 '엄마가 되기 전'과 '엄마가 되고 난 후'로 인생이 바뀐다. 이미 아이를 낳고 키우며 애쓴 자신에게는 충분히 박수를 보내야 한다. 나는 이미 가치 있는 사람이라는 사실을 먼저 스스로 인정하자. 내가 나를 소중히 여기지 않으면, 다른 사람도 나를 가볍게 대할 수 있다. 나에게 가장 맛있는 음식을 차려 주고, 가장 편안한 잠자리를 준비하며, 가장 좋은 옷을 입히자.

먼저, 자존감을 올리기 위해서는 나 자신을 대접하는 법부터 배워야 한다. 아이들에게 무조건 양보하지 말고 내가 먹고 싶은 음식, 내가 가고 싶은 곳을 우선으로 선택해야 한다. 내가 나를 가치 있게 대하면 남들도 나를 가치 있게 대해 준다. 그러므로 남 탓을 하기 전에 내가 먼저 바뀌어야 한다.

6. 돈으로 살 수 없는 것들

"엄마, 우리 집은 얼마야?", "우리 차는 얼마짜리야?"

이제 아이들이 묻는 금액의 단위 자체가 점점 커지고 있다. 내가 자랄 때보다 돈에 대한 가치가 떨어지기도 하고 돈을 밝히는 것이 자연스러워졌음을 나타내는 사회적인 현상이라고도 볼 수 있다. 나도 결혼했을 때는 집도 작고 불편하니 돈이 있으면 다 해결될 거라고 믿었다.

물론 돈은 엄마의 자신감을 높여 주고, 그 자신감은 자존감으로 이어지기도 한다. 대학생 시절, 나 역시 명품을 갖기 위해 아르바이트를 했고, 엄청 비싼 건 아니었지만 흔히들 말하는 명품 옷과 가방, 신발도 여러 번 사 보았다. 결혼하고 나서도 남편이 선물로 주기도 했었고, 내가 필요하다면 한두 번씩 사기도 했었다. 특히 목동에 살면서 잘사는 사람들도 많이 보았고, 잘사는 척하는 사람들도 많이 보았다. 겉으로 보기에 사람들은 까르띠에 시계, 반클리프 팔찌, 에르메스 샌들, 몽클레어 점퍼까지 온몸에 명품을 걸치고 있었다. 처음엔 그런 모습을 보며 '왜 나는 저것들을 갖지 못할까'는 생각에, 내가 가지지 못한 것들에 대한 불만으로 가득했다. '저 아줌마는 대체 남편이 어떤 일을 하길래 저렇게 명품으로 휘감을까?'라는 생각도 했다.

그리고 '영어유치원에 보내려면 연간 최소 1,500만 원은 든다는데, 도대체 다들 그렇게 부자인 걸까?' 하는 생각도 했다. 그때는 돈에 대해 부정적인 생각이 머릿속을 가득 채우곤 했다. 한때는 눈에 보이는 모든 것이 전부라고 믿었던 시절도 있었다. 지금은 돈이 전부가 아니란 걸 알지만, 돈이 인생의 일부라는 사실만큼은 부정하지 않는다. 하지만 겉으로 봐서는 절대적으로 누가 더 잘사는지 비교할 수는 없다. 물론 어느 정도는 있어야지 명품도 하고 다니겠지만….

나도 내 나름대로 없는 돈 끌어다 모아서도 사 봤고, 남편에게 졸라서도 사 보기도 했다. 하지만 결국 명품은 아이들 때문에 잘 들고 다니지도 못하게 되었고, 신발 같은 경우는 오히려 불편한 것들도 많았다. 아이들을 키울 때는 결국 아무 음식이나 묻어도 괜찮은 옷, 산에서 뒹굴어도 편하게 입을 수 있는 옷, 장거리 여행을 가거나 아이들과 공놀이를 해도 편하게 신을 수 있는 신발이었다. 결국 아이를 키우다보면 아이 옷이나 내 옷이나 세탁기에 쉽게 넣고 빨 수 있는 옷들을 제일 많이 입게 되는 것이었다. 그렇게 비싼 돈을 주고 산 것들이 결코 아이들을 키울 때 중요한 것들은 아니었다. 또 아이들에게 비싼 명품옷을 입히면 이런 말을 하게 된다. "이게 얼마짜린데 돈까스 소스를 흘려!!!!"

라든가, "이게 얼마짜리 신발인데 벌써 발이 커져 버렸네. 얼마 신지도 못했는데…"같이, 어느 순간부터 이런 생각을 하게 되었다. 비싼 인테리어를 해 놓고 나면, "이게 얼마 주고 한 인테리어인데 이렇게 엉망으로 만들어?"라는 말이 먼저 튀어나온다. 이처럼 돈으로 채운 내 욕심이, 아이들의 자유를 빼앗고 자존감을 낮추는 말로 이어지곤 한다. 비싼 고급차를 샀을 때도 분명 이렇게 말할 것이다.

"이게 얼마짜리 시트인데, 차 좀 깨끗이 써."

결국 부모가 어떤 것에 가치를 두느냐에 따라 아이를 대하는 태도도 달라진다. 그래서 아이를 키울 때는 물질보다 더 중요한 것이 무엇인지, 스스로에게 물어봐야 한다.

또 아이들이 크고 나서 과외를 시키거나 학원을 보내면 이런 생각을 한다. '이게 얼마짜리 과외비를 내는 건데 성적이 안 올라?' 하면서 비싼 과외비를 낭비했다고 애꿎은 아이만 탓하게 될 것이다.

그러니 아이가 어릴 때는 적당히 따뜻하고 가성비 좋은 패딩, 튼튼한 운동화, 적당히 지저분해져도 되는 중고차 등에 지출을 하면 생각보다 생활비도 아낄 수 있고 아이들에게 싫은 소리를 하지 않을 수 있다.

나는 겨울 옷을 준비할 때, 아이에게 당근마켓에서 만원 주고 구매한 패딩도 2년 동안이나 입혔다. 막내는 새로운 옷을 내 돈으로 단 한 번도 사 입힌 적이 없으며, 내복도 5년 동안 보관했다가 첫째가 입었던 것을 그대로 물려 입혔다. 시중가 40만 원 대인 패딩도 당근마켓에서 8만 원에 구입해서 정말 이쁘고 깨끗하게 아직까지 잘 입고 다닌다.

이렇게 돈은 많이 번다고 많이 모으는 것이 절대 아니다. 쓰는 사람이 잘 쓰게 되면 돈을 모으는 '통장'을 만들 수도 있고, 돈이 아무리 많더라도 '텅장'이 될 수도 있다. 그러니 지금부터라도 내가 과소비하는 부분이 없는지 생각해 보고, 진짜 나의 가치를 높일 수 있는 곳에 돈 쓰는 연습을 하자. 아이들에게 무조건 경제적으로 풍요롭게 해 주는 것이 좋은 것이 아니다. 부모님의 성실한 태도와 삶의 모습은 아이들에게 돈으로 가르칠 수 없는 크나큰 교육이 된다.

성적은 돈으로 올릴 수 있을지 몰라도 인성은 돈으로 살 수 없다. 그렇기 때문에 아이를 키울 때는 반드시 가치관을 잘 정립해 주는 것이 중요하다. 엄마가 올바르게 섰을 때 비로소 아이들에게도 올바른 가치관을 심어 줄 수 있다. 그러기 위해서는 엄마의 자존감이 높아야 하고 스스로 자존감을 높이는 행동이 무엇인지 찾아야 한다. 만약 그렇지 못하다면 책으로 읽거나 유튜브를 보면서 자존감을 높이는 방법을 찾아 실천해야 한다.

나는 돈이 많아야 자존감도 높일 수 있다고 생각했다. 하지만 결국 나에게 필요한 것은 내면을 채우는 용기와 자신감이었다. 결혼하고 나서 아무것도 할 수 없다고 생각한 나를 자책하기보다는 오히려 내가 남들보다 무엇을 이루었는지 써 내려가다 보면 낮아진 자존감을 찾을 수 있을 것이다. 돈이 있으면 누릴 수 있는 것을 통해 잠깐의 행복은 느낄 수 있지만, 진정한 행복은 거기서 오지 않는다. 그렇다고 해서 부족하게 살거나 궁상맞게 살라는 말은 아니다. 아이와 중고마켓에서 구입한 옷을 입고, 도서관에서 빌려보는 책을 읽더라도 아이와 함께 손잡고 책을 읽었던 시간이 더 소중할 것이다. 돈으로 행복은 살 수 있지만 아이들과 함께한 추억을 절대로 살 수 없다. 아이들이 주는 웃음, 울음, 떼 쓰는 것, 아이들로부터 오는 모든 것들을 내가 감사함으로 느낀다면 나는 진정한 행복을 느낄 수 있을 것이다. 물론 아이를 키우면서 돈 때문에 웃을 일도, 울 일도 있을 것이다. 하지만 한 번만 아이와 돈을 쓰지 않고 하루를 보내 보아라.

나는 점토를 사 주기 싫거나 돈을 아끼고 싶을 때는 집에 있는 오래된 가루는 다 꺼내서 클레이처럼 만들기도 했다. 정말 집에 먹을 게 없을 땐 밀가루 한 봉지를 사 와서 아이들과 칼국수를 한 번 만들어 보아라. 외식하는 것을 부러워하지 말고 아이와 밀가루 한 봉지로도 행복할 수 있다는 것을 느끼며 살길 바란다. 밀가루 한 봉지는 아직 3,000원도 채 하지 않는다. 밀가루 한 봉지와 달걀 한 알만 있으면 근사한 한 끼를 먹을 수 있다. 우리 아빠는 시간이 되면 항상 손으로 직접 만든 칼국수를 만들어 주셨다. 엄마가 육수를 끓이는 동안, 우리 삼남매는 아빠 옆에 붙어서 고사리손으로 수제비도 만들고 칼국수도 만들었다. 내 기억 속에 남는 것은 우리가 외식했던 식당이 아니라 아빠와 함께 만든 칼국수이다. 아이들에게는 좋은 식당에서 밥 먹는 것보다, 어쩌면 엄마, 아빠와 함께 만든 칼국수 한 그릇이 더 행복하고 의미 있고 값진 추억이 된다는 것을 절대로 잊지 말았으면 한다.

그러니 지금이라도 늦지 않았다. 냉장고에 음식을 꽉꽉 채워 넣기보다, 김치 한 쪽을 꺼내어 아이들과 당장 김치볶음밥이라도 한번 만들어 보자. 요즘 아이들은 유학을 가도 직접 해 먹을 수 있는 음식이 없어 식비 지출이 상당하다고 한다. 자취생들 역시 요리를 하지 못해 매번 배달 음식을 시켜 먹다 보니, 월급의 상당 부분을 배달의민족이나 쿠팡이츠 같은 배달 앱에 써 버리곤 한다. 그래서 지금부터라도 아이들과 함께 집밥을 만들어 먹으면 추억도 쌓이고 나중에 경제적으로 돈을 지키는 데도 도움이 된다. 아이와 추억을 쌓는 것이 굳이 좋은 곳에 해외여행을 가거나 값비싼 키즈 펜션에 가서 논을 써야 쌓이는 것이 아니다. 계곡에서 하루 종일 놀아도 눈치 안 보고 신나게 마음껏 뛰어노는 것이 아이들에게는 가장 큰 행복이자 추억으로 남을 것이다.

만약 책을 살 여유가 없다면 아이들과 함께 쌓은 추억으로 본인의 책을 만들어 보는 것이 훨씬 아이에게도 도움이 많이 되고 기록으로 남길 수 있을 것이다.

나는 아이가 유치원에서 그리거나 집에서 그린 작품들을 직접 휴대폰으로 찍어서 책으로 만들었는데, 아이가 어릴 때부터 쌓아 온 그림들을 한곳에 모아서 볼 수도 있고, 그림보다 작은 책 크기여서 간직하기에도 편했다.

굳이 출판사를 통해 책을 내지 않더라도, 아이를 위한 단 한 권의 책은 충분히 만들 수 있다. 이렇게 만든 책은 나중에 학교에 갈 때 자기소개서와 함께 제출하면, 면접관들에게 좋은 인상을 남길 수 있다.

또 집안에 많은 물건을 쌓아 두는 것은 오히려 정신건강에 해롭다.

쇼핑하는 습관을 없애고 그 시간에 정리하는 습관을 만들자. 나는 우리 집이 작다고 생각만 하다가 정말 필요한 것만 놔두고 정리를 하다 보니 누구보다 깨끗하고 쾌적한 집이 되었다. 아무리 크고 좋은 집에 살아도 정리를 안 하고 물건을 쌓아 두기만 하면 그곳은 쓸모없는 공간이 된다. 하지만 밖은 허름하더라도 정리를 잘하고 깨끗하게 살아가면 내가 살고 싶은 집이 되는 것이다.

그러니 내가 살고 싶은 집으로 이사가기를 바라기 전에, 지금 살고 있는 집이라도 내가 가고 싶은 곳처럼 정리하고 예쁘게 가꾼다면 지금의 공간이 가장 살고 싶은 집으로 바뀌게 될지도 모른다. 그러니 자신이 있는 공간을 내가 원하는 공간으로 한번 바꾸어 보아라. 일단 정리하게 되면 우리 집이 이렇게 넓었나 싶을 정도로 새로운 공간이 만들어질 것이다. 그렇게 내가 살고 싶은 집으로 꾸미게 되면 나는 어느새 내면이 가득 찬 행복한 엄마로 바뀌어 있을 것이다. 지금이라도 당장 아이들의 추억이 담기거나 필요 없는 물건을 정리하고 아이들 교육비 대신, 내가 정말 원했던 머그컵이나 접시 세트를 나에게 선물하자. 그러면 음식을 할 때도 기분이 좋고 설거지할 때도 기분이 좋아질 것이다.

일단 내가 행복한 일을 작은 데서부터 먼저 찾아야 한다. 그게 접시가 되었든 커피숍이 되었든 말이다. 크리스마스나 특별한 날에도 자꾸 남편에게 선물을 강요하지 말고, 내가 스스로 저축한 돈으로 나에게 선물하고 나를 스스로 칭찬해 보자. 그런 날이 많아지면 나 스스로를 높게 평가하고 나도 무언가를 이루어 냈다는 성취의 감정이 샘솟는다.

그리고나서 남편에게 당당히 이야기하자. 내 생일이라서 나에게 선물했다고. 꼭 비싸지 않아도 좋다.

내가 평소에 갖고 싶었던 물건이면 뭐라도 좋다. '그까짓 거, 샤넬 백이면 뭐 어때, 우리에겐 할부가 있잖아?' 하면서 나에게 투자하는 연습을 계속해 보자. 그렇게 하지 않으면 아이들이 클 때까지도 아이들에게 해 줄 것밖에 생각이 안 난다. 억지로라도 내가 원하는 것을 찾고, 나에 대해 연구하고 공부해야 한다. 아이들을 잘 키우는 것보다 나를 찾는 것이 더 급선무이다. 일단 내가 먼저 행복하게 되면, 아이들을 키울 때도 행복한 아이로 키울 수 있고, 행복한 나를 보면 남편도 기분이 좋아질 것이다.

4장

행복한 엄마가
되기 위한
십계명

1. 아이와 함께 책을 읽어라

"산모님, 아기 모유 먹일 시간이네요." 첫째를 낳고 나서 조리원에 있을 때였다. 나는 산후조리원에 가는 가방을 쌀 때부터 아이에게 들려줄 책을 캐리어에 담았다. 모유를 먹이고 나서 나는 아이에게 책을 읽어 주었다. 무슨 생각이었는지 모르겠지만 아이에게 책을 읽어 주는 것이 좋다고 해서 임신하자마자 제일 먼저 산 것이 유아동 전집이었다. 그래서 남편에게도 배 속에 있는 아기에게 책을 많이 읽어 달라고 부탁했다. 그리고 그 전집을 첫째가 스스로 읽을 수 있을 때까지 버텼다. 그 40권 되는 전집은 차에도 실어 놓았다. 나는 차를 탈 때도 아이를 카시트에 태우고 항상 옆자리에 같이 앉았다. 아이가 카시트에 타서부터 내릴 때까지 차에서 책을 계속 읽어 주었다.

특히 소리 나는 책을 유모차에 늘 가지고 다니며, 아이가 버튼을 누를 수 있을 만큼 힘이 생기면 스스로 눌러 책 내용을 듣게 했다. 유모차에서 잘 때도 항상 휴대폰을 옆에 걸어 두고 동요며, 책이며 아이가 들을 수 있는 것은 최대한 많이 들려줄 수 있도록 노력하였다. 그리고 자기 전에도 항상 같은 책을 읽어 주었는데, 결국 아이는 4살 무렵 한글을 스스로 읽을 수 있게 되었다.

태교에서부터 읽은 책 습관은 커서도 아이가 책 습관을 형성하는 데아주 많은 도움이 된다. 아이가 셋이지만 여전히 아직도 잠자리 독서는 매우 중요하다고 생각한다. 왜냐하면 하루 중 아이와 가장 이야기를 많이 나누는 시간이기 때문이다. 이침은 아침 시간대로 바빠서 이야기할 시간이 서로 없고 저녁 먹을 때는 오늘 있었던 일을 간단히 이야기하는 정도이다. 크게 중요한 이야깃거리가 없으면 일반가정에서는 책을 읽어 주며 이야기를 나누는 것이 아이와 대화를 가장 길게 이어 갈 수 있는 방법 중의 하나라고 생각한다.

나는 첫째가 태어날 때부터 거의 매일 책을 읽어 주었다. 아이들이어릴 때는 가벼운 책이라 하루에 10권에서 20권 정도 읽어 주었고, 초등학생이 되어 글 밥이 많은 책은 적어도 1~2권 정도는 꼭 읽어 주려고노력한다. 여행을 갈 때도 내 책과 아이들 책은 항상 챙긴다. 여행을 가면 밥 만들고, 설거지하는 시간이 줄어들기 때문에 저녁 시간에 나의 시간을 확보할 수 있다. 그래서 나는 가방에 꼭 책을 가지고 다니고 아이들의 보조가방에도 꼭 책을 넣게 한다. 책을 읽어 주는 것은 비단 아이들 머리에 지식을 넣어 주는 것뿐만이 아니다. 책 한 권에서 파생될 수 있는 이야기가 무궁무진하다. 특히 전래동화 같은 이야기 책은 재

있으면서도 아이들의 호기심과 상상력을 유발한다. 그러면서 예전에 썼던 도구나 집의 형태도 자연스럽게 익힐 수 있고, 그 책에서 궁금했던 내용들이 다른 책으로 확장되면서 지식을 넓혀 갈 수도 있다. 그래서 나는 부모님과의 책 읽는 시간을 아주 중요하게 생각한다. 특히 한자어도 같이 익힐 수 있는데 아이들에게 무작정 한자를 외우게 하는 것보다 이야기 속에서 한자나 어려운 낱말이 나오면 꼭 스스로 찾아보게 하면 된다. 그런 습관이 들면 한자로 된 어려운 낱말도 쉽게 이해할 수 있게 된다. 이 습관은 이해력과 대화하는 능력을 높여 준다. 그렇게 되면 어른들과도 자유자재로 소통할 수 있게 되고, 비록 나이는 어리지만 성숙한 생각을 가지게 되는 효과도 있다. 그래서 나는 아이들이 있는 부모에게 잠자리 독서를 무조건 추천한다. 만약에 잠자리 독서가 안 될 경우는 하루에 1권이라도 엄마와 함께 책 읽는 시간을 가졌으면 좋겠다.

유년기 시절에는 엄마보다 아빠가 아이들에게 책을 읽어 주는 것이 아이들의 사고력과 상상력이 크게 확장되고, 정서적 안정감이 높아진다는 이야기를 들어 본 적이 있는가?

2015년 미국 하버드대 연구팀은 미국 저소득층 가정 약 430가구를 아빠가 책을 읽어 주는 가정과 엄마가 책을 읽어 주는 가정으로 나누어서 책 읽어 주기와 이해력, 어휘력, 인지 발달 간 상관관계를 조사했다. 조사 대상 엄마들은 절반 정도가 매일 아이들에게 책을 읽어 주었고, 아빠들은 불과 29%만 매일 아이에게 책을 읽어 주었다.

만 2세 때 아빠가 책을 읽어 준 아이는 어휘 발달 테스트에서 높은 점수를 받았는데, 엄마가 책을 읽어 준 경우에는 아이 성적이 그만큼 높지 않았다. 또 아빠가 책을 많이 읽어 준 아이들은 지식, 유아 언어, 인지 발달 면에서도 모두 높은 점수를 받았지만, 엄마가 책을 읽어 준 아이는 인지 발달에만 일부 영향이 있었을 뿐 나머지 부분에서는 큰 상관관계가 없었다.

왜 이런 걸까? 아빠와 엄마는 '책 읽어 주기 방식'에 중대한 차이가 있었다고 연구팀은 주장했다. 예를 들어 엄마는 아이한테 책을 읽어 줄 때 '사과가 몇 개 보이니?' 등 '사실적 질문'에 집중했지만, 아빠들은 '오, 이 사다리 좀 봐. 너 지난번에 내 트럭에 있었던 사다리 기억나니?'와 같이 아이 뇌를 자극하는 질문을 던진다는 것이다.

김정완 하브루타교육협회 상임이사는 "아빠가 책을 읽어 줄 때 엄마보다 다양한 어휘와 경험을 활용해 책을 읽어 준다는 연구 결과가 있다."고 말했다. 이런 아빠의 '책 읽어 주기 방식'이 아이들의 사고력 발달과 상상력 확장에 도움을 준다고 말했다.

또 2004년 영국 옥스퍼드대 연구팀이 만 7세 아동 3,300여 명을 추적 조사한 연구도 유사하다. 아빠가 책을 읽어 준 7세 아이들은 학교 읽기 성적이 높았고, 성인기에 정서적인 문제를 겪을 확률도 낮았으며, 만 20세까지 학교를 잘 다닐 확률이 높았다. 지난 2013년 연세대 연구팀은 "국내 만 2세 영아에게 그림책을 읽어 주었더니 아동의 표현 어휘가 엄마가 읽어 주었을 때보다 아빠가 읽어 주었을 때, 어휘력이 더 많이 늘어나는 것으로 나타났다."고 밝혔다.

이처럼 육아에는 엄마와 아빠가 구분되어 있지 않다. 엄마가 책 목록을 작성하면 그에 맞게 아빠가 읽어 주면 된다. 아빠가 도저히 여건이 안 되면 엄마라도 아이들과 함께 책을 읽어야 한다.

[출처] 아빠가 읽어 주는 책의 놀라운 효과 '책 읽어 주는 아빠' | 작성자 서울시교육청

우리 첫째, 둘째는 아기 때부터 책을 계속 읽어 주었더니 유치원생 때부터 스스로 글자를 읽을 수 있게 되었다. 그래서 아이를 키울 때, 책을 읽어 주는 것 또한 부모의 노력이라고 생각한다. 내가 집에서 아이들과 함께 할 수 있는 유일한 놀이가 아이들에게 책을 읽어 주는 것이었다. 왜냐하면 나는 운동을 잘하지도 못했고, 바둑이나 체스 같은 보드게임도 잘하지 못했다. 그래서 아이들과 함께 집에서 책을 읽은 뒤, 미술작품을 그려 보는 것이 내가 아이들에게 해 줄 수 있는 최대한의 노력이었다.

특히 주말에는 아빠가 옆에 같이 있어 주기만 해도 아이들에게 정서적으로 좋다. 요즘에 나오는 책은 아이들이 놀이하기에 잘 만들어져서 학습지를 따로 구매할 필요가 없다. 책 뒤편에 스티커, 퀴즈, 그림 그리기 등 연계 활동이 부록으로 들어간 경우도 많기 때문이다. 특히 책을 읽고 나면 가족과 함께 할 수 있는 활동이 다양하다. 읽었던 책에 관해

그림을 그릴 수도 있고, 과학실험을 할 수도 있고, 역사박물관에도 가볼 수 있고, 그 책에 나온 나라나 지역에 대해 여행도 할 수 있다.

그러므로 책을 읽기 싫어하는 엄마들은 너무 걱정하지 않아도 된다. 책의 주제만 알면 그 책에 맞게 놀이 방법을 찾으면 되기 때문이다. 집에서 놀이할 때도 화려하거나 거창한 준비물이 필요한 것이 아니다. 그저 집에 굴러다니는 이면지, 색연필, 풀, 가위 등만 있어도 충분히 독서 연계 활동을 할 수 있다. 그러니 책을 읽는 것이 힘들다는 핑계 대지 말자. 책을 굳이 끝까지 읽지 않고, 그림만 보고 나서라도 독서 연계 활동을 할 수 있다. 그러면 읽었던 책이 기억에 남기도 쉽고 엄마와의 추억이 하나 더 쌓이기 때문이다.

마지막으로 책 읽는 습관을 들이기 위해서 가족 모두가 함께 주말에 도서관이나 서점에 가는 것을 강력히 추천한다. 도서관은 책을 읽는 장소이기도 하지만 책 읽는 문화를 즐길 수 있는 공간이 되기도 한다. 도서관에 가서 꼭 책만 읽지 않아도 된다. 그 근처에 있는 공원에 가서 놀기도 하고, 도시락을 싸가서 먹기도 하고, 근처 식당에 가서 밥을 먹어도 좋다. 도서관이라는 곳은 굳이 공부하지 않아도 되는 재밌는 공간이라는 것을 아이들에게 심어 주기 위해서이다. 그리고 주변 사람들이 책을 읽는 모습을 보면 나도 책을 읽어야겠다는 생각이 당연시되기 때문에 아이들에게 책을 읽으라고 잔소리하지 않아도 된다.

도서관에 가면 책을 읽어 주는 부모님이 많기 때문에 집에서 책을 읽을 여건이 마땅치 않다면 근처 도서관에 자주 가는 것을 추천하고 싶다. 그러면 억지로 책을 읽어 줄 필요도 없고 도서관이라는 장소가 아이들에게는 추억의 장소가 되기 때문이다. 도서관에 갈 때 엄마와 함께 탔던 버스, 도서관 옆 공원, 도서관에서 엄마와 함께 먹던 도시락 등, 도서관을 단순히 책만 읽는 곳이라는 편견을 버리고 주말마다 나들이 가는 장소로 생각하면 훨씬 부담 없이 갈 수 있다.

그리고 도서관은 겨울에는 따뜻하고, 여름에는 시원하기 때문에 주말에 가족들이 함께 갈 장소로 안성맞춤이다. 그러니 엄마도 아빠도 그 시간만이라도 손에서 휴대폰을 내려놓고 아이에게 책을 읽어 주자. 그러다 보면 엄마, 아빠도 읽고 싶은 책이 생기게 되어 양손 한가득 책을 빌려서 집에 오게 될 것이다. 한 명당 5권을 빌릴 수 있으니 우리 집 같은 경우는 25권을 대출할 수 있다. 그래서 빌려 온 25권으로 일주일을 읽고, 그다음 주에 또 다른 25권을 빌려 오면 된다. 도서관 가는 것 또한 습관이다. 도서관을 다니다보면 책을 읽고 빌리는 습관을 자연스럽게 들일 수 있고, 아이들은 책 읽는 것을 당연하게 생각할 것이다. 그러면서 아이들은 읽고 싶은 책이 점점 늘어날 것이고 아이들에게 책을 일부러 읽으라고 말하지 않아도 된다. 그러므로 가족 나들이는 거창하고 꼭 특별한 곳이 아닌 집 근처의 도서관으로 정해라. 도서관 주위에 공원이 있는 곳이라면 더더욱 좋다. 그러면서 자기 지역의 도서관을 투어하고, 그런 다음 전국으로 확대되면 우리 아이는 어느새 도서관 박사가 되어 있을 것이다. 한국의 부모님들이여! 책을 읽는 것에 대해 너무 두려워하지 말자! 물론 이 책을 읽고 있는 당신은 책을 사랑하는 사람 임이 틀림없다.

아이와 함께 주말에 도서관에 가는 것은 단순한 외출 이상의 의미를 지닌다. 주말마다 도서관을 방문하는 작은 습관이 아이의 미래에 큰 긍정적인 영향을 미칠 수 있다는 점에서, 도서관은 아이들뿐만 아니라 가족 모두에게 소중한 공간이다.

2. 아이와 함께 감사일기를 써라

성공하는 사람의 책을 읽게 되면 항상 '매사에 감사하라.'라는 말이 꼭 나와 있다. 나는 그게 처음에는 성공과 감사가 무슨 상관관계가 있는지 몰랐다. 그래도 일단 성공하기 위해서는 필요하다고 하니 한번 따라 해 보기로 했다. 처음부터 감사일기를 쓰는 것은 조금 부담스러워서 모든 생각을 감사하는 마음으로 바꾸는 것부터 시작해 보았다.

예를 들어 아침에 일어났을 경우,

1. 아침에 눈을 뜨고 일어나게 해 주셔서 감사합니다.
2. 따뜻한 잠자리와 가족들이 함께 잘 곳이 있어서 감사합니다.

같은 아주 사소한 감사로 하루를 시작하면 된다.

특히 우리처럼 육아하는 엄마들에게 필요한 것은 아이들이 건강함에 대한 감사이다. 우리는 아이들을 그 자체로 바라보면 감사할 일이 정말 많아진다.

1. '아침에 일어나기도 힘들었을 텐데 학교에 가는 모습이 너무 대견하다.'
2. '오늘 하루도 다치지 않고 무사히 학교를 다녀온 것이 너무 감사하다.'
3. '학원 숙제를 한 문제라도 풀어 주어서 감사하다.'
4. '오늘 하루도 학원을 빠지지 않고 가 주어서 감사하다.'

등 내가 가진 불평을 감사로 바꾸는 연습을 하면 된다. 감사하는 것도 식습관처럼 습관을 들이는 것이다. 지금부터 감사의 습관을 들이지 않으면 항상 아이와 다투며 지내게 되고 고통스러운 나날을 보내게 될 것이다.

사춘기의 아이가 방문을 쾅 닫고 들어갔을 때는 '쟤가 또 왜 저래?' 이런 마음보다는 '우리 아이가 아주 정상적으로 잘 자라고 있구나. 자신의 마음을 표출해 주어서 감사하다.'라고 생각해야 한다.

진짜 과연 우리 아이가 다른 아이와 반대로 사춘기에 자신의 자아를 표출하지 않는다면 그게 과연 정상적인 청소년기 아이의 성장일까? 우리 아이가 미운 4살 때 떼쓰지 않는다면 그게 과연 진정한 4살로 자라고 있는 것일까? 그런 경우에는 4살에 맞는 성장을 해 주어서 정말 진심으로 감사하다고 생각해야 한다.

불평과 감사는 정말 한 끗 차이일 뿐이다. 모든 생각을 감사로 바꾼다면 이 세상에 화나고 불평하는 일은 마음에서부터 멀어질 것이다. 그러니 내가 일상에서 갖고 있던 불만이나 불평을 감사로 바꾸는 연습을 꼭 해 보자.

예를 들어, '왜 아이들은 스스로 숙제를 하지 못할까?'를 '내가 건강한 몸으로 아이와 함께 숙제를 할 수 있어서 정말 기쁘고 감사하다.' 라고 생각해야 한다.

이 세상에는 아이들을 낳았지만, 경제적으로 아이들을 키우기 힘든 상황이거나 신체적으로 불편한 부모도 있다. 그러니 숙제 안 한다고 아이들에게 꾸짖지 말고 내 손과 눈으로 아이를 직접 보고 키우는 것이 얼마나 감사한 일인지 깨달아야 한다. 이혼해서 아이들과 같이 살지 못하는 엄마도 있고, 생업 전선에 뛰어들어야 해서 조부모 밑에 아이들을 자라게 해야 하는 경우도 많다. 그러니 아이를 꾸짖기 전에 나에게 주어진 상황이 얼마나 감사한지 먼저 깨닫는 것이 필요하다.

아이들뿐만이 아니라 남편이나 내 상황도 마찬가지다. '우리 남편은 왜 이렇게 내가 원하는 만큼 돈을 못 벌까?'라는 생각보다 '매일 이렇게 우리 가족을 위해서 고생하는 남편이 있어 너무 감사하다.'라고 항상 생각하고 남편에게 이야기해 주어야 한다. 물론 지금 당장은 경제적인 상황이 나아지지 않을지라도 그 안에서 충분히 행복을 찾도록 노력해야 한다. 그러니 남편의 긍정적인 면을 한번 떠올려 보자.

〈저자의 남편에 대한 긍정〉

1. 맛있는 커피를 잘 만들어 준다.

2. 아이들에게 달고나를 잘 만들어 준다.

3. 아이들의 건강에 신경을 잘 써 준다.

4. 외출하자고 하면 거절하지 않고 잘 나가 준다.

5. 청소를 잘 도와준다.

6. 음식을 잘 챙겨 준다.

7. 애정 표현을 많이 한다.

8. 아이들에게 책을 읽어 준다.

9. 아이들의 이야기를 잘 들어 주려 노력한다.

10. 고기를 잘 굽는다.

이렇게 남편의 장점을 한번 10가지 써 보자.

1. --

2. --

3. --

4. --

5. --

6. --

7. --

8. --

9. --

10. --

다 쓰면 남편에게 꼭 보여 주고 나의 장점도 써 달라고 한번 부탁해 보자.

단, 단점은 쓰지 않는 것이 좋다. 일단 장점으로 칭찬을 많이 한 후에 단점은 한 가지씩 이야기하는 것이 좋다.

옛날이야기 중에 이런 이야기가 있다. 바람과 햇빛이 나그네의 옷을 누가 빨리 벗길 것인지 내기를 했다. 바람이 나그네의 옷을 벗기려고 센 바람을 아무리 불어도 나그네는 더 옷을 꽁꽁 여미며 싸매기만 했다. 하지만 따스한 햇볕이 계속 빛을 쬐어 주니 나그네가 더워서 마침내 옷을 벗었다. 그래서 결국 햇볕이 내기에서 이기게 되었다. 나그네가 걸어가는데 옷을 벗게 하는 것은 바람이 아니라 따뜻한 햇볕이었다. 날씨뿐만 아니라 사람의 마음도 마찬가지이다. 누군가 하는 행동을 불평에서 감사로 바꾸면 그 사람은 장점을 찾게 된다. 그러면 그 사람을 보는 눈이 새로워지고 내가 그 사람을 대하는 태도도 변할 것이다. 그러니 오늘부터 사소한 것 하나라도 상대방을 감사하게 생각하는 습관을 들여 보자.

그리고 이제 감사하는 습관이 들여졌으면 내가 먼저 감사일기를 쓰기 시작하면 된다. 일기라고 해서 매일 쓰지 않아도 좋다. 한 달에 한 번씩이라도 써 보고, 그다음엔 일주일에 한 번, 그다음엔 일주일에 두 번씩 점차 횟수를 늘려나가는 것이다. 특히 아이들과 함께 감사일기를 쓰는 것은 아이들에게 정서적, 사회적 성장에 긍정적인 영향을 미치는 유익한 활동이다. 감사일기는 매일 혹은 정기적으로 자신이 감사하게 생각하는 일들을 기록하는 것으로, 이를 통해 긍정적인 사고방식과 행복감을 키울 수 있다.

감사일기 쓰는 방법

(1) 감사일기 쓰기 시작하기

간단한 노트 준비를 준비한다. 아이가 좋아하는 디자인의 노트를 준비하거나, 직접 꾸미는 시간을 가지며 감사일기 쓰기에 대한 재미를 유도 하는 것이 중요하다.

(2) 일정한 시간 정하기

하루 중 일정한 시간을 정해 감사일기를 쓰는 습관을 만든다. 예를 들어, 저녁 식사 후나 잠자기 전이 적당한 시간이다. 아이 혼자 쓰게 놔두는 것보다는 부모님과 아이들이 정해진 시간에 함께 쓰는 것이 바람직하다.

(3) 감사할 일 찾기

작은 일부터 시작: "오늘 먹은 맛있는 음식", "친구가 웃어 준 일"처럼 작고 사소한 일에도 감사하는 마음을 가지도록 돕는다.

질문 활용: "오늘 가장 기뻤던 순간은 언제니?", "누군가 너에게 잘해 준 일이 있었니?"와 같은 질문으로 아이가 감사할 일을 떠올릴 수 있도록 유도한다.

감정 표현 연습: 그 일이 왜 감사했는지와 어떤 감정을 느꼈는지 표현하도록 격려한다.

(3) 창의적 요소 추가

① 그림 그리기: 감사한 일을 그림으로 그리거나 색칠하도록 한다.

② 스티커 활용: 감사일기에 스티커, 사진, 작은 장식 등을 붙여 꾸미는 활동을 추가하면 흥미를 높일 수 있다.

③ 감사 주제 선정: 특정한 날에는 "가족에게 감사한 점", "자연에 감사한 점"처럼 주제를 정해 작성해 보는 것도 좋다.

(4) 일관성 유지

① 꾸준함 강조: 매일 쓰는 것이 가장 좋지만, 주 2~3회라도 꾸준히 이어가는 것이 중요하다.

② 부담 줄이기: 1~2가지 간단한 감사한 일을 적는 것으로 시작해 점차 확장한다.

③ 칭찬과 격려: 아이가 감사일기를 쓸 때마다 칭찬해 주며 긍정적인 피드
백을 준다.

감사일기를 쓰는 장점

(1) 긍정적인 사고방식 형성

감사일기를 쓰는 과정에서 아이는 하루를 긍정적으로 돌아보는 습관을 기르게 된다. 이는 어려운 상황에서도 긍정적인 면을 찾으려는 태도를 길러주며, 낙관적인 사고방식을 형성하는 데 도움을 준다.

(2) 정서적 안정감 향상

감사한 일을 떠올리고 기록하는 활동은 스트레스를 완화하고 마음의 평화를 가져다준다. 아이는 자신의 삶에서 좋은 점을 인식하며 정서적으로 안정감을 느낄 수 있다.

(3) 자존감 향상

감사일기를 통해 아이는 자신의 삶에 긍정적인 요소가 많다는 것을 깨닫게 된다. 이는 아이가 자신을 소중히 여기고, 스스로를 긍정적으로 평가하는 데 도움을 준다.

(4) 사회적 기술 발달

감사일기를 쓰면서 아이는 타인에게 감사하는 마음을 가지게 된다. 이는 자연스럽게 배려심과 공감 능력을 키우고, 친구나 가족과의 관계를 더욱 돈독히 만들어 준다.

(5) 문해력과 표현력 향상

감사일기를 쓰는 과정에서 아이는 자신의 생각과 감정을 글로 표현하는 연습을 하게 된다. 이는 문해력과 표현력을 발달시키는 데 중요한 역할을 한다. 또한, 다양한 어휘를 익히고 사용하는 기회가 된다.

(6) 스트레스 관리 능력 강화

감사일기를 쓰는 동안 아이는 자신의 하루를 돌아보고, 긍정적인 경험에 집중하게 된다. 이는 스트레스를 해소하고 부정적인 감정을 다스리는 데 효과적이다.

(7) 가족 간의 유대감 강화

부모와 함께 감사일기를 쓰는 시간은 가족 간의 유대감을 강화하는 데 큰 도움이 된다. 서로의 감사한 점을 공유하며 대화를 나누는 과정에서 가족 구성원 간의 이해와 신뢰가 깊어진다.

(8) 행복감 증진

감사일기를 쓰는 습관은 아이의 전반적인 행복감을 높이는 데 기여한다. 연구에 따르면, 감사하는 마음은 행복감을 증대시키고 삶의 만족도를 높이는 데 중요한 역할을 한다.

(9) 문제 해결 능력 향상

감사일기를 쓰다 보면 아이는 어려운 상황 속에서도 긍정적인 면을 찾는 법을 배우게 된다. 이는 문제 해결 능력을 키우는 데도 도움이 된다.

(10) 자연스러운 자기 성찰 습관 형성

감사일기를 쓰는 과정에서 아이는 자신의 하루를 돌아보며 성찰하는 습관을 기르게 된다. 이는 자신을 더 잘 이해하고, 성장하는 데 중요한 기초가 된다.

이로써, 감사일기를 쓰기 시작하면 우리의 삶에 긍정적인 변화가 찾아온다. 이는 사고방식과 정서적 안정, 대인관계, 건강, 그리고 전반적인 삶의 질에 이르기까지 다양한 영역에서 나타난다. 감사일기를 쓰는 것은 작은 습관이지만, 이는 행복하고 의미 있는 삶을 살아가는 데 강력한 도구가 될 수 있다. 그러므로 감사일기를 꾸준히 쓰는 과정을 통해 삶에서 더 많은 기쁨과 만족을 발견할 수 있을 것이다.

내가 감사일기를 쓰고 나서 가장 많이 바뀐 점은 어떠한 나쁜 일이

나에게 일어나도 마음이 한결 편해졌다는 것이다. 살면서 내가 원하지 않았던 일이나 불편한 일이 일어날 수도 있고, 계획에 어긋나는 일이나 직장에서 힘든 일이 올 수도 있다. 하지만 그런 힘든 일들을 감사의 관점으로 바라보기 시작하면, 결국 그런 일들조차 내게 꼭 필요했던 상황이었다고 생각하게 된다.

'이 불편함 속에도 분명 배움이 있겠지.'라고 마음먹으며, 같은 실수를 반복하지 않도록 나 자신에게 배움의 기회를 준 것이라 생각하게 되었다. 그리고 남들과 비교하는 일이 많이 줄었다.

예전에는 '남들은 이것도 하고, 저것도 하는데…' 하며 남들의 상황만 바라봤다. 그렇게 비교에만 몰두하면 평생 초라하게 느끼며 살 수밖에 없다. 설사 남들만큼 갖게 되더라도 만족하지 못하고, 오히려 더 욕심을 부리게 될 것이다.

하지만 감사하는 마음을 갖게 되면서부터 내면이 점점 풍성해졌고, 남의 인생에는 자연스럽게 관심이 줄어들었다.

가끔은 SNS를 일주일쯤 쉬어도 괜찮다. 그 시간 동안 오히려 내가 집중할 수 있는 일에 몰입하게 되고, 일상 속 모든 순간에서 감사함을 느낄 수 있게 된다. 그러다 보면 내가 진짜 무엇을 좋아하는지도 알게 되고, 나 자신에 대한 자존감도 조금씩 높아질 것이다. 불평은 사실 외부에서 오는 것이 아니다. 내가 그 상황을 어떻게 해석하느냐에 따라, 스스로 불만스럽게 느끼는 것일 뿐이다. 그러니 오늘 힘들었던 일이나 화가 났던 일도 잠시 멈추어 감사함으로 바꿔 보자.

그렇게 마음을 바꾸는 연습을 하다 보면, 어느새 그 힘듦을 견딜 힘이 내 안에 생겨날 것이다.

3. 아이와 함께 좋아하는 운동을 만들어라

"밑에 아저씨가 쉬니까 뛰지 말자."

"오늘은 시간이 늦었으니 그만 뛰자."

우리가 3층에 10년째 사는데도 아이들에게 이 말을 매일하면서 산다. 아이들은 뛰는 것을 원래 좋아하고 움직이는 것을 좋아한다. 밖에서 6시간이나 축구를 해도, 아이스링크장에서 온종일 스케이트를 타도 지칠 줄을 몰랐다. 아이들이 뛰고 노는 것은 인간의 본능 중에 하나다. 아이들이 집에서 뛰어다닐 수 있는 조건이 안된다면, 아이들이 어릴 때만이라도 1층이나 주택에서 사는 걸 고려해 보는 것이 좋다. 아이에게도, 부모에게도 스트레스를 주지 않고, 서로 편안한 선택이 될 수 있기 때문이다. 요즘은 대부분 아파트에 거주하다 보니, 아이들에게 '뛰지 마.', '조용히 해.' 같은 억압적인 말을 자주 하게 된다. 하지만 단독주택에 사는 것도 쉬운 일이 아니기 때문에, 거실에 두툼한 매트를 까는 일이 이제는 흔한 일이 되었다.

아이들이 뛰는 것을 좋아하니 미니 트램펄린을 집에 설치해 주기도 했다. 집이 넓으면 트램펄린도 설치하겠지만 또 집이 좁으면 그마저 여유가 되지 않는다. 그래도 나는 아이들이 어렸을 때는 지방에서 사는 한이 있더라도 조금 넓고 저층에서 사는 것을 권장하고 싶다. 물론 아빠의 직장은 멀어질 수도 있다. 하지만 어른들은 불편함을 어느 정도 감내할 수 있는 힘이 있다.

반면 아이들은 작은 환경 변화에도 예민하게 반응하고, 뛰는 것을 잘 참지 못하기 때문에 아이들이 편안하게 지낼 수 있는 공간을 만들어 주는 것이 무엇보다 중요하다. 그래서 초등학교 저학년까지는 아빠가 고생하더라도 아이들이 조금 넓은 곳에서 생활하는 것이 좋은 것 같다. 학령기가 되면 오히려 집이 좁아져도 괜찮다. 집에서 편하게 공부할 공간만 있으면 되니 말이다. 그래서 집은 처음에 적게 투자하더라도 가능한 한 넓은 공간으로 선택하는 것이 좋다. 물론 집값은 가게 수준에 맞춰 고려해야 한다. 출퇴근 시간이 멀더라도 아이가 있을 공간, 엄마가 있는 공간은 되도록 넓고 여유로운 곳이라면 좋다. 특히 아내가 어린아이를 돌보는 주부라면 더더욱 그 공간이 넓어야 한다. 왜냐하면 아이들을 키울 때 거실이 좀 넓어야 엄마가 마음이 편하기 때문이다.

나는 신혼부부나 어린아이가 있는 자녀들을 키울 때는 애써 투기과열 지구에 살거나 새집에 들어가는 것을 추천하지 않는다. 딩크족처럼 아이들을 낳지 않을 경우에는 새집에 들어가는 것이 좋지만 만약에 아이들을 낳을 생각이 있는 부부들은 경제적 여유가 된다면 집값이 오를 만한 곳에 집을 사고 조금 오래된 집이더라도 넓은 집을 선택하기를 바란다. 왜냐하면 아이들을 키우면 어차피 집은 깨끗하게 쓸 수가 없다. 만약 처음부터 부부가 새로운 집에 살거나 값비싼 전자제품을 사게 되면 아이들에게 집안을 깨끗하게 사용하기를 강요할 수 있기 때문이다.

나는 오래된 전셋집에 살고 있지만 아이들이 벽에 그림을 그리고 싶어할 때는 그냥 그리게 내버려 두었다. 이사 나갈 때 도배 비용만 들어갈 뿐 아이들에게 자유롭게 낙서할 기회를 주기 때문이다. 가전제품이나 책상도 너무 비싼 걸 사 주면 안 된다. 나는 당근마켓으로 중고 책상, 중고 책장을 샀기 때문에 아이가 그 책상에서 무엇을 갖고 놀든지 간에 크게 신경을 안 쓴다. 책장도 마찬가지이다. 책장을 옮길 수 있는 상황이라면 최대한 저렴한 걸로 사는 것을 추천한다. 비싼 책장은 별로 쓸모가 없기 때문이다. 비싼 물건을 구매해도 나중에는 헐값이 되는 경우가 많다. 특히 아이들 책은 어릴 때만 많이 필요하고 중학교 때부터는 교과서와 문제집만 있으면 충분하기 때문이다. 아이들이 어릴 때 집을 최대한 놀이 공간으로 이용하기 위해서는 새집을 추천하지 않고 전자제품도 너무 오래된 것이 아니라면 저렴한 것을 구매하기를 추천한다.

또 아이들을 키울 때 최신상 키즈카페만을 가지 않아도 된다. 요즘에는 공공기관에서 무료로 이용할 수 있는 곳도 많고, 1,000~5,000원 사이의 금액으로 아이들과 놀 수 있는 공간이 많아졌기 때문이다. 그래서 예약만 잘한다면 아이들과 공공기관이 운영하는 키즈카페를 방문해 보아도 좋다. 거기에는 대부분 장난감 대여소도 같이 있어서 무료로 장난감을 대여할 수도 있다. 또 아이스링크장 같은 경우는 시간제한이 없어 한 번 들어가면 계속 탈 수 있고, 집 근처 공원은 항상 열려 있으니 꼭 비싼 돈을 쓰지 않더라도 아이들과 잘 놀 수 있는 방법이 많이 있다. 여름에는 같이 물총을 가지고 산에 가도 좋다.

나는 서울이라 하늘공원, 집 근처 용왕산(목동), 우장산(화곡동) 등 주위 공원에도 아주 많이 다니는 편이다. 집 주위를 둘러보고 아이들을 최대한 자연에서 많이 놀 수 있도록 해 주어야 한다.

그리고 주말에 하루는 도서관, 하루는 신체활동 하는 것을 권하고 싶다. 토요일 하루는 도서관에서 책을 읽었다면, 일요일 하루 정도는 아이들과 함께 밖에서 놀아 주어도 좋다. 아이들은 부모님과 함께 노는 것을 좋아하기 때문이다.

자녀에게 수영을 가르치고 싶을 때,

"요즘 아이들이 수영한다는데 너도 배울래?"라고 말하면 흔쾌히 배우려 하지 않는다. 그래서 밖에서 하는 신체활동 이외에 숙련된 수업을 받고 싶다면 부모님도 함께 배우는 것이 아이들에게는 배움의 동기부여가 된다. 나는 아이들과 함께 수영도 배우고 피아노도 같이 배웠다. 물론 그때는 그 비용이 경제적으로 부담이 될 수도 있다. 하지만 내가 어떤 종목을 가르치고 싶었는데 아이가 스스로 배우지 않겠다고 하면 한 달 정도 함께 등록해서 배우고 그 종목에 재미를 붙여 주는 게 좋다. 방학을 이용하거나 주말을 이용하면 더 좋다. 나는 새벽에 일어나서 운동하는 것을 좋아하는데, 일찍 일어나면 아이들과 함께 종종 동네 산에 오르기를 함께 했다. 아이들이 좋아하는 음료와 축구공을 챙겨 한두 번씩 나갔더니 다음에 일찍 일어나서 같이 가자고 먼저 이야기를 하는 것이다. 아이에게 무언가를 요구하기 전에, 부모가 먼저 실천하는 모습을 보여 주거나 아이와 함께 해 보는 것이 가장 효과적이다.

아이는 말보다 행동으로부터 부모에게 더 많은 것을 배운다. 서울대나 유명한 대학교를 보낸 부모님 중에서는 아이와 매번 도서관에 함께 가서 고3 때까지 같이 옆에서 공부하거나 시간을 같이 보낸 분들도 있다. 그러므로 아이가 공부하지 않는 것에 대해 잔소리할 필요가 없다. 부모가 공부하기 싫으면 아이들도 공부하기 싫을 것이다. 그러니 공부를 잘하는 아이로 키우고 싶으면 내가 먼저 공부하면 되고, 사업을 잘하는 아이로 키우기 위해서는 내가 사업하는 것을 가르치면 된다. 공부, 미술, 체육 등 어떤 영역이든 아이들마다 자신만의 재능이 있다. 다만 그것이 드러나는 시기나 방식이 다를 뿐이다.

자신의 유년 시절을 생각해 보거나 남편의 유년 시절을 함께 이야기해 보는 시간을 가져 보자. 아이들이 유전적으로 어느 것에 더 흥미를 느끼는지 더 잘 보일 것이다. 내가 예전에 공부하는 것을 좋아했다면, 아이들 역시 공부를 좋아할 가능성이 있다.

결국, 공부든 체육이든 어느 정도 재능은 타고난 경우가 많다는 말이다. 노래에 재능이 없는 아이에게 억지로 노래를 배우게 한다고 타고난 재능이 변할까? 노력으로 되는 것은 결국 한계가 있다. 그래서 부모는 아이가 가는 길에 끝까지 함께 발맞추어 노력하거나, 아이의 재능을 미리 발견해 그에 맞는 진로를 찾아 주는 것이 바람직한 모습이다.

그리고 도서관에 가면서 주위에 있는 공원을 미리 검색해서 찾아가는 것도 하나의 방법이라고 생각한다. 토, 일 중 하루는 그냥 집에서 쉬고 싶다면 나머지 하루는 함께 외출하는 것이다. 만약 공원이 근처에 있는 도서관을 택한다면 도서관에서 오전에 책을 읽거나 숙제를 하고, 점심 도시락은 싸가서 공원에서 먹거나 도서관 식당을 이용하면 된다.

도서관에서 집에서 싸 온 도시락을 먹다 보면, 그게 습관이 되어 어느새 식당 밥보다 더 맛있게 느껴질 때가 있다. 그래서 나는 도서관에 갈 때 컵라면 두 개와 밥을 싸간다. 그러면 집에서 못 먹던 라면도 먹을 수 있고, 배도 채울 수 있어 도서관에 가는 것 자체를 아이들이 즐기게 된다. 그래서 점심을 해결한 후에 아이들이 뛰어놀 수 있는 시간과 공간만 제공해 준다면 아이들은 그날만을 손꼽아 기다릴 것이다. 어떤 일이든 억지로 시키는 방법도 있지만, 자연스럽게 좋아하도록 만드는 것이 훨씬 더 좋은 방법이다.

처음에는 아이들과 할 수 있는 산책이라도 먼저 시작하자. 봄에는 예쁜 꽃이, 여름이면 푸르른 나무가, 가을에는 알록달록한 낙엽이, 겨울에는 눈사람이 우리를 기다리고 있을 것이다. 꼭 거창한 운동이 아니라도 좋다. 준비물은 운동화와 물 한 병만 있으면 된다. 그러니 이번 주말에라도 당장 도서관과 공원을 방문해 보자. 좋아하는 간식과 함께 말이다. 이때는 남편이 좋아하는 간식도 꼭 준비하기를 바란다.

4. 아이와 함께 집안일을 해라

"하민아, 설거지 좀 할래?"

"내가 왜, 나 설거지할 줄 몰라."

혹시 아이에게 집안일을 부탁해 본 적이 있는가? 요즘 아이들은 할 수 있는 집안일도 없고, 엄마를 도와 같이해야 하는 줄도 모른다. 혹시 시키기라도 하면 당연히 집안일은 엄마의 일인 듯이 여긴다. 특히 어리면 어릴수록 아이에게 집안일을 돕도록 부탁하라. 그래야 자라면서 집안일을 하는 것이 당연한 일인 줄 안다. 첫째가 4살 때 설거지를 해보겠다고 하기에 시켜 본 적이 있다. 그런데 웬걸 설거지를 너무 잘하는 것이었다. 그때 찍은 영상은 아직도 간직하고 있는데 너무 신기할 따름이었다. 그 이후에는 아이가 물도 많이 흘리고 그릇이 깨질 것 같아 많이 시키지는 않았다. 시간이 5년쯤 흘렀을까, 이제는 제법 키도 커서 아이에게 설거지를 시키니 자기가 왜 해야 되냐며 도리어 나에게

화를 냈다. 과연 아이들을 이렇게 키워도 될까? 너무 많은 풍요로움 속에서 우리가 진짜 해야 할 것을 잊은 것은 아닐까 걱정이 되었다.

밥먹고 설거지하는 일은 집안일의 기본 중 기본이다. 엄마가 식사를 준비했다면, 아이들에게는 수저를 놓거나 반찬을 꺼내는 등의 간단한 일을 맡기는 것이 좋다.

특히 수저처럼 깨지지 않는 안전한 물건을 놓게 하는 일은 아이가 처음 경험하기에 가장 쉬운 일이다. 그렇게 아이들은 식사 자리에서 수저를 놓는 연습부터 시작해야 한다.

조금 더 자라면, 그다음에는 반찬 그릇을 꺼내는 일을 부탁해 볼 수 있다. 이런 일들은 원래 어릴 때부터 자연스럽게 엄마가 해오던 것들이라, 아이에게는 명령보다는 "같이 하자.", "이거 좀 해 줄래?" 같은 청유형 표현으로 말하는 것이 좋다.

그렇게 말하면 아이들도 부담 없이 받아들이고, 쉽게 거절하지 않게 된다.

"○○야, 밥 준비할 때까지 수저 좀 놓아 줄 수 있어?"같이 부탁하는 말로 해야 한다.

만약에 아이가 잘 들어 주었다면 특급 칭찬을 해 주어야 한다.

"우리 ○○이가 잘 도와줘서 엄마가 정말 너무 기분이 좋아,"라든가,

"엄마를 도와주는 사람이 있다니 너무 행복하다."라는 표현을 해 주면 좋다.

그러면 아이들은 '이게 엄마를 기쁘게 하는 일이구나.' 하고 느끼며,

다음에는 더 열심히 도우려 할 것이다. 그래서 아이들이 기본적인 일은 스스로 해낼 수 있도록 여건을 마련해 주는 것 또한 부모의 중요한 역할이다.

그러면 집 안에서 쉽게 도울 수 있는 집안일 중에는 뭐가 있을까?

1. 신발 정리
2. 화분에 물 주기
3. 자신의 옷 제자리에 걸기
4. 입고 온 옷 빨래통에 넣기
5. 물통, 수저통 꺼내서 싱크대에 넣기
6. 식사 전 수저 놓기
7. 식사 후 그릇은 싱크대에 넣기
8. 동생 씻기기
9. 자기 양말 개기
10. 빨래 널어 주기

등 스스로 할 수 있는 기본적인 집안일이 엄청 많다.

나는 샤워 후에 화장실 청소를 하는데 아이들이 이것을 보고 본인들이 화장실 청소를 하겠다고 나선다. 아이들에게 청소하는 것을 집안일이라고 생각하지 말고 놀이라고 생각하면 된다. 요즘 우리나라 엄마들은 아이들의 책가방도 싸 주고, 학원 가기 전에 도시락도 먹여 주고, 신발과 옷을 드라이클리닝 가게에 맡겨 버린다.

부모가 진정으로 고민해야 할 일은, 자녀가 성인이 되기 전에 어떻게 독립할 수 있는지를 같이 고민하고 도와주는 것이다. 하지만 요즘 부모들은 오로지 공부만을 위해서 앞을 보고 달려가는 것 같다. 하지만 공부보다 더 중요한 것은 기본을 충실히 다지는 것이다. 나 같은 경우, 아이가 수저통과 물통을 스스로 꺼내 놓지 않으면 씻어 주지 않았다. 그다음 날 수저통을 열었을 때, 씻겨지지 않은 수저를 가져가 보는 경험을 하게 해 주어야 한다. 그럼 본인이 깨끗한 수저로 먹기 위해서는 가방에서 수저통을 꼭 꺼내어 놓아야 한다는 사실을 기억해야 한다. 나는 아이가 4살 때부터 그렇게 교육을 시켰다. 아이들에게는 백 번 잔소리하는 것보다 한 번 직접 겪게 해 주는 것이 훨씬 더 기억에 남는다.

실내화를 씻어 가야 하는 날도 마찬가지다. 본인이 깨끗한 실내화를 신고 싶으면 샤워할 때 같이 씻으라고 실내화를 화장실에 넣어 준다. 이때 부모는 깨끗하게 빨든 지저분하게 빨든 신경 쓰지 않아야 한다. 본인 스스로가 실내화를 빠는 경험을 해 보아야 나중에 운동화도 빨고 실내화도 빨고 슬리퍼도 빨 수 있는 능력치가 쌓이기 때문이다. 아이들에게는 잔소리같이 들려도 청소하고 세탁하는 것은 부모가 습관들이기 나름이다.

선생님들은 아이들의 사물함만 열어 보아도 이 아이의 집안 상태가 깨끗한지 지저분한지 보인다고 한다. 일단 주위 환경이 깨끗해야 공부도 잘하고 집중력도 높아진다. 이제부터 집안일을 할 때는 더 이상 엄마 혼자 하지 말길 바란다. 일주일에 한 번 날짜를 정해서 가족 모두가 함께 청소하는 날로 정하고, 설거지도 요일별로 당번을 정해서 돌아가면서 해야 한다. 일주일에 한 번은 아빠가 요리도 하고, 설거지도 하면 좋다. 그러면서 아이들도 직접 요리하고 설거지하는 것을 배워야 한다. 혹시라도 집 밖에서 생활하면 요즘 아이들은 아무것도 하지 못한다. 왜냐하면 집에서 아무것도 해 보지 않았기 때문이다. 우리 첫째는 2학년 때부터 우리 가족들에게 오므라이스를 해 주기 시작했다. 볶음밥을 만들어서 그 위에 달걀을 풀어서 올려 주었다. 그러면 부모님은 그때 아이에게 특급 칭찬을 해 주어야 한다. 그 아이가 고사리손으로 정성스럽게 만든 음식이 얼마나 맛있을까.

'엄마는 매일 가족의 밥을 준비하기 때문에 밥을 제대로 먹지 못한다.'며 우리 아이가 나에게 직접 만들어 준 음식이었다. 나는 그 말을 듣는 순간 너무 감격을 했다. 아이가 공부를 잘하는 것도 중요하지만, 공부보다 우선인 것은 집안일을 돕는 마음과 자기 주위 환경을 깨끗하게 하는 것이다.

또 내가 학생들을 가르치다 보면 자기 책가방 안에 도대체 뭐가 들어 있는지 모르는 아이들이 많다. 요즘 초등학생은 교과서를 들고 다니지 않기 때문에 집에 가서 가방을 열었는지 안 열어 보았는지도 모른다. 엄마들은 아이의 가방을 꼭 체크해서 필요 없는 물건들은 같이 버리고 정리하는 습관을 들여야 한다. 심지어 학생이 필통까지 사물함에 넣고 다니는 경우도 보았다. 요즘 숙제가 아무리 없다고 하지만 적어도 연필 정도는 스스로 깎게 하는 연습을 하자. 지우개도 잃어버렸으면 다시 챙겨야 하고 가방 안에 쓰레기가 있으면 버릴 줄도 알아야 한다. 또한 밖에서 먹은 간식 쓰레기는 엄마와 같이 점검하며 매일매일 버려 주어야 한다. 처음에 엄마가 가방을 깨끗이 하는 습관을 같이 들여 주지 않으면 성인이 되어서도 가방이 지저분할 확률이 높다. 그러니 유치원 다닐 때부터 3년 동안 엄마와 같이 연습하고 초등학교 때부터는 스스로 깨끗한 가방을 들고 다닐 수 있도록 반드시 지도해야 한다. 왜냐하면 학교에서 가방을 정리하는 것까지는 가르쳐 주지 않기 때문이다. 적어도 우리 아이가 필통은 갖고 다니는지, 필통 안에 연필은 깎았는지는 엄마가 꼭 알기를 바란다. 그것도 정리 습관 중 하나로 자리 잡을 수 있기 때문이다.

가정에서 만들어진 습관과 태도는 학교에 가서도 반드시 연결된다. 가족이 함께 청소하면, 집도 깨끗해지고 서로의 삶에 조금씩 가까워진다. 자연스럽게 집안일에 익숙해지고, 물건의 위치도 알게 되면서 엄마를 찾는 일이 줄어든다.

결국 '함께하는 시간'이 늘어날수록 가족 서로서로를 배울 수 있는 시간이 많아진다. 남편도 주방 일을 많이 하다 보면 주방에 있는 게 어색하지않고 나를 찾는 일이 줄어들 것이다. 이렇게 집안일에 가족이 함께 참여하면, 더 이상 혼자만 일하고 있다는 외로운 생각이 들지 않는다. '같이 한다.'는 마음이 들면, 엄마의 자존감도 지켜지고, 집안일도 더 즐겁게 느껴진다.

그러니 엄마의 일이라고 생각했던 일을 가족 구성원들과 함께하는 습관을 들여야 한다. 어차피 인간은 청소를 안 하고 살 수는 없다. 나는 항상 집을 정리하는 것에 대해 연구를 많이 하고, 아이들과 같이 청소하려고 노력한다.

여기에서 한 가지 중요한 포인트는 아빠의 집안일 참여도이다. 아무리 엄마가 열심히 해도 아빠가 같이하지 않으면 엄마의 노력이 무용지물이 된다. 그러니 가족 구성원 모두가 집안일에 참여해야 한다. 그래야 아이들이 성인이 되어서도 청소는 남자, 여자 구분 없이 같이하는 것이라는 인식이 생기기 때문이다. 특히 무거운 짐이 있을 때, 아들에게 칭찬해 주며 들어 달라고 부탁해 보자. 칭찬은 고래도 춤추게 한다는 말이 있지 않은가?

우리 아들은 7살부터 꼭 쓰레기를 버릴 때 같이 버려 준다. 그리고 나서는 힘이 우리 집에서 가장 세다고 칭찬해 주고 역시 넌 엄마를 도와주는 대단한 7살이라고 칭찬해 준다. 아빠가 집안일을 했을 때도 굉장히 멋진 남편이라고 꼭 칭찬해야 한다. 그러면서 나를 도와줄 수 있는 사람이 많다는 것을 생각하고 스스로의 가치를 높이게 되면 집안일을 할 때도 스트레스를 덜 받고 즐겁게 할 수 있을 것이다. 그러므로 집안일은 다 같이 하는 것이 모두를 위해서 좋은 일이다.

5. 아이와 함께 일찍 일어나라

'일찍 일어나는 새가 먹이를 잡는다.'는 속담은 한 번쯤은 다 들어 본 문장일 것이다. 그런데 지금 이 AI 시대에도 일찍 일어나는 것이 중요 하냐고? 당연히 중요하다.

일찍 일어나서 하루를 미리 준비하는 것은 사회생활 중 가장 기본 중 의 기본이다. 아무리 디지털 시대라고 주장하지만 인간이 일찍 일어나 서 명상하고 운동하는 것은 하루의 시작 전 몸과 마음을 다잡는 일이라 고 할 수 있다. 이렇듯 아침에 다른 사람보다 일찍 기상하는 습관을 들 이면 장점이 많다.

만약 학생이라면, 일찍 일어나서 학교 가기 전 자신의 루틴을 하나 설정하면 좋다. 예를 들어, '아침에 산책을 하고 학교에 간다.' 또는 '책 을 한 쪽 읽고 학교에 간다.'와 같은 학교 가기 전 일정을 하나 만드는 것이 좋다.

이런 습관은 나중에 성인이 되어서도 이어진다. 성인이 되어 회사에 가기 전에도 스스로 무언가를 실천할 수 있는 힘이 길러지는 것이다. 어떤 일을 할 때도 헐레벌떡하는 습관보다 먼저 준비하는 습관을 가질 수 있는 사람으로 성장하게 된다. 일찍 일어나는 사람은 부지런하고 성실하게 살아갈 준비가 되어 있는 사람이다. 물론 게으르면서 성공하는 사람도 있긴 하다. 하지만 부자가 되거나 성공한 사람들 대부분 새벽에 일찍 일어나 하루를 시작하고 하루를 일찍 마무리한다. 그렇게 되면 저녁에 일찍 잠들고, 자연스럽게 아침에 일찍 일어나게 된다. 아침에 일찍 일어나 계획했던 공부나 업무를 하나라도 미리 해 두면, 오후에 해야 할 일이 줄어든다. 그만큼 공부나 일에 대한 부담도 훨씬 덜 수 있다.

특히 나는 아침에 일어나서 새벽 운동을 하는 것을 추천한다. 운동은 좋아하는데 낮에 운동하게 되면 햇빛을 과도하게 받아 피부에도 좋지 않은 영향을 끼친다. 밤에 운동하는 것은 귀찮기도 하고, 위험해서 잘 하지 않게 된다. 남자들은 밤에 운동을 해도 괜찮지만, 여자들은 밤에 밖에서 운동할 때 조심해야 하므로 새벽에 운동하는 것을 추천한다.

그리고 새벽 운동 후 샤워하는 것이 두뇌를 깨우는 데 엄청 좋다고 한다. 뇌를 깨우기 위해서 일부러라도 새벽 샤워를 하는 사람들도 있는데 운동 후 샤워를 하면 몸이 엄청 개운해지고 가벼워진다. 그래서 나는 일찍 일어나서 새벽 운동하는 것을 좋아한다. 또 자고 일어나서 공복에 운동하면 칼로리를 더 많이 태울 수 있어 다이어트에도 효과적이다. 아이들은 근육 발달과 유연성 발달에도 도움이 되기 때문에, 가볍게 스트레칭만이라도 하는 것을 추천한다.

하루의 중요한 일을 아침에 일찍 일어나서 할 때 집중력이 가장 높다고 한다. 그래서 아침 시간을 잘 활용하는 습관이 중요하다. 만약 그 전날 풀리지 않았던 일이나 숙제 등을 아침에 일어나서 다시 생각해 보면 문제의 실마리가 해결되기도 하고, 새로운 아이디어가 샘솟기도 한다. 너무 과도하게 일찍 일어나는 건 오히려 피로를 줄 수 있지만, 우리나라 교육 현실을 생각하면 새벽 시간에 운동이나 독서 같은 자기만의 루틴을 만드는 것이 아이의 성장에 긍정적인 영향을 줄 수 있다. 특히 아침은 새로운 정보를 받아들이고 기억하는 데 가장 좋은 시간으로 알려져 있으므로 아침 시간을 이용하여 배우고 있는 것들을 복습하거나 예습하는 시간으로 정해 두면 좋다.

그리고 엄마 혼자 일찍 일어나서는 안 되고 아이를 먼저 혼자 일찍 일어나게 해서도 안 된다. 이 책에서 나온 방법들은 모두 아이와 엄마가 함께 해야 이루어지는 것들이다. 한 번에 습관을 바꾸기보다는 점차 시간을 앞당겨서 일어나는 연습을 하면 좋다.

원래 7시 30분에 일어나는 아이라면, 첫째 주는 7시 20분에 알람을 맞춰 놓고 일어나게 한다. 그리고 그 짧은 10분 동안에 할 것을 미리 정해 놓아야 한다. 예를 들어 책 3장 읽기, 아니면 피아노 한 곡 연습하기, 스트레칭하기 등 5~10분 정도에서 할 수 있는 활동을 정해야 한다.

그리고 2주차에는 7시 10분에 일어날 수 있게 알람을 맞춰 놓는다. 1

주차에 했던 양을 두 배로 늘리기만 하면 20분 동안 할 일이 어렵지 않게 정해진다. 3주차에는 7시에 일어날 수 있도록 알람을 맞춰 놓고 7시에 일어나는 것을 2개월 동안 연습한다. 그리고 7시에 일어나는 것이 자연스러워지면 또 10분을 더 당겨 6시 50분에 일어나도록 연습해야 한다. 저학년이라 일어나는 것이 어렵다면 취침 시간을 당기는 것을 고려해야 한다. 취침 시간은 당기지 않고 기상 시간만 앞당기는 것은 아이에게 무리가 될 수도 있다. 그러므로 일단 취침 시간과 기상 시간을 앞당기는 연습을 하게 되면 주어진 24시간을 훨씬 효율적으로 이용할 수 있다. 시간은 금이다. 돈보다 더 중요한 시간을 어떻게 쓰느냐에 따라 아이의 인생과 나의 인생이 달려 있다.

세 살 버릇 여든 간다고 어릴 때부터 부모님이 어떤 습관을 들여 주느냐에 따라 아이의 인생이 바뀌기도 한다. 아침 시간을 활용하게 되면 내가 일찍 일어났다는 성취감도 스스로 느낄 수 있다. 아침에 일찍 일어나 여유롭게 준비하면 학교에 지각할 일도 줄어들고 스스로 시간을 관리하는 경험을 통해 자신감이 높아진다. 자신감이 높아지면 학교생활도 더 적극적으로 참여하게 되므로 처음부터 지각하지 않는 습관을 길러 주는 것이 중요하다.

일찍 일어나는 습관 하나로 하루의 생활은 물론, 인생 전체가 바뀔 수도 있다. 일찍 일어나는 게 별로 중요하지 않다고 말하는 사람들도 있지만, 나는 그 습관이 결국 삶의 태도와 결과를 바꾼다고 생각한다.

내가 추천하는 새벽 루틴은 이렇다. 일주일 중 주 3일은 가벼운 스트레칭, 나머지 3일은 독서를 한다.

일요일은 선택의 날로, 일찍 일어나도 좋고, 늦잠을 자도 괜찮다. 그러면 일찍 일어나라고 아이들을 아침마다 깨울 일도 없고 스스로 필요한 준비물을 챙기는 시간이 생겨 준비물도 잊지 않고 잘 챙기게 될 것이다. 특히 이런 아침 자투리 시간은 워킹맘에게 꼭 필요하다. 퇴근 후 저녁을 먹고 숙제를 하려면 항상 시간이 부족해 헐레벌떡 움직이게 된다. 그래서 10분 만이라도 일찍 일어나 엄마와 함께 차를 마시며 이야기를 나누는 시간을 갖길 바란다. 남편이 바쁘다면 남편과 아침에 이런 시간을 가져도 좋다. 이러한 시간은 아이와 부모 간의 유대감을 강화하고, 아이가 정서적으로 안정감을 느끼는 데 큰 도움을 준다. 그러면서 엄마와 정서적 교류도 하게 되고, 이런 시간이 쌓이게 되면 사춘기를 훨씬 수월하게 지나갈 수 있다. 그러니 지금부터라도 아이들과 함께 5분이라도 일찍 일어나는 연습을 하자.

특히 아침에 일찍 일어나면 식사를 거르고 가는 습관도 없앨 수 있다. 요즘에 아빠들도 엄마에게 눈치 보여서 아침밥을 못 먹고 나간다고 한다. 하지만 모든 가족이 조금이라도 일찍 일어난다면 사과한 조각이라도 같이 먹고 출근하거나 등교를 할 수 있다. 아이들이 일어나서 음식을 섭취하면 두뇌 회전에도 좋다. 학교 수업을 듣기 전에 뇌가 깨어 있으면 아이들의 학습 이해도가 높아지기 때문이다. 조금이라도 먹고 등교하면 오전에 필요한 에너지도 공급받고 집중력과 학습 능력을 높일 수 있다. 그러므로 웬만하면 균형 잡힌 아침 식사를 꼭 챙겨주자.

마지막으로 아침에 일찍 일어나면 하루를 긍정적으로 시작할 수 있다. 여유로운 아침은 아이에게 "오늘 하루도 잘할 수 있다."는 자신감을 심어 주며, 긍정적인 마음가짐은 하루 종일 지속된다. 이것은 아이가 새로운 도전과 학습에 더 적극적인 자세로 임할 수 있게 한다.

결론적으로 아침에 일찍 일어나는 습관은 아이의 몸과 마음, 감정 발달에 모두 긍정적인 영향을 미친다. 그러므로 아이가 일찍 일어나는 습관을 자연스럽게 들일 수 있도록 부모가 함께 노력하고 격려한다면, 아이는 평생 도움이 되는 좋은 습관을 갖게 될 것이다.

그러니 아빠와 함께 이 책을 읽으면서 가족 모두가 함께 일찍 일어나는 습관을 갖자.

6. 나만의 무기를 만들어라

'경단녀, 경단녀.' '경단녀가 대체 뭐야?'

'경단녀'란 경력단절 여성을 줄여서 일컫는 말이다. 결혼, 임신, 육아, 출산으로 인해 경력이 단절된 여성을 말한다. 내가 정말 되기 싫었던 것이 바로 '경단녀'이다.

'내 인생에도 드디어 올 것이 왔구나.'

꿈에도 생각지 못한 경단녀 인생이 생각했던 것보다 더 빨리 펼쳐졌다. 내 꿈은 오피스우먼이었지만, 결혼 후 그 꿈은 산산조각이 나버렸다.

첫째를 임신하면 끝인 줄 알았던 내 육아, 2년 뒤 둘째를 임신하고, 그로부터 3년 뒤 셋째를 또 임신했다. 도대체 나는 제정신일까? 어떻게 세 아이를 낳기로 결심했을까? 아이를 키운다는 것은 결코 임신과 출산이 끝이 아니다.

드디어 그 무시무시한 육아의 세계로 나는 초대받았다. 물론 결혼도 임신도 내 선택이었지만 험난하고 무시무시한 육아의 세계에 한 걸음 다가가게 되었다. 나는 일을 계속하고 싶었지만, 갓난아이를 집에 놔두고 출근을 하는 것은 감히 할 수 없었다. 시어머님이며, 친정엄마며, 그 누구도 나의 아이를 봐준다는 사람은 없었다. 두 분도 젊으셨기에 해야 할 일이 많으셨고, 나도 내 손으로 아이를 키우고 싶은 욕심이 있었다. 물론 아이를 낳아 기르는 기쁨도 컸다. 특히 모유수유를 주장했던 나, 그래서 우리 아이들은 모유를 먹인지 몇 시간도 채 되지 않아 '응애, ·응애' 하며 울어댔다.

공장에서 나온 분유통 따위는 필요 없었다. 나는 내 몸뚱이 하나면 젖병도 분유도 젖병 소독기도 젖병 세척기도 젖병 세정제도 모두 필요 없었다. 그렇게 내 몸으로 직접 아이를 기르기 시작했다. 아이들은 자라났고 어느새 3년이 지나 첫째가 어린이집에 가게 되었다. 비록 처음 적응 기간이 한 달 정도 걸리긴 했지만, 3월 한 달을 지내고 나니 내가 생각했던 것보다 잘 적응해 주었다. 그 뒤부터 나는 일을 하기 위해 내가 할 수 있는 일들을 찾았다. 3월이 적응 기간이었으니 한 달 동안 뱃살을 빼고 4월부터 이력서를 자신 있게 내기 시작했다.

취업 준비를 한 지 몇 년 지나지 않았기 때문에 사진도 바꿀 필요도 없었고, 이력서 내용도 크게 바꿀 필요가 없었다. 그렇게 구인·구직 웹사이트에서 클릭 몇 번을 하고 이력서를 수정한 후 하루에 몇 개씩 넣었다. 단지 바뀐 것은 결혼 유무 여부와 자녀 유무 여부였다. 나는 '결혼했음'에 표시했고, '자녀 있음'에도 체크했다. 하늘이 무너져도 솟아 날 구멍은 있다고 했던가? 이력서 제출 후 며칠 뒤 수많은 회사 중에 나를 선택해 준 회사가 있었다.

나는 회사에서 입고 다녔던 원피스를 깨끗이 다려 입고 면접장으로 향했다. 그 회사는 '방과 후 강사'를 뽑는 회사였는데 나를 면접에서 잘 봐 주었는지 나의 의사만 결정되면 강사로 한번 일해 보라는 것이었다. 그 학교는 바로 우리 집에서 10분 거리에 있는 학교여서 출퇴근은 정말 쉽게 할 수 있겠다는 생각으로 나는 정말 뛸 듯이 기뻤다. 물론 아이들이 하교 후 오후에 하는 일이었지만, 내가 그토록 원했던 학교에서 일할 수 있는 일이었기 때문이다.

남편에게 처음 나의 합격 소식을 알렸다. 나는 너무 기뻐서 남편도 당연히 축하해 줄 줄 알았다. 불행히도 남편은 나의 합격 소식을 그리 달갑지 않아 했다. 아이도 어린데 아이가 클 때까지 아이를 더 봐 주길 내심 바랐던 것이다. 그리고 시어머님께 전화를 걸어 이 사실을 알리며 간곡히 부탁했다.

"어머님, 사실 제가 방과 후 수업에 강사로 일할 수 있게 되었는데요, 첫째를 일주일에 두 번만 봐 주실 수 있으세요?"

그런데 어머님께서는 "아니, 나는 일정이 많아서 아이는 못 봐 줄 것 같아."라고 하셨다.

친정엄마는 멀리 살았기 때문에 내가 일을 구했다는 기쁜 소식도 전하지 못한 채 나는 옷방으로 들어가 한참을 울었다.

결혼을 한 것도, 아이를 낳은 것도 내 선택이지만 내가 정말 어릴 때부터 이루고 싶었던 '선생님'이라는 꿈이 하루아침에 무너져 버린 것이다. 물론 아이가 어리기도 했지만, 이 모든 상황이 이해되지 않았고 이해하고 싶지도 않았다.

그때 나는 눈물을 흘리며 결심했다. 절대로 내 아이는 남의 손에 부탁하지 않고 내 손으로 키우겠다고. 내 손으로 열심히 키워 나는 반드시 워킹맘으로 성장할 것이라고 마음속으로 굳게 다짐했다. 그래서 아이가 어린이집 갈 날만을 손꼽아 기다렸다. 그리고 아이가 자라는 동안 내가 뭘 할 수 있을지 수도 없이 생각해 봤다. 그리고 둘째가 태어나고, 셋째가 태어나 자라기까지 8년 동안 오로지 육아에 매진했다.

드디어 셋째가 어린이집을 가는 해가 되었다. 나는 엉겁결에 다시 한번 선생님의 꿈에 도전했다. 시간은 지났지만, 아직 나의 꿈에 대한 미련이 남았기 때문이었다. 그래서 구인·구직 광고를 계속 보다가 '방과후 교사'라는 문구를 보고 클릭해 당장 이력서를 보냈다.

다행히 회사에서 연락이 왔다. 면접을 한번 보자는 것이었다. 그래서 어린이집에 아이를 맡겨 놓고 당당히 면접을 보러 갔다. 며칠이 흘러도 연락이 없자 나는 떨어진 줄 알고 다른 면접을 준비하며 지냈다. 저녁을 준비하는데 전화벨이 울렸다.

"재현 씨, 같이 일하는 게 어때요? 다음 주 O.T 장소를 알려줄 테니 꼭 오세요."라는 말을 하고 담당자께서는 전화를 끊으셨다.

당시 나는 어안이 벙벙하고 무슨 일인지 영문을 몰랐다. 담당자분께서는 학교 주소와 시간을 알려 주시면서 배정된 학교에 가서 교육을 받으면 된다고 하셨다. 그렇게 해서 나의 워킹맘 인생은 시작되었다. 그리고 3년째, 아직도 나는 그 일을 열심히 하고 있다.

만약 내가 처음에 첫째가 어렸을 때 바로 일을 하게 됐다면 합격 소식이 그렇게 감격스럽진 않았을 것이다. 나는 겸손함을 잊었을 것이고 우리 첫째도 남의 손에 길러져서 엄마와의 정서적 유대관계가 멀어질 뻔했다. 첫 번째 면접에서 붙었을 그 당시에는 남편과 시어머니, 친정엄마를 많이 원망했다. 내가 어떻게 해서 취업에 성공했는데 축하는커녕 나를 아무도 도와줄 사람이 없다는 것이 너무 서럽고 슬펐다. 하지만 9년 전 그 일을 다시 돌이켜 생각해 보니, 오히려 아이들을 내 손으로 키웠던 것이 인생에서 너무나 값진 경험이었다. 왜냐하면 그 소중한 시간은 절대로 다시 돌아오지 않는다는 것을 깨달았기 때문이다. 만약 그때 어머님이나 친정엄마가 아이들을 돌보아 주셨다면 나는 아이를 키워 보면서 얻는 경험을 간접적으로밖에 얻지 못했을 것이고, 아이들이 정말 필요한 상황에 나를 찾지 않았을 것이라는 생각도 했다. 인생에서 아이를 키운다는 것은 나에게 가장 힘들었지만, 가장 행복했고, 의미 있던 시간이었다. 독자들 중에서 만약 내가 '경단녀'라면, '경단녀' 나름대로 그 인생을 즐기며 행복하게 살아야 한다는 것이다. 경단녀로 지내면서도 내가 할 수 있거나 좋아하는 일들을 생각하며 미래를 준비하면 된다. 내가 어릴 적부터 하고 싶었는데 여건상 못했던 일들이나 내가 원래 했지만, 더 발전하고 싶은 분야가 한 가지라도 있을 것이다. 아주 어릴 적의 나를 떠올리면서 내가 무엇을 할 때 가장 행복했는지, 부모님이 반대해서 못 했던 공부나 취미 생활이 있는지를 잘 생각해 보고 나를 연구하는 시간을 가져야 한다. 아이가 어릴 때는 어차피 일하러 나가는 것을 포기해야 한다. 그러므로 아이를 내 손으로 키울 수 있음에 감사와 행복을 느끼고 아이가 자는 시간을 이용해서라도 내가 하고 싶은 일을 찾아보자.

그래야 어린이집에 보내고, 생긴 자투리 시간에 그동안 해 보고 싶었던 일을 하나씩 해 볼 수 있다.

나는 어릴 때 꿈이 선생님이었는데 교육대학교를 입학하지 못했으니 아무리 노력해도 안 될 것 같아 한동안 꿈을 포기하고 살았다. 비록 정식 교사는 아니지만, 학교로 출퇴근하며 아이들을 가르칠 수 있는 지금의 삶이 얼마나 감사한지 모른다.

물론 워킹맘이 되면 힘든 점도 있다. 일도 하면서 아이들 숙제도 봐주어야 하고, 아이들을 씻겨야 하고 식사도 차려야 하고 설거지도 해야 하고, 빨래도 해야 하고 밀린 집안일이 수십 개씩 쌓여 있다. 하지만 나는 내 꿈을 위해서 힘들더라도 참고 달린 것 같다. 아이들을 돌보면서도 집안일을 해냈고, 비록 대단한 직업은 아니지만 어릴 적부터 꿈꿔온 '선생님'이라는 꿈도 이루었다. 나는 이제 믿는다. 내가 못 할 일은 없다고. 비록 정규직 교사는 아니지만, 방과 후 강사로서 아이들을 가르치며 느끼는 보람은 나에게 커다란 자긍심을 안겨주었다.

여러분도 경단녀라고 해서 주눅들 필요 없다. 나도 보잘것없는 4년제 지방대를 졸업했지만, 학교에서 떳떳이 영어를 가르치고 있으니 말이다. 아마 이 책을 읽는 여러분들이 나보다 더 뛰어난 학력을 갖고 있을 것이다. 그러니 언제라도 앞으로 나갈 준비를 하자. 꼭 달리지 않아도 되고 천천히 걸어가도 된다. 몇 년이 걸릴지는 모르지만, 자신이 원한다면 언젠가는 그 꿈에 닿아 있을 것이다. 그러니 아이가 어릴 때는 너무 조급해하지 말고 아이가 건강하게 잘 크고 엄마와의 유대관계를 잘 쌓아 놓도록 하자. 일단 밑거름이 확보되어야 아이들도 엄마도 건강하게 잘 성장할 수 있기 때문이다.

그리고 아이가 어리다 하더라도 요즘엔 온라인으로 부수입을 얻을 수 있는 일이 많다. 인스타그램이나 블로그로 오픈 마켓을 열어도 되고, 온라인 전자책을 발행해도 된다. 수많은 SNS가 있으니 그중에 본인의 성향에 맞는 SNS를 선택하여 꾸준히 게시물을 업로드하면 된다.

그러면 본인을 따르는 팔로워가 생기가 되고, 그 팔로워들과 함께 일상을 공유할 수 있다. 그리고 그 일을 함으로써 내가 얻고자 하는 수입을 얻을 수도 있다. 그러니 관심이 있는 분야에서 차근차근 SNS를 시작하는 것도 좋은 방법이다. 나의 하루하루 일상을 블로그에 기록해도 좋고, 아이들과 함께 간 식당이나 키즈카페의 정보를 남겨도 좋다. 이 게시물들이 쌓여서 언젠가는 빛을 발하기 때문이다.

그리고 아이들이 숙제하거나 공부하는 시간에도 아이들과 함께 자기 계발을 하면 좋다. 아이들과 함께 도서관에 가서 내가 공부하고 싶은 분야의 책을 빌려도 좋다. 그러면 아이들도 엄마를 따라서 책을 읽게 되고 도서관 나들이도 즐겁게 할 수 있을 것이다. 그러니 너무 조급해하지 말고 아이가 크는 동안 천천히 워킹맘에 들어설 준비를 하면 된다. 그 준비는 다이어트가 될 수도 있고, 자격증이 될 수도 있고, 어학 시험이 될 수도 있다. 그러한 것들을 준비하다 보면 기회가 생기고 그 기회를 잡으면 비로소 워킹맘이 되는 것이다. 이 세상에 기회는 많지만, 본인이 기회를 잡지 않으면 결국 그 기회는 날아가 버린다. 지금부터라도 차근차근 세상에 나갈 준비를 해 보자. 세상은 무궁무진한 잠재력을 가진 여러분을 기다리고 있다. 아이들의 일상에 일거수일투족할 필요 없다. 부모가 열심히 살아가는 모습을 보게 되면 아이들도 당연히 그 모습을 보고 배울 것이다. 그러니 이번 주말에 당장 도서관에 가서 알고 싶었던 분야에 대한 도서를 빌려 보자. 그리고 아이와 함께했던 그 시간을 항상 소중하게 생각하자. 아이들이 자라면서 엄마로서의 '나'도 함께 성장하면서 말이다.

"당신의 자녀를 귀한 손님처럼 여기세요.
귀한 손님처럼 극진히 대접하세요.
나의 아이에게도 강요하지 마세요.
아이들은 좌지우지할 수 있는 사람이 절대 아닙니다.
아이는 곧 떠날 사람이에요.
각자 저마다의 시기에 맞춰 부모 품을 떠날 텐데
귀하게 와 준 우리 아이에게

있는 그대로를 존중하고

가고 싶어 할 때 언제든지 가게 놔두어야 합니다."

- 서울대병원 소아 정신 청소년학과 김붕년 교수 -

7. 남의 눈치를 절대 보지 마라

결혼을 하고 나니, 눈치를 봐야 할 일이 생각보다 훨씬 많아졌다. 남편, 아이들 셋에 시댁 식구, 친정 식구와 그에 달린 여러 친척 등 어릴 때는 눈치를 안 보고 잘만 살던 나였는데 결혼하고 나니 신경을 써야 할 것이 너무나 많았다. 아줌마로 살아가야 하니 직업의 선택에도 한계가 있었다. 아이들 눈, 식구들 눈에 잘 보여야 하니 결국 선택은 공무원, 대기업, 아니면 적어도 중소기업에라도 취직해야 명절 때 인사라도 갈 수 있다. 우리나라는 남의 눈에 어떻게 보일지를 지나치게 중요하게 여긴다.

남편이 무슨 일을 하는지, 시댁은 어떤 집안인지, 아이들 학원은 어디 다니는지 등등 남의 일에 신경도 많이 쓰거니와 남의 시선에도 신경을 많이 쓴다. 이런 현상은 우리나라의 사회적 문제 중 하나이다. 우리나라는 유교 문화의 영향을 받아 개인보다는 공동체를 우선시하며 살게 된 사회이다. 그러므로 '나'보다는 '우리'를 강조하는 문화가 자리 잡았다. 이러한 문화는 지금까지 계속되어 오고 있는데 개인의 행동이 단지 개인뿐만 아니라 가족 또는 조직의 평가로 이어지기 때문이다.

가장 쉬운 예로, 아이가 공부를 잘하거나 좋은 직업을 갖게 되면, 사람들은 부모의 직업이나 배경으로 아이를 평가하곤 한다. 개인의 능력으로 공부를 잘했거나 좋은 직업을 가졌을 텐데 말이다. 그 이유는 우리는 이때까지 개인의 자체를 평가하는 것이 아니라 공동체 내에서 내가 비추어지는 모습으로 평가받고 살았기 때문이다.

우리나라에서는 아직 어떤 일을 잘못하면 "너의 부모님이 뭐 하시니?"로 질문이 시작된다. 그러면 사람들은 그것을 나의 실수라기보다, 부모의 교육 탓으로 돌리곤 한다.

마치 내가 잘못된 건 부모가 잘못 가르쳤기 때문이라는 듯이 말이다. 어렸을 때부터 그렇게 자라 온 우리는 내가 한 잘못이 부모에게 가기 때문에 튀는 행동이나 남에게 비추어졌을 때 조금이라도 잘못된 행동을 하면 안 된다고 생각한다. 청소년기에 아이들은 찢어진 청바지도 입을 수 있고, 짧은 치마를 입을 수도 있고, 호기심에 화장도 한번 해볼 수 있다. 그것은 내 호기심에 한 것이지 부모가 시켜서 그렇게 한 것도 아니다. 그런데 그런 옷을 입기만 해도, 사람들은 아이보다 부모의 교육부터 의심한다. 마치 옷차림이 곧 집안 교육의 수준이라도 되는 듯 말이다. 이것이 바로 우리나라의 집단 지성주의적 문화로 인해, 남의 눈치를 지나치게 보게 된 사회이기 때문이다.

그래도 요즘 시대는 상황이 많이 바뀌었다. '아프리카'라는 개인 방송 채널이 생기면서 유튜브, 인스타그램, 네이버 블로그 등 SNS로 충분히 자아를 펼칠 수 있는 공간이 늘어났다.

연예인이 아니더라도 개인 방송 채널을 운영할 수도 있고, 종이책을 출판하지 않고 전자책만으로도 책을 팔 수 있는 기회가 생기게 되었다.

지금은 오히려 대기업의 회장도 SNS를 통해 일반인들과 함께 소통을 한다. 개성이 오히려 뚜렷하고 독특한 사람일수록 대중들이 관심을 더 갖고 궁금해하기 시작한다. 그렇다고 너무 특별할 필요는 없다. 일상에서 겪는 이야기를 콘텐츠로 다루면 사람들이 공감을 더 많이 하기 때문에 관심이 더 높아질 수도 있다.

그러니 꼭 내가 특별해야 SNS운영을 할 수 있다는 생각을 버리자. 특별하지 않아도 괜찮다. 적어도 남의 눈치만 덜 보게 된다면 지금 당장 뭐라도 시작할 수 있다. 더 이상 남의 눈치를 보며 살아가는 시대는 아니다.

이제는 그런 시선이 오히려 자기 성장을 가로막는다. 지금 할 수 있다는 생각을 갖고 유튜브든 틱톡이든 인스타그램이든 자신의 이야기를 녹여내 보아라. 남편과 할 수 있는 일, 아이들과 할 수 있는 일, 혼자서 하는 일 등 다양한 스토리를 만들 수 있다. 일단 스토리를 기획하고 나면 편집하는 일을 배우면 된다.

이제는 1등에서 100등으로 줄 서서 성적을 매기는 시대는 거의 끝이 나고 있다. 대기업 취직이나 의사가 아니면 공부해서 살아남기 힘든 시대가 된 것이다. 우리 아이들은 가능하지만 지금 우리는 대기업을 다시 들어가거나 의사가 되기 힘든 상황 아닌가?

지금까지의 삶을 되돌아보며 짧은 스토리를 연재하고, 대중과 소통할 수 있는 공감형 영상 콘텐츠로 SNS를 발전시켜 보면 어떨까? 왜냐하면 서로 비슷한 처지끼리 공감할 내용이 많기 때문이다. 이때까지 살았던 이야기나 지금 도전하는 내용 등 본인이 처한 상황을 사실대로 조금 재밌게 해석해서 콘텐츠로 만든다면 사람들의 공감을 얻고 팬층이 형성될 것이다. 아줌마가 못 할 게 뭐가 있으랴. 부끄러움은 이미 잊었다. 이제 남은 건 아이들과 나를 위해 마음껏 살아갈 시간뿐이다.

일단 주제를 찾을 때는 내가 지금까지 한 일 중에 제일 잘한 일이나 내가 지금 도전해 보고 싶은 일을 주제로 찾는 것이 가장 중요하다. 왜냐하면 그 주제를 기반으로 스토리를 짤 수 있기 때문이다. 먹방도 좋고 화장하는 것도 좋다. 중요한 건 용기와 실행력만 있다면 뭐든지 이룰 수 있다는 것이다. 지금 시대는 명함에 적힌 직함보다, 온라인에서 내가 어떤 영향력을 갖고 있느냐로 나를 평가받는 시대가 왔다.

결국 나를 평가하는 기준이 오프라인에서 온라인으로 이동하고 있다는 것이다. 유튜브를 먼저 시작한 사람이 구독자 수를 빨리 얻을 수 있을 것이고, 인스타그램을 먼저 시작 한 사람이 팔로워 수를 늘려나갈 수 있을 것이다. 새로운 사람을 만났을 때도 개인 채널을 먼저 소개하면, 대화를 시작하기 전에 나라는 사람에 대해 어느 정도 파악할 수 있어 공감대를 빨리 형성하고 대화를 더 자연스럽게 이어갈 수 있을 것이다.

이제는 초등학생들도 유튜브에 본인의 작품을 업로드하기 시작했다. 이것은 자신이 완벽하거나 정말 이쁘거나 잘생겨서 영상을 올리는 것이 아니다. 본인을 소개하거나 알리기 위해서이기도 하고 세상과 소통하는 연결통로가 되기 때문이다. 유튜브에 업로드 된 영상이나 블로그에 남겨진 글이 결국 모여 나의 인생의 기록이 될 수도 있다. 물론 과하게 사용하면 문제가 되겠지만, 적절히 활용한다면 SNS는 아이들에게 서로를 알고 표현할 수 있는 새로운 기회의 장이 될 수 있다고 생각한다.

지금도 새로운 사람을 만나면 묻는 인사가 "인스타그램 아이디가 뭐예요?"이다. 얼마 전까지만 해도 카톡 프사(카카오톡 프로필 사진)가 나를 알리는 방법이었는데 요즘엔 인스타그램이나 유튜브 주소로 자신을 소개하는 경우가 많다. 반드시 긴 영상을 만들지 않아도 좋다. 요즘엔 짧은 영상이 더 인기를 끌고 있기 때문이다. 지금이라도 늦지 않으니, 자신이 필요한 영상이나 남에게 도움을 줄 만한 필요한 영상을 만들어 SNS에 업로드 해 보자. 처음에는 어렵고 두려울지 모른다. 하지만 두려움을 한두 번만 극복하면 어느새 유튜브 채널이나 계정은 자라 있을 것이고 본인이 원하는 주제의 채널로 점점 자리 잡게 될 것이다. 아이들에게 무조건 휴대폰을 못 만지게 하는 것은 바람직하지 않다. 변화한 시대를 인정하고, 아이가 자신의 개성을 마음껏 펼칠 수 있도록 개인 SNS 채널을 조금씩 운영해 볼 시간을 주어야 한다. 아이가 원한다면 말이다.

비록 미흡할지라도 그 채널을 좋아해 주는 다양한 팬층이 있을 수 있다. 그러니 두려워하지 말고 지금이라도 당장 시작하라. 다른 사람 눈치 보며 살다 내 인생은 찾지도 못한 채 늙어 버릴지도 모르니 말이다.

아이를 키울 때도 이것은 마찬가지로 적용된다. 내가 올바르게 나만의 가치관을 강하게 갖고 있어야지만 내 아이를 올바른 방향으로 잘 키울 수 있다. 다른 아이와 비교하고 다른 가정과 비교하는 순간, 나와 아이의 자존감이 동시에 떨어질 수 있다. 요즘 사교육에 투자하는 시간과 비용이 점점 늘어나고 있다. 돈은 돈대로 나가고, 아이들은 내 뜻대로 되지 않으니 요즘 엄마들이 더욱더 지치고 힘들어지는 것이다. 물론 아이들이 내가 쓴 비용만큼 잘 따라와 주면 좋을 것이다. 하지만 아이들이 모두 다 똑같은 인격체가 아니니 같은 수업을 들어도 다 각기 다르게 받아들인다.

좋은 학원에 간다고 무조건 아이의 성적이 오르는 것이 아니다. 최대한 빨리 내 아이를 이해하고, 무엇에 흥미를 느끼는지, 어떤 것을 좋아하는지를 파악해 그에 맞는 방향으로 이끌어 주는 것이 중요하다. 그리고 절대로 옆집 아줌마나 가족, 친척들에게 휘둘려서도 안 된다. 물론 그 말들을 참고 하거나 의견을 함께 나누는 것은 좋지만, 내가 정한 목표를 향해 계단처럼 한 단계, 한 단계씩 밟아 나가는 것이 좋다.

아이에게 많이 시키면 많이 시킨다고 간섭하고, 안 시키면 안 시킨다고 간섭하는 게 우리나라다. 딸 낳으면 아들 낳으라고 하고, 아들 낳으면 딸 낳아라 하는 게 우리나라 민족의 특성이다. 그러니 이 특성을 빨리 이해했다면 아이들을 키울 때, 나만의 씨앗을 뿌리고 양분을 주어 거두어야 한다.

도서관에 매주 가는 게 나와 아이와의 약속이라면 그 약속을 지킨 이후에 다른 일을 하는 것이 좋다. 만약에 아이가 곤충을 좋아한다면 무슨 일이 있어도 일주일에 한 번씩 도서관을 방문한 후에 곤충을 관찰하러 가야 한다. 그래야 아이에게도 '도서관은 매주 가야 하는 곳'이라는 인식을 심어 줄 수 있고, 나 역시 그 중심을 잃지 않고 꾸준히 실천할 수 있기 때문이다.

정말 중요한 일 외에는 나와 아이와 정한 약속을 반드시 지키고 그 이외의 활동을 하는 것이 좋다. 그 정해진 시간을 부모와 함께 지키는 것이 유아기 때부터 초등학교 고학년 때까지 서로 쌓인다면 아이와의 유대관계가 좋아지고, 끈기 있는 아이로 성장할 수 있다. 물론 그 약속을 지키기 위해 친척들을 못 만나거나 친구들을 못 만날 수 있다. 하지만 끈기 있는 아이로 자라기 위해서는 유년기부터 올바른 습관을 들이는 것이 중요하므로, 엄마가 조금 더 인내심을 가지고 지켜봐 주는 노력이 필요하다.

남의 시선과 눈치를 보지 않고 아이를 키우는 것이 힘들겠지만 그 시간이 쌓이면 나중에는 큰 열매로 돌아올 수 있다. 그러니 내 줏대를 세워서 아이들을 키우는 힘을 기르는 능력이 필요하다.

8. 옆집 아줌마와 친해지지 마라

"언니, 카페 가자. 오늘은 어디로 갈래?"

첫째 아이를 등교시키다 보면 주위에서 심심치 않게 들리는 말이다. 나는 일주일에 한 번 교문 앞에서 교통안전 지도 활동을 하였기 때문에 아이를 등원시키는 학부모들을 8시에서 9시까지 볼 수 있는 기회가 생겼다. 9시에 아이들 등교지도를 끝내고 나면 교문 앞 카페에서 수다 떠는 엄마들이 그렇게 부러웠다.

오늘은 이 카페, 다음엔 새로운 카페, 동네에 새로 생긴 카페를 여기저기 돌아다니며 정기적으로 그 시간에 만나는 엄마들도 있었다. 나는 첫째를 등교시키고 나면 바로 둘째와 셋째를 어린이집에 보내야 했기에, 다른 엄마들이 커피 한잔하자며 부를 때도 나는 그저 바쁘게 발걸음을 옮길 수밖에 없었다.

하지만 정작 모여서 이야기하는 내용은 교육에 대한 정보교환도 있지만 대부분 어제 봤던 드라마 줄거리, 명절에 있었던 시댁, 친정 이야기 그리고 남편이나 주위 친구 이야기가 주를 이루었다. 가끔 어제저녁 메뉴나 요즘 살아가는 이야기일 경우도 있었다. 나도 친구 엄마들을 안 만난 건 아니지만 정말 어쩔 수 없이 만난 경우가 아니면 대부분 만나는 아이 친구 엄마가 없었다. 물론 모든 아줌마들이 그렇다는 건 아니지만, 삼삼오오 모여 이야기를 나누다 보면 비슷한 고민이나 관심사로 공감대가 형성되기 때문에, 대화도 어느새 그 방향으로 흘러가게 된다. 자기 계발이나 아이들의 교육 방향에 관한 내용에 대해 도움을 구하고 싶다면 차라리 노서관에 가서 주제와 관련된 서적을 보는 것이 도움에 된다. 또한 내가 필요했던 과목을 오프라인이나 온라인으로 신청해서 직접 교육을 듣는 것이 시간을 보내는 데 훨씬 도움이 된다. 특히 오프라인으로 교육을 듣게 되면 사람들과 대면하면서 내가 궁금했던 부분들을 자유롭게 질문할 수 있고, 그런 사람들이 모이면 시너지 효과를 발휘하기 때문이다.

내가 만약 경매에 관심 있다면 오전에 아이들을 보내 놓고 경매를 배우고 있는 오프라인 모임에 참여하는 시간을 가질 수도 있다. 영어를 배우고 싶다면 오전동안 영어를 배울 수도 있고, 운동을 하고 싶다면 운동을 할 수도 있다. 이렇듯 아이가 조금씩 크기 시작하면 아이가 어렸을 때, 내가 못 해 봤던 것 중 다시 해 보고 싶은 것들을 하나둘씩 시도해 보자. 아이의 나이가 스무 살이 될 즈음이면, 나 역시 15년 넘게 공부해 온 셈이니 그 분야에서는 전문가가 되어 있을 것이다.

그러니 내가 원했던 것 한 가지만 찾으면 된다. 처음부터 전문가가 되라는 것이 아니다. 한 달, 두 달, 일 년이 지나면 그 일이 쉬워질 것이고, 잘 안된다면 다른 방향을 찾아볼 수도 있다. 처음에는 한 시간에 만 원을 벌었지만 1년이 지나면 시급이 2만 원으로 올라갈 수도 있다. 그러니 너무 조급해하지 말고 30분이라도 내가 할 수 있는 일을 찾아보자.

또한 주위 엄마들을 만나면서 시간을 활용할 수도 있다. 어린이집은 4시에 하원을 하지만, 초등학생이 되면 아이가 12시 40분이면 돌아온다. 그러면 아침에 등원 후 아줌마들과 이야기를 한 시간 정도 나누어도 9시 30분밖에 안 되므로 1시간 정도는 나에게 여유시간이 주어진다. 그러니 내가 옆집 아줌마들과의 만남을 포기하기 싫다면 좀 더 빨리 자리를 일어나서 내가 하고 싶었던 일이나 필요한 일을 하면 된다. 하지만 그 모임이 점심까지 이어지지 않도록 반드시 주의해야 한다.

또 옆집 엄마들을 만났을 때 한 가지 주의해야 할 점이 있다. 그 옆집 아줌마의 아이와 나의 아이를 비교하는 마음이 생기지 않도록 하는 것이다. 처음에는 친목으로 만났지만, 나중에는 나의 아이와 옆집 엄마의 자녀를 비교하게 되면서 사이가 안 좋아서 헤어지는 경우를 보았다. 특히 학구열이 높은 동네에서 친하게 지내는 긍정적인 경우에는 서로 학원도 소개시켜 주고 같은 학원에 다니면서 시너지 효과를 낼 수도 있다.

성적은 어차피 순서가 매겨진다. 내 아이가 옆집 아이보다 못하는 순간, 아이와 옆집 아줌마 모두와의 관계가 서먹해질 수 있다. 그러니 가볍게 어울리는 건 좋지만, 비교 대상에 옆집 아이를 두어서는 안 된다. 머리로는 알지만, 비교하는 마음이 전혀 들지 않는다는 건 솔직히 거짓말이다. 그러니 오전 시간을 아이를 비교하는 데 허비하지 말자. 그 시간에 나와 아이의 자기계발에 필요한 것을 연구하는 편이 훨씬 낫다. 모든 아이들은 다 다르기 때문에 비교한다고 해서 아이들에게 결코 긍정적인 영향을 주는 것이 아니다. 특히 아이가 고학년이 될수록 대형 어학원이나 수학학원 테스트에서 내 아이가 떨어지게 되거나 반이 달라지는 순간, 엄마가 자녀에게 실망을 할 수 있다. 그렇기 때문에 오히려 학년이 올라갈수록 나의 줏대를 갖고 아이에게 교육하는 것이 바람직하다.

그래서 오히려 지금은 주위 엄마들이 커피를 사 준다고 했을 때 그때는 같이 하지 못했지만, 그 시간을 책 쓰는 시간으로 가질 수 있었던 것이 지금의 나를 만들었다고 생각한다.

그래서 오전 시간에 내가 할 수 있는 일부터 꾸준히 하다 보면, 어느 순간 내가 정말 하고 싶은 일을 발견하고, 그 길이 조금씩 열릴 것이다. 나도 '아이들을 키우면서 할 수 있는 일이 뭘까?'를 매일 생각했다. 아이들이 어릴 때는 아이들 때문에 일하러 나갈 수 없고, 오로지 아이들에게 나의 10년을 보낸 시간을 시간 낭비라고 생각했다. 하지만 돌이켜 보면 아이들에게 투자했던 시간이 전혀 아깝지 않고 내가 인생에서 제일 잘한 일이라고 생각한다.

첫째가 어린이집에 등원할 때, 내 손을 잡고 왕복으로 합쳐 한 시간

정도 되는 거리를 함께 걸어서 다녔다. 첫째부터 셋째까지 모두 같은 어린이집을 보냈는데, 둘째를 임신하고 첫째를 데려다주었고, 셋째를 임신하고서 둘째도 데려다주었다. 그리고 마지막 셋째까지도 함께 걸어서 등, 하원을 했다. 그러면서 아이들과 이야기도 나누고, 노래도 듣고, 놀이터도 가고, 편의점을 들러 젤리도 사 주었다. 적어도 하루의 한 시간 동안을 아이들과 함께 보냈기 때문에 일부러 시간을 내서 운동을 하지 않아도 되었고, 일부러 대화시간을 만들지 않아도 되었다.

봄이 되면 새로 피어나는 꽃의 이름을 알려 주었고, 여름이면 빗물을 첨벙첨벙 밟아 보기도 했다. 가을이면 오색의 낙엽들을 주워서 함께 날려 보았고, 겨울이면 눈을 밟으며 뽀드득 소리를 함께 들으면서 걸었다. 아이들과 그렇게 보낸 시간은 이제 다시는 돌아오지 않는다. 가는 데 30분, 오는 데 30분, 그 하루 1시간이 일 년이 모여 300시간이 되고, 3년이 모여 900시간이 된다. 만약 어린이집을 왔다 갔다 할 때 그 시간을 나와 함께 보내지 않았었더라면 나와 아이들 사이는 멀어졌을 것이고, 지금 후회했을 지도 모른다.

비록 나는 아이들을 키우는 동안, 경제적 활동도 안 하고 아줌마들의 교류도 없었다. 하지만 아이들과 보냈던 그 소중한 시간을 결코 헛되이 보내었다고 생각하지 않는다. 매일의 등원 길이 그저 반복되는 일상이었지만 나에게는 아이와 함께 걸었던 아침 등원 길이 인생에서 가장 소중했던 시간이다. 지금 생각해 보면, 그 시간은 아빠는 경험하지 못했던,

엄마만이 아이와 함께 보낼 수 있었던 최고의 순간이 아니었나 싶다. 요즘은 아빠들도 육아 휴직을 하면서 나처럼 값진 경험을 아이들과 함께 많이 해 보았으면 좋겠다. 요즘엔 부모가 일하러 가는 경우가 많아 아이들이 조부모님과 등·하원 시간을 많이 보내는데 사실 어떻게 보면 아주 안타까운 현실이기도 하다. 아이들이 부모의 손을 잡고 싶어 할 때, 그 손을 많이 잡아 주자. 어느새 훌쩍 자라 남자친구나 여자친구의 손을 잡게 될 날이 올 테니까.

그때는 후회해도 늦으니, 지금 이 순간 고사리 같은 손을 꼭 잡고 다니는 엄마, 아빠가 되자.

9. 내 인생은 나만이 개척할 수 있다

우리 부모님은 삼 남매를 키우며 늘 이렇게 말씀하셨다.

"스무 살이 되면 무조건 독립이다."

그 말은 우리 가족의 생활 철학처럼 늘 삼 남매의 마음속에 자리하고 있었다. 친정아버지는 공무원 외벌이셨고, 그 월급으로 삼 남매를 키우는 삶은 경제적으로 결코 넉넉하지 않았다. 하지만 친정엄마의 확고한 독립 슬로건? 덕분에 나는 수능을 치자마자 아르바이트의 세계로 입문하게 되었다. 사실 엄마에게 비밀이지만 대학 합격 소식보다 나를 더 설레게 했던 건 처음 받아 보는 월급이었다. 대입 수능 입시를 본 다음 날 바로 아르바이트 면접을 보았고, 그 이튿날부터 나는 바로 일하기 시작했다. 나는 19살부터 일을 시작해 임신하기 직전까지 단 한 달도 쉬지 않고 일했다. 태어나서 안 해 본 일이 없을 정도로 여러 가지의 아르바이트를 했다.

처음에 수능을 치고 시작한 일은 그때가 연말이었기 때문에 교보문고에서 다이어리를 판매하는 일이었다. 그 당시 시급이 4,800원 정도였던 걸로 기억한다. 그래서 나는 수능이 끝난 이후부터 대학교 입학 전까지 11월, 12월, 1월, 2월 4개월 동안 아르바이트를 해서 번 돈으로 내가 입고 싶었던 옷을 사보고, 먹고 싶었던 음식도 먹고, 친구들과 하고 싶었던 것들을 하나씩 해 보았다.

대학교 때는 부모님께서 나에게 주신 용돈은 오로지 휴대폰 요금뿐이었다. 입학금, 대학교 등록금, 기숙사비까지 너무 큰 돈이 들었기 때문에 용돈까지 달라고 말하기가 너무 죄송했다. 그리고 지방에 있는 대학을 다녔기 때문에 주말에는 친구들이 없었다. 대부분 수도권이나 서울에서 친구들이 통학을 해서 나도 주말에는 서울에 있는 이모 집에서 생활했다.

다행히 막내 이모의 직장이 여의도에 있어서 나는 주말에 여의도에서 생활할 수 있었다. 이모는 아이들이 대구에 있어 주중에는 서울에 있고, 주말에는 대구로 내려갔다. 덕분에 주말이면 막내 이모 집이 나의 온전한 공간이 되어, 혼자만의 시간을 보낼 수 있었다.

태어나서 처음으로 서울에서 일을 구해야 했으니 무작정 압구정 현대백화점으로 면접을 보러 갔다. 당시 나는 러시아어학과에 입학했지만, 솔직히 공부를 잘해서 간 학교는 아니었다. 그래서 공부보다는 몸으로 때우는 일을 할 수밖에 없었다. 그때는 무슨 근거 없는 자신감이 있었는지 무작정 면접을 보러 갔다. 내가 면접을 보러 간 곳은 현대백화점 식당가에 있는 유명한 일식 레스토랑이었다. 그때는 사실 압구정이 뭔지도 잘 모르고 그냥 잘사는 동네로만 생각했다. 원래는 수업이 없는 주말에만 일했는데 점장님께서 방학 때도 아르바이트를 해 보지 않겠느냐고 하셨다. 그래서 주말과 방학을 통해서 일 년 동안 서빙이라는 일도 난생처음 해 보았다. 음식점에서 일해서 그런지 사장님께서 집에 갈 때 나에게 항상 돈까스 정식을 챙겨 주셨고, 그 덕분에 나는 집에서 무료로 끼니를 해결할 수 있었다. 식당에서 일하면 좋은 점은 끼니를 해결할 수 있어 밥값을 아낄 수 있다는 것이다.

몇 년 후 막내 이모가 목동으로 이사하면서 거주지를 변경하게 되었다. 그래서 나는 목동에 있는 홈플러스에서 일을 구하게 되었다. 호두과자를 파는 곳이었는데 사장님께서 또 마감할 때마다 호두과자를 잔뜩 챙겨 주셨다. 그 일을 할 때는 호두과자를 마음껏 먹을 수 있었다.

대학교 시절, 특히 명절 연휴가 되면 명절 선물 세트 판매 아르바이트를 했는데, 하루 일당이 10만 원이나 될 정도로 시급이 높았다. 명절 연휴 동안 일주일 정도 일하면 70만 원가량 모을 수 있었고, 그 덕분에 그달에는 돈 걱정 없이 지낼 수 있었다.

그렇게 아르바이트를 대학 4년 동안하고 나니, 이제는 정식 직장에 들어갈 취업 준비를 해야 했다. 우리 학교는 지방대여서 그런지 취업 준비를 대학 졸업 후에 시작하는 선배들이 많았다. 그래서 나도 괜찮을 거라 생각하고, 대학 4년 내내 사실 취업준비에 크게 신경 쓰지 않았던 것이다. 그런데 막상 취업을 하려고 보니 준비가 되지 않아 마땅히 취업할 곳이 없었다. 그래서 급하게 토익 시험을 치고, 토익스피킹 시험도 치고, 공부를 조금 해서 중견기업 건설사에 입사하게 되었다.

아르바이트만 하면서 어영부영 대학교를 졸업했지만, 그래도 서울의 큰 빌딩에 있는 회사에 취업을 하게 되었다. 하지만 그 회사는 곧 부도가 날 지경의 회사였다. 나는 그런 줄도 모르고 어린 나이에 취업을 했다고 좋아했다. 아르바이트처럼 단순 반복 업무가 아닌 사람들을 상대하고, 사람들을 상대하며 그에 맞는 문서를 작성하고 일을 처리해야 했다.

내 부서의 과장님과 팀장님께 보고를 드리고, 그 보고서가 상무님에게 통과가 되어야 우리 팀은 퇴근을 할 수 있었다. 비록 부도 위기의 회사였지만 3년이나 장기적으로 회사에 다닐 수 있었다. 그런데 그 생활을 3년쯤 했을까 이제 집에서 압박 아닌 압박이 들어왔다.

"여자는 스물다섯 살 넘으면 여자로서 점수가 떨어져. 그 전에 결혼할 사람을 만들어 와야 해."라는 친정 아빠의 강력한 결혼 압박을 받았다. 나는 태어나서 남자친구를 제대로 한 번도 사귀어 본 적이 없고, 내 성격으로 가정을 꾸려 나가는 것이 도무지 상상이 되지 않았다. 남자친구도 한번 만나 보지 못한 내가 어떻게 결혼할 남편감을 구해 오라는 건지 그 말을 들으니 참 막막했다.

그 당시 아빠는 경찰이셨고, 주장을 내세울 때는 아무도 꺾을 수가 없는 완강한 성격이었다. 지금 생각해 보면, 그렇게 떠밀려 결혼을 결심했던 내가 참 무모했고 어리석었다는 생각이 든다. 그 불호령을 들고 나는 결혼할 남자를 찾기 시작했다. 회사에는 유부남들뿐이고, 친한 사람은 여자 직원들뿐이었다. 게다가 나는 교회도 안 다니고, 어떤 모임에도 잘 나가지 않는 성격이었다. 친구라곤 동성 친구들뿐이었고, 이성 친구들이라곤 대학 친구들뿐이었지만, 대학 친구들과 연애를 하는 것은 생각조차 할 수 없었다.

그런데 그런 나에게 정말 한 줄기 빛 같은 존재가 있었다. 우리 회사에서 유일하게 총각 직원이 한 사람 있었다. 나는 그 선배에게 한 번만 소개팅을 해 달라고 부탁했다. 선배는 그렇게 친구를 소개해 주었고, 나는 소개팅으로 정말 오랜만에 처음 보는 남자를 만나게 되었다. 그 남자는 키도 크고 친절했지만, 나와는 왠지 어울리지 않는 성격 같았다. 그래서 몇 번 만나 보고 헤어졌다. 그래서 그 선배에게 다른 친구를 소개해 달라고 했는데 그러다가 친해져서 그만 그 선배와 내가 사귀게 된 것이다. 그래서 사귄 지 6개월 만에 우리는 상견례를 했고 1년 만에 갑자기 결혼에 골인하게 되었다. 아니, 어떻게 나같이 대구에서 상경한 촌년이 어떻게 서울 사람을 만나 결혼을 할 수 있지? 그런 내가 정말 신기했다. 같은 대구 사람도 아니고 단지 첫 회사에서 한 명뿐인 총각과 결혼을 하게 되다니…. 비로소 결혼식을 올리는 날이 되어서야 결혼이 실감났다.

결혼식을 한 지 엊그제 같지만, 지금 나는 그 남자와 벌써 셋째 아이를 낳아 키우고 있다. 그리고 이미 배 속엔 넷째 아이도 있다. 이렇듯 우리의 인생은 언제나 예측할 수 없는 상황들로 가득하다. 주위에 결혼을 준비하면서 부모님의 반대에 못 이겨 파혼하는 커플도 봤고, 집을 준비하며 파혼하는 커플도 보았다. 그렇게 수많은 남자 중에서 이 사람과 결혼한 것도 신기한데, 어떻게 그 사이에서 애가 셋이 태어나 한 집에 다섯 명이 살아가고 있는지 아직도 나는 신기하다.

인생이란 그런 것 같다. 큰 틀은 내가 계획할 수 있지만, 그 안에 수많은 우연과 필연이 모여서 만들어지는 것이 바로 삶이다. 결혼도 마찬가지다. 내가 원한다고 해서 바로 결혼할 수 있는 것도 아니고, 때로는 전혀 예상하지 못한 사람과 결혼하게 되기도 한다. 아이를 갖는 일도 마찬가지이다.

아이를 갖고 싶지만, 이유 없이 불임인 경우에 아이를 못 가지는 부부도 있다. 이처럼 결혼이라는 큰 테두리는 내가 정할 수 있지만, 배우자를 만나 결혼하고 아이를 낳는 것은 내 선택으로 할 수 없다. 그것이 바로 신이 주신 선물이라고 나는 그렇게 믿고 있다. 아이뿐만 아니라, 어쩌면 남편조차 내 선택이 아닌 하늘에서 내려준 나의 소울메이트가 아닐까라는 생각 말이다.

나는 결혼하면 남들처럼 새 아파트에 입주해 신혼집 집들이는 누구나 하는 일인 줄 알았고, 아이를 낳으면 아이는 저절로 크는 줄 알았다. 하지만 결혼 전, 나의 무지했던 경제 관념때문에 신혼집으로 덜컥 작은 전셋집을 구했고, 직장을 잃은 상태에서 아이를 낳아야만 했다. 처음에는 그런 선택을 한 나 자신을 자책했고, 부모님을 원망하기도 했다.

하지만 지금은 오히려 그렇게 시련을 준 부모님과 나의 어려웠던 환경에 대해 감사한다. 어렸을 때부터 여유롭게 살았다면 세상을 살아가는 방법을 터득하지 못하고 그 자리에서 안주했을 것이다. 만약 아이가 없이 두 사람만 부부로 생활했다면 아이가 주는 큰 기쁨을 못 누렸을 것이다. 나와 남편은 정말 안 맞는다 싶다가도 어떤 면에서는 또 잘 맞을 때도 있다. 아주 가끔이긴 하지만.

그래서 인생이란 항상 선택사항에 놓이게 되는 것 같다. 마치 신이 우리에게 준 시험판처럼 말이다. 대입 수능을 치르고 원하는 대학도 3개를 선택할 수 있다. 하지만 그 학교에 입학하는 것은 내가 정하는 것이 아니라 학교가 정해 주는 것이다. 내가 성적에 맞춰 원서를 썼더라도 떨어지면 원하는 학교에 못 들어갈 수도 있고, 내가 원래 성적이 좋았는데 수능 칠 때, 컨디션이 좋지 않아 시험을 망쳐 버리면, 그전에 공부했던 것들이 모두 헛수고가 되어 버린다.

인생이란 저절로 이루어지는 것도 없고, 내가 원한다고 다 이루어지는 것도 아니다. 컨디션이 좋지 않아 수능을 힘들게 치른 친구에게는 그만큼의 깨달음과 지혜를 준다.

본인의 성적보다 잘 나온 학생은 운 좋게 자신의 성적보다 높은 대학에 들어갔지만, 자신이 운이 좋아 대학에 잘 간 것을 잊고 자만한 행동을 보이고 경솔한 태도를 보이기도 한다. 그러니 누가 더 좋고 나쁜 인생이란 없다. 내가 선택하거나 운이 좋아서 잘되었던 일, 운이 나빠서 좋지 못했던 일, 모든 것이 다 내 인생이고 내가 감내해야 할 고통이다.

결국 어떤 선택이든, 그 결과가 좋을지 나쁠지는 내가 그 상황을 어떻게 받아들이고 해석하느냐에 따라 달라진다. 그러니 사주팔자는 너무 믿지 말자. 신년이 되면 나의 운세가 궁금해서 보기는 하겠지만 내 운에 의지해서 산다는 것은 정말 수동적인 인생이지 않은가? 인스타그램이나 유튜브에서 보이는 다른 사람의 돈과 재산, 외모 등은 결코 그의 실체가 아니다. 그 돈을 모으기 위해서 얼마나 공부했을지, 그 외모를 만들기 위해 다른 사람들보다 수많은 노력을 했을지도 한번 생각해 보아야 한다. 인생은 운에 의해 정해지는 것이 아니다. 스스로 개척하며 살아갈 수도 있고, 지금의 삶에 만족한다면 그 안에서 행복을 찾는 것도 충분히 의미 있다.

운명을 개척하다 보면 시련은 겪겠지만 정상에 가까워질 수는 있다. 그렇다면 낮은 산이 오르기 쉬울까? 높은 산이 오르기 쉬울까? 단편적으로 한번 생각해 보자. 낮은 산을 오를 때, 천천히만 걷는다면 그리 숨도 차지 않고 오래도록 걸을 수 있다. 그다음 날 일어나도 다리가 땅기지 않고 근육통도 없다. 낮은 산에 오를 땐 눈이 왔더라도 금방 녹아 아이젠을 착용할 필요도 없고, 신발 걱정을 크게 하지 않아도 된다. 그리고 눈앞에 펼쳐진 풍경도 평범하다.

하지만 높은 산에 오를수록 어떤가? 배낭에 물도 챙겨야 하고 땀 닦을 손수건도 챙겨야 하고, 밧줄을 잡을 장갑도 필요하다. 그리고 추울 때는 얇은 패딩도 필요하고, 눈이 오면 아이젠도 필요하다. 높은 산에 오르려면 준비할 것도 많고, 정상에 도달하기까지 낮은 산보다 훨씬 더 오랜 시간이 걸린다. 오르는 것은 힘들지만 중간중간 쉬어 가면 된다.

중요한 건 빨리 가는 것이 아니라, 지치지 않고 포기하지 않으며 끝까지 가는 것이 중요하다. 산 정상에 오르면 봄, 여름, 가을, 겨울 사계절마다 그 계절에 어울리는 멋진 풍경이 우리를 맞이한다. 산 정상까지 올랐다 내려오면 보람도 느끼고 '내가 어떻게 저 높은 산을 올랐을까?'라는 생각이 든다. 그리고 그다음 날이 되면 어딘가 모르게 근육통이 생기고 뒷다리가 당기기 시작한다. 낮은 산과 높은 산을 오른 뒤의 느낌은 전혀 다르다. 고생은 더 했지만, 그만큼 보이는 풍경도, 느껴지는 감정도 비교할 수 없을 만큼 천지 차이다. 내가 낮은 산을 오래도록 걷고 싶은지, 힘들더라도 높은 산에서만 볼 수 있는 웅장한 광경을 보고 싶은지 스스로 선택하면 된다. 낮은 산에 오른다고 못 산 인생이 아니고, 높은 산에 오른다고 해서 반드시 좋은 인생인 것도 아니다. 인생의 등산도 마찬가지다. 내가 꼭 높은 산을 올라야만 훌륭한 삶을 사는 것은 아니다.

낮은 산을 천천히, 다치지 않고, 나만의 속도로 걸어온 삶도 그 자체로 의미 있고 값진 인생이다.

그러니 낮은 산, 높은 산을 다른 사람과 비교하며 살지 말고 내 속도에 맞는 산이 오름인지, 낮은 산인지, 중간 산인지, 높은 산인지, 악산인지를 잘 알고 인생을 살아가면서 흔들리지 않는 것이 중하다. '남이 높은 산을 오르니까 나도 따라 올라야지.'가 아니라, '나는 다리가 약하니까 오름을 여러 번 가는 것이 내 건강에 좋다.'라고 판단을 내려 오름을 여러 번 다니는 것이 더 좋은 선택일 수 있다.

결국, 인생은 정답이 없으며 스스로 삶을 선택하고 개척해 나가는 것이 가장 옳은 길이다. 높은 산을 선택한 것은 내가 했지만, 높은 산을 오르면서 다치는 것은 내가 선택한 것이 아니다. 그러니 내 선택에 대해 너무 후회도 말고, 못 했다고 자책도 하지 말자. 높은 산에 오르다가 혹시라도 다치게 되면 다시 올라갈지 말지를 결정해야 하는 상황이 온다. 다친 몸을 이끌고 힘들어도 정상에 갈 것인지, 하산했다가 다시 다음에 몸을 건강히 만들어서 올 것인지를 결정하면 된다. 모든 나쁜 상황이 닥쳤을 때 내 선택이 잘못됐음을 자책하지 말고, 앞으로 살아갈 방법을 찾아 나가다 보면 내가 원하는 방향을 찾을 수 있을 것이다. 인생에는 정답이 없으며 그 어떤 것도 그 누구의 잘못도 아니다. 대구에서 온 촌년도 이렇게 서울 한복판을 매일 휘저으며 잘 살아가는데 누군들 못 할 게 무엇이 있으랴.

10. 운명을 믿지 마라

"야야, 내가 사주를 봤는데 니는 절대로 미국 가면 안 된데이, 고마 가지 마라."

호주에서 워킹홀리데이를 마치고 온 엄마가 나를 점집에 데려가서 한 이야기다. 나는 저 문장이 단어 하나 틀리지 않고 기억이 난다. 내 어릴 적 꿈은 서울에서 직장을 얻는 것과 미국에서 사는 것이었다. 대학교를 휴학한 상태로 필리핀도 갔다가 호주도 갔다가 아르바이트도 했다가 이것저것 제대로 된 직업 없이 떠돌아다니는 내가 엄마는 떠돌이로 보였던 모양이다.

호주에서도 워킹홀리데이로 한참 일을 잘하고 있는데 막내 이모에게서 전화가 왔다.

"야, 내가 꿈을 꿨는데 너가 아무래도 한국에 와서 대학교 졸업을 빨리해야 할 것 같아. 꿈자리가 너무 시끄럽다. 부모님 걱정하시니까 여기서 졸업하고 빨리 취직이나 해."

대체 그놈의 꿈, 사주는 한 번도 제대로 된 이야기를 해 준 적이 없다. 정치인이나 연예인들은 이사를 하거나 좋은 작품을 맡을 때 꼭 오래 다녔던 점집에서 상의를 하고 큰일을 치른다고 한다. 그런데 왜 내 주위엔 온통 꿈이 좋았다는 이야기가 없는 걸까.

사실 나도 이렇게 믿지 말라고 말하지만 나도 내 앞길을 알 수 없어 작년에 한번 신점을 본 적이 있다. 대학교 때부터는 워낙에 내가 하고 싶었던 대로 마구 돌아다녀서 답답한 마음이 없었다. 하지만 결혼하고 애를 셋을 낳아 키우다 보니 점집 아줌마의 의견을 빌려 보고 싶은 심정이 들었다.

얼마 전, 전화로 가능한 점집을 찾았다. 부재중이어서 번호를 남겼더니, 급하게 전화를 주셨다.

"십만 원 입금하시고요, 주소랑 이름, 생년월일을 문자로 남겨 주세요."

요즘 신점은 얼굴도 안 보고 한자 풀이도 안 하고 이름이랑 생년월일만 보나 보다. 참나, 굳이 오지 않아도 이름이랑 생년월일만 넣고도 내 사주가 나온다고?

입금이 확인됐는지 몇 시간 뒤에 바로 연락이 왔다.

"내년에 물 사업을 하면 잘 풀릴 테니 물 사업을 하시고요, 현재 직장 운은 없습니다. 친정엄마 쪽에 신내림을 받을 사주가 있으니 조심하시구요."

이렇게 말하고는 끊었다.

나는 지금 멀쩡히 직장도 잘 다니고 있고, 물 사업을 할 예정도 아니었다. 이대로라면 점쟁이의 말도 다 믿을 것이 못 되었다. 한 번쯤 궁금해할 수는 있지만 인생에서 어떤 선택을 내릴 때마다 점쟁이의 말을 믿는다면 무언가 하나하나 결정할 때마다 매우 힘들어질 것이다.

그래서 나는 이제 점쟁이의 말을 믿지 않기로 했다. 돈만 날리고 기분이 썩 좋지는 않았다. 어떤 사람이 이렇게 얘기했던 것이 기억난다. 타고난 팔자와 운명은 밑그림일 뿐이고 어떻게 생각하고, 해석하느냐에 따라 다르게 색칠하면 인생이 바뀐다고 말이다. 다 같은 바닷물도 사람마다 느끼는 색깔이 다르다. 같은 바다를 색칠하더라도, 에메랄드빛으로 채울지 푸른빛으로 채울지는 나의 선택이다. 그래서 나쁜 일이 닥칠 때마다 '이것도 분명 이유가 있겠지.' 하고 받아들이기 시작했다. 태어나고 죽는 건 내가 결정할 수 없지만 태어나서 죽을 때까지의 상황 선택은 내가 결정하는 것이다. 그러니 이제 사주팔자 따위는 던져 버려라. 한 번씩 조언을 받는 것은 좋다. 하지만 그것을 지나치게 맹신하면, 내 삶을 스스로 선택하는 기회가 줄어들고 사주팔자에만 의존하게 된다. 결국 스스로 선택권을 잃어버리는 것은 인생에 결코 도움이 되지 않는다. 내가 인생을 주관적으로 선택하는 습관을 기르고, 그 선택을 한 것에 대해 후회하지 않는 인생을 산다면 그것이 바로 성공한 인생이다.

개개인의 삶의 방향과 정답은 결코 정해져 있지 않다. 인생을 살다가 어떠한 문제에 부딪혔을 때, 그것을 문제라고 생각하는 사람이 있고,

그 문제를 기회로 바꾸는 사람이 있다. 물론 인생에서 내가 스스로 해결을 못 하는 문제가 닥칠 수도 있다. 삶을 산다는 것은 원래 내 계획대로 되는 것은 아니다. 하지만 조금이라도 계획을 세워 놓으면 크게 예상 밖으로 넘어가는 일은 없게 된다. 그래서 팔자를 믿지 말고 계획을 세우되, 계획에 벗어난 일이 크게 일어나지 않게끔 내 삶을 꾸려 나가면 된다.

나는 내가 결혼을 이렇게 일찍 할 줄도 몰랐고, 아이를 셋이나 낳을 줄도 몰랐다. 그리고 이 삶을 10년 동안 유지해 갈 줄도 몰랐다. 하지만 중간에 포기하지 않았고, 남편과 아이들, 시댁과 우리 친정 가족들을 의지하며 산 인생이 벌써 10년이나 흘렀다. 물론 독자 중에서는 나보다 더 힘든 결혼 생활을 하셨던 분도 있고, 좋았던 결혼 생활을 했던 분도 있을 것이다. 하지만 좋거나 혹은 힘들거나 했던 결혼 생활 또한 모두 상대적인 것이다. 남편의 월급 300만 원으로 만족하는 사람도 있고, 맞벌이로 1,000만 원을 벌어도 부족함을 느끼는 사람이 있다. 그렇듯 인생은 내가 얼마나 상황을 긍정적으로 바라보느냐에 따라 바뀔 수 있다.

우리 친정엄마도 술 좋아하는 아빠 때문에 고생을 많이 하셨다. 엄마는 엄마 나름대로 결혼한 이후에 고생을 많이 했다고 생각했다. 그러고 내가 결혼을 한 뒤에 아빠에게 질문을 드렸다.

"아빠, 아빠는 인생에서 제일 힘든 적이 언제야?"

"아빠는 열여섯 살 때 집이 망했을 때가 가장 힘들었어. 아홉 살 때 할아버지 없이 8남매와 할머니가 함께 그때부터 일하러 다녔어. 그때 인생이 무너지는 것처럼 힘들었지."

라고 아빠가 대답해 주셨다. 나는 처음으로 아빠의 인생에서 힘들었던 순간을 듣게 되었다.

나는 결혼하고도 철없이 살았었다. 아빠는 술만 좋아하는 사람인 줄 알았지, 알고 보니 경찰 생활을 중도에 포기하지 않고 우리 다섯 식구를 먹여 살리려 노력했다. 그러면서 엄마의 동생들이 우리 가족과 따뜻한 집에서 생활할 수 있도록 의식주를 제공하고 외가에서도 큰사위 노릇을 톡톡히 해 주었다.

지금으로 치면 초등학교 2학년밖에 안 된 나이에 아버지가 돌아가시고, 그때부터 농사일을 하러 다니셨다. 그리고 열여섯 살 때부터는 어머니와 본격적으로 일을 같이 하러 다녔다고 했다. 하지만 그와는 반대로 친정엄마는 어린 시절에 아빠와 완전 반대의 삶을 살았다.

성인 될 때까지 음식으로는 부족함이 없었고, 장녀라 집안일은 많이 도왔지만, 고등학교 때까지 성적도 최상위권을 유지하며 공부를 했다. 친할아버지, 친할머니가 모두 살아 계셔서 사랑도 많이 받았고 대학은 못 갔지만 결혼 전까지 회사에 다니면서 풍요로운 생활을 하며 지냈던 것이다.

그래서 아빠는 결혼하고 나서 너무 행복했다고 했다. 경찰공무원이라는 안정적인 직업도 가졌고, 아내도 있고, 자식도 있어서 말이다. 하지만 그와 반대로 엄마는 결혼 생활이 지독히도 힘들었다고 했다. 만약 엄마도 아빠처럼 어릴 때부터 힘든 환경에서 살았었더라면 결혼 생활이 힘들다고 느꼈을까? 왜 같은 결혼 생활을 하면서 한 명은 행복하고 한 명은 불행했을까? 둘이 같이 시작한 결혼 생활인데 왜 그리 반대로 느꼈을까?

그것은 바로 행복하다는 느낌도 상대적으로 느끼기 때문이다. 내가 매일매일 행복하고 감사하게만 생각하면 하루하루가 행복하다. 나도 너무 내 생활이 비참하다고 생각해서 이 책, 저 책 가리지 않고 참 많이도 읽었다. 다른 친구들은 다 행복해 보이고 나만 불행해 보였다. 그러니 자존감도 바닥으로 낮아졌다. 그러던 어느 날, 내 남동생이 이렇게 얘기했다.

"솔직히 서울에서 누나처럼만 살면 결혼하겠다."

이게 뭔 말인가? 서울에 사는 사람들은 대부분 아파트에 살고, 계절마다 여행을 다니며, 결혼 몇 년 후에는 차도 바꿀 줄 알았다. 아이를 키울 때는 학원만 데려다주며 편안한 주부의 삶을 생각했는데, 정작 실제 결혼 생활은 그렇지 않았다. 그래서 내 삶이 엄청 힘들다고 생각했는데, 제 3자가 나를 봤을 때는 내가 가진 것이 많아 부럽다고 했다.

내 동생은 물론 남자이지만 서울에 집이 있는 것도 아니고 자영업자의 길로 살아서 결혼 생각은 엄두도 못 낸다고 했다. 이미 서울에 가게를 차렸지만, 가게를 차릴 때 낸 빚을 갚아야 해서 신혼집을 마련하기도 힘들다고 했다.

이성적인 성격의 내 동생이었지만, 그 아이의 말을 듣고 문득 '내가 정말 욕심이 많았구나.'라는 생각이 들었다.

그때부터 나는 욕심을 조금씩 내려놓기로 마음먹었고, 인생을 돌아보며 감사하는 마음으로 살아가기로 결심했다. 누구나 인생에서 힘든 점은 있다. 없다면 거짓말이고 인생을 태어난 자체가 고통을 겪으며 성장해 나가는 과정이다. 누구에게는 아이를 낳는 것 자체가 힘든 일일 수도 있고, 어떤 사람은 부모님이 물려준 빚을 갚는 것이 힘들 수도 있다. 이 말은 힘든 일이든, 행복한 일이든 우리에게 일어나는 모든 일은 상대적이라는 이야기이다.

그러니 나에게 주어진 힘든 일을 하나씩 극복해 나가다 보면, 그 경험은 결국 내 삶의 자산이자 지혜로 남게 될 것이다. 나는 결혼이라는 것이 인생에서 가장 힘든 일이었다. 하지만 인생에서 결혼을 한 일이 가장 잘한 일이기도 하다. 그만큼 힘들었지만 힘든 만큼 행복하고 나에게 삶의 지혜를 깨닫게 해 준 일이기 때문이다. 사업을 하는 사람에게는 사업을 이끌어가는 일이 가장 힘든 일이지만, 어쩌면 그 고된 과정이 삶의 가장 큰 동력이 되었을 수도 있다. 그러니 삶에서 어떤 일이 나에게 부딪힐지 모른다. 그 일을 극복하느냐 하지 못하느냐, 긍정적으로 바라보느냐 부정적으로 바라보느냐는 내가 결정할 일이다.

일본에서 이런 일화가 있다. 오랜 친구 둘이서 선술집에서 술을 마시고 있었다. 그런데 어떤 할머니가 꽃을 팔러 오셨다.

할머니: "우리 손녀가 매우 아파요. 꽃 한 다발만 사 주세요."
친구 1: "얼마예요?"

할머니: "2만 원이에요."

친구 1: "네, 한 다발 주세요."

친구 2: "저 할머니 사기꾼이야. 아픈 손녀 없어. 매일 여기 오시는 분
이야. 괜한 돈 쓰지 마."

친구 1: "휴, 다행이다. 아픈 손녀가 없어서."

이 말을 들은 '친구 2'는 기분이 어땠을까? 본인이 가졌던 생각이 매
우 부끄러웠을 것이다. 하지만 '친구 1'은 어떤가? 어떠한 상황에서도
매우 긍정적으로 생각하는 경향이 있는 사람일 것이다. 우리는 살아갈
때 사실 '친구 1'처럼 생각하기가 쉽지 않다. 대개 '친구 2'처럼 생각하는
사람이 많을 것이다. 하지만 '친구 1'처럼 살아가는 삶의 태도를 배워야
할 것이다.

내 인생도 마찬가지이다. 운명으로 인생을 정하기에는 100년이 너무
길다. 만약 내게 주어진 사주팔자가 도화지에 밑그림까지라면, 색칠하
고 꾸미는 것은 내가 결정할 일이다. 밑그림이 이미 그려져 있다고 너
무 좌절하지 말자. 색칠은 100가지 넘는 색으로도 칠할 수 있고, 색칠
할 수 있는 도구도 수십 개가 있다. 도화지에 색칠만 할 수 있는 것이
아니다. 색칠하고 그 위에 낙엽으로 꾸밀 수도 있고, 꽃잎으로 꾸밀 수
도 있다. 나는 아직 40년도 살아오지 않았다. 100년의 인생을 산다면
나는 아직 색칠할 수 있는 공간이 많이 남아 있고, 그 위에 다른 재료로
꾸밀 수 있는 공간도 반쯤은 넘게 남아 있다. 운명에 인생을 맡기지 말

고 하루하루를 도화지에 색을 입히며 살아가자. 언젠가는 도화지를 보석으로 채울 그날이 될 때까지 말이다.

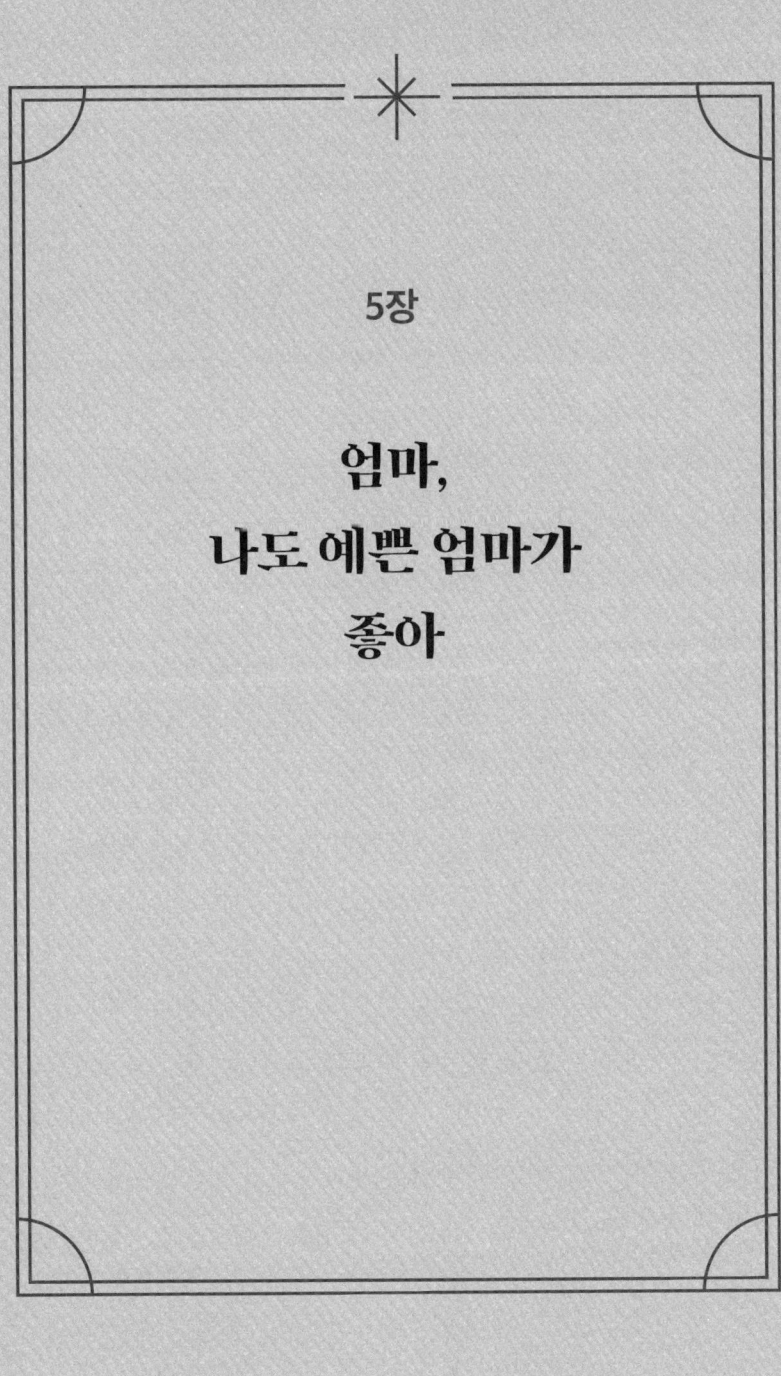

5장

엄마,
나도 예쁜 엄마가
좋아

1. 자존감은 외모로부터 나온다

외모는 관계의 시작이라고 할 만큼 현대사회에서 매우 중요해졌다. 우리나라가 잘살게 된 이후부터 소득의 일정 부분을 외모에 투자하기도 한다. 특히, 우리나라는 성형 강국에다 요즘에는 K-뷰티, K-화장품, K-걸그룹 등이 전 세계적으로 인기를 끌고 있어 세계인들에게 우리나라의 외모를 인정받은 셈이다. 그만큼 한국인들은 남들에게 보여지는 삶을 중요하게 여긴다고 볼 수 있다. 이렇게 우리나라가 외모를 중요시하게 된 건, 1970년대 새마을운동이 일어나고 우리나라가 잘살게 되면서부터이다. 예전에는 미국이나 일본 등 이른바 선진국의 외모를 부러워하며 따라 하곤 했다. 헤어나 메이크업도 주로 서양인을 동경하는 각진 얼굴에 어울리는 스타일을 선호했었다. 하지만 우리나라 걸그룹이 많아지면서 메이크업이나 헤어, 의류산업 등이 발전하게 되었고, 지금은 전 세계 1위를 차지할 만큼 뷰티 산업은 우리나라가 강자로 떠올랐다.

그러면서 연예인들이 아닌 일반인들도 자신의 외모에 투자를 많이 하게 되었고, 자신을 가꾸게 될 기회도 생겨났다. 1990년대가 되면서 백화점에서만 비싸게 살 수 있었던 화장품을 로드 샵에서 단돈 몇천 원으로 구매할 수 있게 되었다. 그때부터 우리나라의 화장품 산업이 비약적으로 발전하게 되었다. 그러면서 성형 붐도 이때 같이 일어났다. 2000년대 초반 외국인들은 명동과 강남을 오가며 성형외과를 전전하는 모습이 보였다.

그럼 과연 외모는 자존감을 지켜 주는 데 얼마나 많은 비율을 차지할까?

물론 외면보다는 내면을 가꾸어야 자존감 회복에 중요하다고 여러 학자들은 공통적으로 말하고 있다. 일반적으로 여성은 외모가 자존감에 미치는 영향이 남성보다 상대적으로 큰 편이다. 예전에 남자들은 본능적으로 지위와 명예에 집착했지만, 요즘에는 남자들도 성형수술도 많이 하고 외모에 대한 관심도가 상당히 높아졌다.

여자는 자신을 가꾸는 데에서 오는 만족도에 따라 자존감이 높아지기도 하고 낮아지기도 한다. 젊었을 때는 누구나 이뻐 보이지만 사실 나이가 들게 되면서 외모에 더욱더 신경을 쓸 수밖에 없다. 내가 생각하는 외모를 꾸미는 것이 진한 메이크업을 하거나 연예인처럼 항상 꾸민다는 말이 아니다. 어디에 있거나 단정한 차림을 말하는 것이다. 집에 있을 때나 밖에 나갈 때나 내 마음가짐이 올바르면 내가 차려입은 옷과 머리 모양새가 단정하다. 하지만 마음이 어지럽거나 힘들 때는 내 외모를 꾸미는 것조차 사치일 수 있기 때문에 겉모습보다는 마음을 항상 올바르게 만드는 것이 더 중요하다. 그래도 몸과 마음을 단정히 하고, 특정한 날에는 한 번씩 나의 외모를 가꾸어 보자. 이미 예쁜 여성들도 많지만, 자기 외모에 만족하지 못하는 여자들도 많이 있다. 만약 자기 외모가 마음에 들지 않는다면 다이어트도 한번 결심해 보고 이쁜 옷도 사 입고, 오랜만에 머리도 한번 손질해 보자. 꾸미는 것은 타고난 것이 아니라 노력에서 온다는 것을 잊지 말자. 그리고 한번 외모에 신경 쓰기 시작하면 두 번째는 쉽고, 세 번째는 더 쉬워질 수 있다.

특히 나는 딸을 가진 엄마에게 해 주고 싶은 말이 있다. 내가 만약 남자라면, 내가 만약 고용주라면 어떤 여성을 더 선호할지 말이다. 물론 인성도 갖추고 외모까지 갖추면 금상첨화다. 하지만 첫인상이 가장 중요할 때가 있을 것이다. 통계적으로 외모 수준이 더 높은 사람이 연봉이 더 높다는 연구 결과가 있다. 외모가 자존감에 영향을 미친다는 건 어쩔 수 없는 사실이다. 그렇다면 오늘부터 하루 단 5분이라도 나를 가꾸고 돌보는 시간에 투자해 보자. 그 5분이 나를 더 사랑하는 힘을 만들어 주는 시간이 될 것이다.

간단한 윗몸일으키기도 좋고, 하루에 한 번씩 얼굴에 팩을 붙이는 일도 좋다. 그마저 힘들다면 물이라도 한 컵 더 마시는 규칙을 정하자. 여자는 피부가 고와야 얼굴이 젊어 보이고 부티나 보이기 마련이다. 사실 물만 잘 마셔도 얼굴에 뾰루지가 나거나 푸석푸석한 느낌이 없는 얼굴을 만들 수 있다. 오늘부터 자신이 외모를 위해서 해야 할 것을 딱 하나만 정하고 한 달만 그 습관을 유지하자. 아니 3일씩 10번만 실행해 보자.

사실 외모에 자신감이 높아지면 자존감이 높아지는 건 사실이다. 왜냐하면 자존감은 자신감으로부터 나오기 때문이다. 평소에 본인의 모습과 결혼식장에 갈 때 자신의 걸음걸이를 비교해 보면 알 수 있다. 여자든 남자든 구두를 신는 순간, 걸음걸이에서부터 자신감이 살아난다. 자신을 사랑하고 꾸밀 줄 알아야 아이들을 사랑할 힘이 생긴다. 오히려 전업주부보다 워킹맘들의 아이들에게서 더 당당한 모습을 볼 수 있다. 아이들은 부모의 말이나 가르침보다, 부모가 어떻게 살아가는지를 보며 자라기 때문이다. 우리 아이들이 자라서 외모에 관심이 없고 꾸미지 않고 자라길 바라는가? 아이들이 자라서 외모에 관심이 없고 자신을 가꾸지 않는다면, 그건 성격의 문제가 아니라 '가꾸는 엄마'를 본 적이 없기 때문일 수도 있다.

우리 엄마는 예순의 후반인 나이인데도 불구하고 아침에 머리를 감으면 항상 머리를 손질하고 화장을 하신다. 일어나서 만나는 식구가 우리 가족밖에 없는데도 말이다. 그리고 요즘엔 떡방앗간에서 일을 하시는데, 항상 화장을 하고 일을 나가신다. 누가 떡집에서 일하는 할머니를 봐 주기나 할 것인가? 하지만 엄마는 나이를 떠나서 항상 최선을 다해 자신을 가꾸기 때문에 자신감 있게 아직도 일할 수 있다고 생각한다. 엄마가 어릴 때부터 언니와 나에게 했던 말이 있다.

"여자는 반드시 단정해야 한다."

엄마에게 이것 하나만은 잘 물려받았다고 생각한다.

내가 아이를 낳을 때, 엄마와 함께 입원실에 있을 때도 엄마는 내 머리를 매일 감겨 주시고 내 머리를 빗겨 주셨다. 그래서 우리 아이도 7살 때부터 샤워를 매일매일 혼자 했고, 3학년이 된 지금은 아침에 매일 스스로 포니테일 스타일의 머리를 하고 나간다. 학교를 가든 방학이든 주말이든 무조건 우리 아이는 항상 반듯하게 머리를 묶어 달라고 한다.

나는 외모 자존감을 갖추는 일 역시, 하루아침에 이루어지지 않는다고 생각한다. 인생에서 외모를 가꾸는 것이 전부는 아니지만, 인생에서 결정적인 순간에는 외모가 중요한 역할을 한다고 생각한다. 성공한 여성 중 CEO, 대기업 임원이나 영부인을 보면 항상 외모가 단정하고 가지런하게 정돈되어 있다. 그들이 CEO이기 때문에 외모를 가꾸는 것이 아니라, 단정한 이미지가 사람들에게 영향력을 주는 중요한 요소이기 때문일 것이다.

영국의 황실에서는 정치를 잘 하는 것도 중요하지만 외모에 신경을 특히 많이 쓴다고 한다. 외모가 이쁜 사람은 다양한 사회적 기회에서 유리한 위치에 놓이기도 한다. 예를 들어, 채용 면접, 인간관계, 연애 관계 등에서 긍정적인 첫인상으로 인해 쉽게 관계를 형성하거나 기회를 먼저 얻는 경우가 많다. 이런 경험이 쌓이게 되면, 자신에 대한 긍정적인 인식이 커지고 결과적으로 자존감에 긍정적인 영향을 준다.

외모를 꾸미는 것이 결코 비싼 돈으로 좋은 명품을 걸치는 것이 아니다. 앞서 말했듯 깔끔하고 단정하게 옷을 입고 머리 정돈을 하는 것을 의미한다. 비싼 명품을 걸친다고 모두가 멋져지거나 이뻐지는 것은 아니다. 저렴한 옷이라도 본인의 몸이 명품이면 5,000원짜리 티셔츠라도 명품처럼 보일 것이다. 지금 당장 거울을 보고 내가 깔끔하게 옷을 입었는지 한번 판단해 보길 바란다. 그게 어렵다면, 자신이 닮고 싶은 롤모델을 정해 조금씩이라도 그 사람을 닮아 가려는 노력을 해 보길 바란다. 그것마저 힘들다면 굳이 롤모델을 찾을 필요도 없다. 거울을 보고 '내가 이 세상에서 제일 이쁘다.'라고 하루에 10번씩 외쳐 보자. 그렇게 하다 보면 외모에 대한 자신감이 생기고, 그에 따라 자존감 역시 자연스럽게 높아질 것이다.

그래서 나는 나이가 많든 적든, 남자든 여자든 누구나 자신의 외모를 가꾸는 데에 조금은 신경을 써야 한다고 생각한다. 왜냐하면 우리는 인간이기 때문이다. 인간은 시각적인 자극에 민감하게 반응하고, 자연스럽게 외적인 부분을 보고 첫인상을 판단하는 존재다. 결국 외모에 일정 시간을 투자하는 것은 피할 수 없는 일이다.

아무리 값비싼 명품을 걸쳐도 체형이나 건강한 인상이 받쳐 주지 않으면 그 명품에 대한 매력이 떨어질 수 있다. 반대로, 5천 원짜리 티셔츠와 2만 원짜리 청바지라도 단정한 몸매와 태도가 함께한다면 오히려 더 빛날 수 있다.

그러니 지금 바로 나의 외모 자존감을 높이기 위해 할 수 있는 일이 무엇인지 찾아보자. 거창하지 않아도 좋다. 작은 변화 하나라도 지금 시작해 보는 것이 중요하다.

만약에 내가 타인의 시선에서 평균 이상이라는 외모 평가를 받는다면 가족이나 지인들로부터 긍정적인 반응을 더 자주 경험하게 될 것이다.

"○○ 엄마, 왜 이렇게 날씬해요?"

"어머, 나이보다 너무 젊어 보여요."

"어쩜 이렇게 옷을 잘 입으세요?"라는 이야기를 듣게 되면 자신에 대한 긍정적인 인식을 하게 되고, 외모에 대해 만족감을 느낄 수도 있다. 그러한 이야기를 자주 듣게 되면 자신의 존재에 대한 확신이 생기고 자존감이 높아진다.

외모를 통해 자존감이 100% 높아진다는 보장은 없다. 하지만 엄마가 되면 육아를 통해 짧으면 2~3년 길게는 수년 동안 '여성'보다는 '엄마 역할'에 집중하는 경우가 많다. 이럴 때 거울 속의 꾸며진 나를 보거나 다른 사람들로부터 긍정적인 외모로 평가받을 때, '나는 여전히 예쁘고 매력 있는 사람이다.'라고 다시 생각할 수 있는 토대가 된다. 이역시 엄마인 나의 자존감을 회복하거나 높이는 데 도움이 된다.

물론 외모뿐만 아니라 다른 것을 통해서도 자존감이 높아지는 사람들도 있다. 하지만 외모를 가꾸는 일은 변화가 눈에 띄게 드러나고, 스스로에게 긍정적인 효과를 줄 수 있기 때문에, 자존감을 높이는 방법 중 하나로 외모를 가꾸는 것을 강력히 추천한다.

2. 사교육의 15%는 나에게, 15%는 아빠에게 투자해라

취직하고 난 이후로, 어떠한 공부를 열심히 해 본 적이 있는가? 사실 대로 말하자면 나는 취직 이후, 열심히 공부해 본 적이 없다. 왜냐하면 수능 끝날 때까지 수능 공부를 했고, 취업을 준비할 때 영어 공부와 취업에 필요한 공부를 많이 했기 때문이다. 대부분 우리나라 성인은 취업 후, 자기 계발률이 거의 0%에 가깝다. 독서 하는 성인은 거의 찾아보기 힘들 정도로 독서량도 상당히 줄어들었다. 내가 말하고자 하는 자기 계발은 일반적으로 알려진 '성공에 관한 책'이 아니다. 우리 나이쯤 되면 책 한 권을 써도 부족할 만큼 자기 사연이 구구절절 있을 것이다.

이제와서 '책을 읽어서 성공해야지.' 같은 말은 사실 비현실적이다. 하지만 자식을 잘 키우기 위해서 최소한으로 읽어야 할 책을 읽는다든 가, 자신만의 스트레스를 풀 수 있는 공간이나 방법을 찾는 노력은 반드시 필요하다. 나는 어린 시절, 책을 즐겨 읽는 게 습관이 되어 있지 않았다. 그 후, 청소년 시절에 공부하는 것은 즐겨 하지 않았지만, 지금은 책을 읽고 글을 쓰는 것을 좋아하게 되었다.

우리는 아이들을 위해 태어나자마자 6개월이 되면 문화센터 수업부터 시작해서 학습지, 책 등을 사서 읽히기 시작한다. 아기를 위해 유모차, 카시트, 유기농 간식 등 온갖 좋은 것을 사 주지 못해 안달이 나 있는 부모들이 많다. 특히 '하나만 낳아 잘 기르자.'는 구호는 현대 사회에서 트렌드로 자리 잡혀 있다.

지금의 엄마들은 일단 아이를 낳기 전부터 최고급 산후조리원에 예약한다. 그리고 나서 아이를 낳으면 의, 식, 주 모든 것을 명품으로 해 주고 싶어 한다. 아이가 원하는 것은 결코 명품으로 둘러싸인 옷과 음식이 아니라 엄마와 아빠의 따뜻한 품과 엄마의 몸에서 나오는 '모유'이다.

내가 하고 싶은 말은 아이에게 투자할 수 있는 돈이 만약 100만 원이라면 그중에 15만 원은 나에게 쓰고, 15만 원은 남편에게 투자하라는 것이다. 각자의 가치관이 다를 수 있으니 강요하지는 않겠지만 적어도 아이들에게 쓰는 돈을 나누어 제발 나와 남편에게 투자하라는 것이다.

자기 계발을 꼭 하지 않아도 된다. 아이에게 쓰는 학원비가 20만 원이라면 3만 원은 내가 먹고 싶은 음식, 또는 카페에 가서 3만 원의 여유를 즐기는 삶을 살았으면 좋겠다는 것이다. 내가 한때는 내가 먹고 싶은 커피도 안 사 먹고, 밥도 안 사 먹고, 옷도 안 사고 아이에게 다 투자했던 때가 있었다. 비록 아이가 어리기도 했고 인생의 쓴맛을 잘 알지 못할 때였다. 이렇게라도 투자하면 아이는 아이대로 잘 클 줄 알았고,

아이를 위해 투자했던 돈들이 결코 헛되이 쓰이지 않을 것이라고 생각했다.

하지만 그렇게 10년을 살았더니 내가 남은 감정은 억울함뿐이었다. 물론 나처럼 어리석은 엄마는 이 세상에 없길 바란다. 혼자서 밥 한번 사 먹을 줄 몰랐고, 내 책 한 권 살 줄을 몰랐다. 내 시간을 가질 생각조차 못 고 남편에게 아이를 맡기면 안 된다는 바보 같은 생각에 사로잡힌 엄마였다.

그러니 아이가 어느 정도 크면 일하는 것도 중요하지만 주말엔 꼭 시간을 내어 남편과 함께하는 시간을 보냈으면 좋겠다. 50만 원짜리 유모차를 사고 싶으면 그중 5만 원은 아껴 남편과 시간을 보내든가 아니면, 청소해 주는 아주머니를 부르는 것도 좋다. 결코 자식에게 모든 돈과 시간을 투자하는 것이 능사는 아니다.

그리고 엄마, 아빠가 되어서도 배움을 멈춰서는 안 된다. 특히 아이들을 교육하기 위해서 앞으로의 교육 트렌드, 지금의 교육 현실, 미래에 대한 직업, 요즘 뜨고 있는 학과나 학군지를 미리 알아두어야 한다. 30년 전에 내가 공부하던 방식과 지금의 교육 환경은 완전히 다르다. 예전의 공부 습관이나 방식은 지금과는 전혀 다르다는 현실을 직시해야 한다.

예전처럼 아이들이 스스로 자라서 스스로 공부하는 아이는 거의 드물다. 그러니 아이들을 잘 키우기 위해서 시간과 노력을 절대 소홀히 하지 말아야 할 것을 명심해라.

아이들에게 내가 일하는 모습도 보여 주어야 하고, 현재 세계 각국에서 일어나고 있는 일에 대한 설명도 해 주어야 한다. 아이들의 친구 관계나 미래에 하고 싶은 일에 대해서 들어 주어야 한다. 선생님들도 아이들에게 현실에 맞는 교육과정을 지도하고 공부해야 한다. 그 상황에 맞는 대처 방법을 알려 주기 위해서는 부모가 알고 있는 지식이 많아야 한다. 찾기 힘들다면, 유튜브나 Chat GPT에게 물어봐도 괜찮다. 하지만 나중에 우리 아이가 어떤 문제를 해결할 때 유튜브나 Chat GPT에 의존하는 아이로 키우지 않기 위해서는 아이와 함께하는 활동을 하든가 내가 열심히 살아가는 모습을 직접 보여 주는 것이 중요하다.

또 운동하는 습관은 평생을 책임지는 자기 계발 습관이다. 그래서 이 습관만큼은 꼭 아이들에게 물려주고 싶다. 나의 부모님은 등산하거나 산책하는 것을 정말 즐겨 하셨다. 저녁에 밥을 먹고 나서 항상 가족들이 함께 산책하며 이야기를 나누었고, 주말에는 산에 있는 사찰을 꼭 찾아다니곤 했다. 운동이라고 해서 수영이나 테니스 등 거창한 기술이 필요한 운동을 말하는 것이 아니다.

걷기 운동이라도 매일 하거나 적어도 일주일에 한 번 정도는 항상 가족과 함께하는 습관을 들이면 좋다. 내가 책 앞쪽에서도 얘기했듯이 '세 살 버릇 여든 간다.'라는 속담이 있다. 어렸을 때부터 형성되지 않은 습관은 성인이 돼서 습관 들이기가 정말 어렵다. 내가 가지고 있는 습관들을 생각해 보라. 말투, 사고하는 습관, 식습관 등은 대부분 어렸을 때부터 형성된 사람들이 많다. 그래서 나는 어려운 습관을 들이라고 권하고 싶지는 않다. 일주일에 한 번, 토요일 저녁이나 일요일 아침에 가족과 함께하는 산책을 해 보면 어떨까?

산책을 하면 기분도 상쾌해지고 서로 하지 못했던 말을 꺼내기도 쉬워 그 자리에서 바로 가족회의가 열리기도 한다. 회의가 집이나 회사에 앉아서 노트를 꺼내야 회의가 시작되는 것은 아니다. 내가 가장 편한 장소에서 쉽게 말을 꺼낼 수 있을 때 비로소 가족회의가 시작된다. 특히 아이들은 집 보다 밖에서 더 편하게 자신의 이야기를 털어놓을 수도 있다.

산책을 하게 되면 변화하는 우리나라의 사계절을 느낄 수 있다. 산책이 습관이 되면 한 주라도 산책하지 않은 날은 양치를 하지 않은 것처럼 뭔가 기분이 찝찝할 것이다. 부모 역시 자기 계발에 힘쓰는 모습을 아이들에게 보여 주어야 한다. 그래야 아이들도 자연스럽게 그 모습을 보고 배운다. 인생에서 여유로운 삶도 필요하지만, 평생 성장하는 태도 역시 아이에게 꼭 물려주어야 할 중요한 가치다.

그리고 백년 시대에 한 직업만 갖고 살아간다는 것은 매우 힘든 일이다. 예전처럼 주식이나 아파트만 갖고 있다고 해서 부자가 되는 시기는 지났다. 압구정과 청담에는 영 앤 리치(Young & Rich)들이 줄지어 집을 사고 있다. 이제는 나이가 많다고 해서 반드시 부자가 되는 것도 아니고, 어리다고 해서 부자가 되기 어려운 시대도 아니다. 더 이상 부를 축적하는 것은 나이의 문제가 아닌 시대가 온 것이다.

그러니 지금 이 시대에 필요한 사람이 되고, 부를 축적하기 위해서 미래를 위한 공부를 하자. 투자든, 부동산이든, 블로그든, 유튜브든 말이다.

또 다른 자기 계발 중 하나는 운동이라고 생각한다. 예전에는 시간을 따로 내서 취미 생활이 운동이었던 때가 있었다. 요즘 아이들은 운동도 잘하고, 공부도 잘한다. 인제 와서 공부도 잘하고 운동도 잘하라는 말이 아니다. 건강을 위해서는 습관을 들여서라도 운동을 하고, 식단을 조절해야 한다. 40대 때 운동 습관을 들이지 않으면 50대 때는 습관을 바꾸기가 더 힘들다. 운동은 나이 들어서 제일 들이기 힘든 습관 중 하나이다. 그러니 욕심내지 말고 일단 하루에 30분씩만 하기로 하자. 내가 가장 추천하는 가벼운 운동은 '점심 먹고 산책 30분 하기.'이다. 왜냐하면 굳이 시간을 내지 않고도 점심시간을 이용해서 운동할 수 있기 때문이다. 물론 그것보다 더 오래 하면 좋긴 하지만 직장인들은 시간을 내기가 쉽지 않기 때문에 점심시간을 활용하는 방법이 가장 나을 것이다.

주부들에게서 아이들을 학교 보낸 후 오전 10시부터 운동하는 모습이 많이 보였다. 남편들은 주말이라도 시간을 내어서 가족들과 운동하는 시간을 꼭 갖길 바란다. 몸을 움직이는 것이 바로 이 시대의 만병통치약이다. 그러므로 점심시간에 동료들과 걷거나 혼자서 걸어 보자. 혹시 시간이 여유가 된다면 출퇴근을 도보로 하는 것을 추천한다. 처음에는 어려울 수 있지만, 출퇴근 시간을 이용해 걷기 운동을 하는 것은 따로 시간을 내지 않아도 되고 계단도 걸을 수 있기 때문에 걷기 운동에 탁월하다.

출퇴근 시간과 점심시간을 이용해 하루의 운동량을 채울 수도 있다. 근력운동은 하기 힘들지만, 근력운동보다 더 중요한 것은 걷기 운동이기 때문이다. 걷기 운동을 하게 되면 활성화산소를 만들어 내고, 잠자고 있는 세포를 깨울 수도 있다. 현대인은 실내 활동이 적어 비타민 D가 부족해지기 쉬운데, 이를 채울 수 있는 가장 간단한 방법이 점심 산책을 이용해 햇볕을 쬐는 방법이다. 짧은 산책이라도 걷는 일이 습관이 된다면 이제 웬만한 거리는 걸어 다닐 수 있는 사람으로 변할 것이다. 나도 자가용이 있지만 지하철로 출퇴근하는 습관을 유지한다. 적어도 하루에 만 보 이상은 걸어야 하기 때문이다. 그래서 나는 출퇴근 시간과 점심시간을 이용해 산책을 하라고 말해 주고 싶다. 10일만 해보면 뱃살이 들어가는 것을 느낄 수 있을 것이다.

이처럼 운동하는 일이 거창한 것을 의미하지 않는다. 걷기는 우리 몸에 무리도 안 가고 쉽게 시작할 수 있는 운동이다. 이렇게 먼저 걷는 것을 습관 들이면 내가 어릴 때 좋아했던 운동을 시작해 볼 수도 있고, 사람들과 함께 즐길 수 있는 자전거나 배드민턴을 시작해 볼 수도 있다. 특히 아이들이 어릴 때, 가족과 함께 자전거를 타거나 배드민턴을 치는 것은 더없이 좋은 가족 운동이 될 수 있다.

가족과의 운동 시간을 주기적으로 만들다 보면 아이들과 같이 시간을 보낼 수도 있고 자신만의 좋아하는 운동을 찾을 수도 있을 것이다. 나이가 들어 병원비에 돈을 쓰기보다는, 오래도록 건강하게 살아가며 아이들과 함께할 수 있는 시간을 더 많이 만들어 가는 게 좋지 않을까?

그리고 나는 아줌마가 된 이후로 특별한 일이 있을 때만 화장을 한다. 그것도 아주 기본적인 화장으로 말이다. 아이들이 아직 어리기도 하고 딱히 잘 보일 사람이 없다고 생각해서 화장을 하고 다니지 않았다. 어떤 특별한 날 화장을 했더니 우리 아들이 이렇게 말했다.

"우와, 엄마 진짜 이쁘다. 앞으로 계속 이렇게 다니고, 내 졸업식 때도 꼭 이렇게 해서 와."

'뭐야, 내가 진짜 안 이쁘게 하고 다닌 것 같네. 아이들 눈엔 화장한 모습이 더 이뻐 보이나 보지?' 나는 이렇게 생각했다.

7살이라 아무것도 모를 줄 알았던 아이가 처음으로 내가 화장한 모습을 보고 좋아했다. 우리 아이뿐만이 아니라 예쁘게 꾸민 엄마를 좋아하는 건 모든 아이들이 그럴 것이다.

내가 겨울 내내 검정색 패딩만 입다가 날씨가 풀렸길래 흰색 패딩을 입었더니 다섯 살 딸이 엄마보고 공주 같단다. 엘사 같다며 아주 야단법석이었다. 흰색으로 패딩 한번 바꿔 입었을 뿐인데 이게 이렇게 난리 날 일인가?

사실 아이들의 눈이 더 정확한 것은 모두가 알고 있는 사실이다. 할머니는 아직 아니지만 흰 머리가 조금이라도 보이면 아이들은 곧 할머니라고 부른다. 그것을 누가 가르쳐 주지 않아도 말이다. 나이가 어려 보이는 사람은 오빠나 언니라고 생각하고, 겉으로는 어려 보여도 아이를 안고 가면 아줌마라고 생각하기 때문이다. 내가 이렇게 그래도 자존감을 높이는 방법으로 외모 가꾸는 것을 고집하는 이유는 여기에 있다.

물론 외모가 아니더라도 자존감이 높게 살아갈 수는 있다. 하지만 나는 그렇게 생각하지 않는다. 나의 첫째 딸이 어렸을 때 아이를 아기 띠에 매고 걸어가고 있었는데 초등학생 아이가 내 뒷모습을 보고 "아줌마!"라고 외쳤다.

그때 사실 나는 너무 충격을 받았다. 29살 이기도 했지만 태어나서 아줌마라는 소리를 처음 들었던 것이었다. 심지어 아기를 직접 본 것도 아니고 아기 띠 맨 나의 뒷모습을 보고 말이다.

그래서 나는 너무 충격과 좌절에 빠졌다. 아이들을 데리고 다니면 무조건 아줌마라고 불릴 것이라는 사실 때문에 말이다. 그때는 첫째라 조금 놀라긴 했지만 셋째를 데리고 다니는 지금도 '아줌마'라는 단어는 너무 듣기 싫다.

할머니 소리를 들으면 우울해진다는 부모님의 말씀을 들은 적이 있다. 특히 내 손주, 손녀가 없는데도 불구하고 보여지는 모습이 '할머니' 같으니 아이들이 생각 없이 할머니라고 부른다. 하지만 실제로 할머니라면 모를까 손주도 없는 아줌마가 '할머니'로 불리는 게 가장 억울할 것이다.

나는 아직도 아줌마 소리가 별로 듣기 좋지 않고, 나이 들어 보이는 것이 싫다. 아줌마, 아저씨가 되면 사람들이 이 세상에서 제일 듣기 좋아하는 말이, "예쁘다, 잘생겼다."보다 "젊어 보이세요."라는 말이라고 한다.

인간은 본능적으로 누구나 젊어 보이길 원한다. 누가 나이 들어 보인다는 말을 반가워할까? 그런 감정은 인간이라면 당연히 가질 수밖에 없다.

특히 예쁘게 꾸미고 다니진 않아도 빗으로 머리는 빗고 다녀야 한다. 운동화나 구두를 세탁은 못 해도 깨끗하게 물티슈로 닦고는 다니자. 아이들은 내가 보여 주는 모습을 보며 자란다. 또, 대부분의 사람들은 내 성격이나 진심을 알기 전에는 외모로 나를 판단할 수밖에 없다. 당연한 이 사실을 간과하지 말자. 누군가와 마주쳤을 때, 내 사정을 설명할 시간은 없다. 그러니 최소한 깔끔하게 보이도록 노력하는 것부터 실천해 보자.

지금 거울 앞에서 자신을 바라보면서 내가 아닌 다른 사람이 나를 본다고 생각해 보자. 어떤 기분이 드는가? 첫인상이 깔끔하고 함께하고 싶고, 이야기하고 싶은 사람으로 보이는가? 표정은 어떠한가? 다른 사람이 보았을 때 편안한 인상인가? 차가운 인상인가?

혹시 내가 어떤 인상을 주는지 잘 모르겠다면, 상처받지 않을 사람에게 먼저 물어보는 것도 좋다.

예를 들어 남편이나 아이들에게 "엄마 첫인상 어때 보여?" 하고 가볍게 물어보자. 아니면 친한 친구라도 좋다. 내가 어떤 인상을 주고 있는지 한번 다른 사람에게 객관적으로 냉정한 평가를 받기를 바란다.

내가 말하는 '좋은 첫인상'이란 착하거나 선해 보이는 이미지가 아니라 단정하게 보이는 이미지를 말하는 것이다. 내가 평소에 닮고자 하는 인물이 있다면 그 인물의 이미지가 되도록 노력하면 된다. 누구나 다 착한 인상이나 따뜻한 인상을 지닐 수 없다. 내가 엄마라면 따뜻한 이미지를, 선생님이라면 온화한 이미지를, 사업가라면 다소 냉철하고 차가운 이미지를 필요로 할 수 있다. 이미지는 시험처럼 객관적으로 100점을 매겨지는 게 아니다.

왜냐하면 사람마다 맡은 역할이 다르고, 그 역할마다 어울리는 얼굴과 태도가 다르기 때문이다. 게다가 우리는 각자 그리는 '이상적인 나'의 모습이 있다. 하지만 기업의 대표를 맡고 있더라도 반드시 차가운 이미지를 줄 필요는 없다. 냉철한 대표보다 때로는 인간적인 대표를 원하는 사회도 있기 때문이다. 그러므로 자신이 원하는 이미지를 찾고, 그 이미지대로 닮아 가려고 한다면 그 또한 자존감을 높이기 위해 노력하는 것이다. 언젠가는 외모뿐만 아니라 그 사람의 말투, 행동까지 닮아지려고 할 것이다. 그렇게 노력하다 보면 어느새 내가 원하는 이미지에 가까워지고, 거울 속에서 나의 모습을 보는 순간, 자존감이 올라가는 걸 느낄 수 있을 것이다.

그전 장에서 이야기했던 대로 특히, 운동을 하게 되면 나 자신을 찾게 될 수도 있다. 내가 어떤 운동을 좋아하는지도 알 수 있고 운동을 하면서 내가 원하는 이미지를 만들어 나갈 수 있다. 그래야 내가 나를 좋아할 수 있고, 다른 사람들도 나를 찾고 좋아해 줄 수 있기 때문이다.

특히 기혼 여성이라면 제일 잘 보여야 할 상대는 그 누구도 아닌 남편이다. 남편은 잡힌 물고기라서 잘 보이기 싫은가? 그렇다면 엄청난 실수를 저지르고 있다. 남자들은 시각에 강한 동물이다. 아내가 매일 똑같은 모습을 보인다면 지루함을 느낄 수 있다. 말로는 표현 못 하지만, 남자들은 꾸미는 여자를 더 좋아한다. 회사에 나가면 꾸민 여자들뿐일 텐데 꾸미지 않고 매일 똑같은 모습의 나를 좋아할까?

그래서 나는 유지비가 좀 들긴 하지만 네일 컬러도 바꾸고 한 번씩 머리 스타일도 바꾼다. 그리고 몸매를 약간 드러낸 옷을 입고 있기도 한다. 여자들도 남편이 매일매일 똑같은 모습으로 있으면 지겹지 않은가? 남편에게 잔소리를 할 것이 아니라 어떻게 남편이 나를 좋아하게 만들 것인가를 여자들은 연구해야 한다. "오늘은 또 어떤 걸로 잔소리하지?" 이런 생각에 하루를 보내고 있다면 남편 역시 집에 들어오고 싶지 않을 것이다. 남편이 왜 술 먹고 늦게 들어오는 것을 좋아할까? 남편이 왜 나보다 친구 만나는 게 더 재밌을까?

반대로 당신에게 물어보겠다. 남편과 대화하고 싶은가? 대화하기 싫은가? 왜 남편이 싫은가? 경제적으로 능력이 없어서? 뱃살이 너무 많이 나와서? 등등 각자만의 이유가 있을 것이다.

대체로 남편들이 원하는 것은 자기 외모도 잘 가꿀 줄 알고 자신에게 시간을 투자하는 여성을 좋아하는 사실을 당신은 여태껏 모르고 살았다.

남자들이 매달리는 여자를 좋아할까? 아니면 자기에게 무심한 여자에게 끌릴까? 잘 생각해 보아라. 오매불망 남편만 기다리고 오자마자 잔소리 폭격탄을 날리는 아내에는 보기가 싫다. 자신의 계발에도 집중하고 자기 일을 열심히 하며 살아가면서도 약간 무심한 아내를 남편이 더 안달복달한다는 사실을 명심해라.

남편들은 사회생활을 하면서 잔소리하지 않는 이쁜 여자들을 수백 명을 만난다. 잔소리만 하는 여자들보다 그런 여자들에게 눈길이 가지 않을까?

여자들이여, 제발 정신 차리고 남편에게 잔소리할 생각 말고 그 시간에 자기 자신을 더 가꿀 생각을 하자. 그러면 아이들도 이쁘게 자랄 것이고 남편에게 사랑도 받을 수 있을 것이다. 남편에게 더 이상 사랑받기 싫다면 아무것도 하지 않아도 괜찮다.

3. 삼 남매 엄마는 어떻게 아직도 아가씨 소리를 들을까?

나는 아직도 밖에 나가면 새댁이나 아가씨라는 소리를 듣는다. 얼굴도 그렇지만 아가씨 같은 몸매를 유지하기 때문이라고 생각한다. 그렇다고 내가 엄청 이쁜 몸매나 얼굴을 가졌다고는 태어나서 단 한 번도 생각한 적이 없다. 하지만 그런 이야기를 들을 때 사실 나는 자존감이 올라가기도 한다. 얼굴이 이쁜 것보다 사실 몸매를 가꾸는 일이 나이를 먹으면 더 필요하다고 생각하기 때문이다. 얼굴은 성형으로 어느 정도 바꿀 수 있지만 몸매는 내가 노력하지 않는 이상 바꾸기는 힘들다. 내 몸을 보면 내가 5년 동안 먹었던 식습관이 보인다고 했다. 그러니 귀찮더라도 뱃살 나오는 것은 좀 관리하자. 나이가 들면 들수록 뱃살은 더 나올 것이고 관리하기 힘들어진다.

특히, 아침에 아이들을 보내고 나서 운동하는 아줌마와 친하게 지내면 좋다. 그러면 활발하게 운동하는 사람들이 주위에 많기 때문이다.

운동할 시간이 없어서 못 한다는 것이 핑계라는 것쯤은 이제는 알고 있겠지? 나는 항상 아침 6:30부터 7:20까지 운동을 한다. 유산소 운동과 근육운동을 같이 하는데 하루에 걷기 20분, 근력운동 20분만 해도 시간이 후딱 간다. 요즘은 홈트가 유행하면서 유튜브로 조금만 찾아보면 나에게 필요한 운동 영상을 쉽게 찾을 수 있다.

헬스장에 가기 힘들다면 아이들보다 30분만 일찍 일어나 홈트를 시작하자. 아니면 야식을 끊거나 당이 섞인 음료를 끊는 것도 살이 찌지 않는 데 도움이 된다.

특히 밤에 육아로 인한 스트레스 때문에 야식과 맥주를 먹는 사람을 많이 보았다. 스트레스를 풀기 위해서 아이를 재운 뒤 맥주 한 캔을 꺼내기 쉽다. 지금 집에 있는 맥주까지만 먹고, 이제 맥주도 그만 사자.

또 여자들은 달달한 디저트를 먹으며 스트레스를 푸는 것을 좋아한다. 만약 디저트를 먹고 싶다면 밥먹는 것을 포기해야 한다. 왜냐하면 디저트가 밥보다 칼로리가 훨씬 높기 때문이다. 내가 감량하고자 하는 몸무게를 정해 목표 설정을 먼저 한다면 그에 맞는 운동법을 찾을 수 있을 것이다.

아침부터 저녁까지 일하고 아이들 챙기다 보면, 운동할 시간은커녕 숨 고를 틈도 없다. 정말, 아줌마는 세상에서 가장 바쁜 직업을 가진 사람이다.

운동할 시간이 없다면 그나마 제일 좋은 방법은 올바른 음식을 꾸준히 섭취하는 것이다. 밥을 굶지 못하겠으면 흰밥 대신 곤약 밥으로 바꾸고, 콜라를 끊지 못하겠으면 콜라 대신 탄산수를 마시자. 야식을 끊지 못하겠으면 최대한 낮은 열량의 음식으로 바꾸어야 한다. 일단 끊기가 힘들면 '체인지'를 먼저 시도해야 한다. 극단적으로 무엇인가를 끊게 되면 나중에 음식을 먹고 싶은 욕구가 폭발하기 때문이다.

그러니 올바른 음식을 먹는 것을 시도했다면 목표했던 몸무게를 정해서 하루에 10분만 움직이자. 2주차엔 20분, 3주차엔 30분씩 움직여 보자. 그러면 정말로 자신이 원하는 목표에 가까워질 것이다.

요즘은 결혼을 늦게 하더라도, 의학이 워낙 발달해서 아줌마라도 젊은 아줌마가 많다. 나는 그런 아줌마에 뒤처지지 않기 위해서 끊임없이 자신을 위해 노력하고 있다. 하루에 1시간 정도 시간을 낼 수만 있다면 그 시간을 운동하는 데 꼭 써 보길 바란다. 죽어 있던 세포도 살아나고, 운동하는 것이 바로 젊어지는 비결이기 때문이다.

특히 마라톤처럼 달리는 활동은 신체 건강에 매우 좋다. 하지만 평소에 운동을 하지 않던 사람이 갑자기 달리기를 시작하면 몸에 무리가 갈 수 있으므로, 처음에는 가벼운 산책부터 차근차근 시작하는 것이 좋다. 나 같은 아줌마에게 젊게 살기를 원하는 '젊줌마'가 되는 것을 응원한다. 나도 물론 '젊줌마'로 사는 삶이 좋다. 어떤 여자가 '아줌마'라고 듣고 싶고, '할머니'가 되고 싶을까?

우리는 아가씨가 되는 것이 목표가 아니다. 아줌마에서 '젊어 보이는 아줌마'로, 할머니에서 '젊어 보이는 할머니'를 목표로 삼자. 아줌마가 아가씨가 되는 것도 불가능하고 할머니가 아줌마로 되는 것도 불가능하기 때문이다. 그러니 조금만 노력해서 젊은 아줌마로 살아가자. 이왕이면 그렇게 살아가는 것이 듣기에도 좋고 보기에도 좋을 것이다. 남편도 좋아하고 아이도 좋아하는 '젊은 아줌마'가 누구나 될 수 있다.

그리고 아줌마가 운동하면 좋은 점이 또 있다. 젊었을 때 입던 옷을 계속 입을 수도 있고, 한 번 산 옷을 몇 년씩 오래 입을 수도 있다. 나 역시 아가씨 때 입었던 코트, 청치마, 원피스 등이 아직도 옷걸이에 걸려 있어 매년 꺼내 입곤 한다. 이것 또한 아줌마로서 재테크가 아닐까? 지하철 9호선 고속터미널역에 가면 저렴하면서도 갖가지 유행하는 옷들을 사이즈에 구애받지 않고 입어 볼 수도 있다. 사이즈가 있는지 없는지 굳이 체크하지 않아도 되고, 옷을 입어보면 잘 어울린다는 칭찬도 가끔 듣는다. 그러면 스스로 내 자존감이 올라가기도 하고 옷을 사는데 그렇게 많은 시간을 투자하지 않아도 된다. 대충 색깔만 맞으면 입을 옷도 많고 저렴하게 옷을 살 수도 있다.

나는 결혼하고 나서 산 옷도 대부분 거의 10년 동안 지금까지 꾸준히 입고 있는 옷들이다. 살이 찌지 않으면 신발 사이즈도 잘 바뀌지 않아 대부분 신발도 5년씩 꾸준히 오래도록 신는다. 나는 아이들 옷이나 내 옷에 별로 돈을 투자하지 않는 편인데, 아이들은 어차피 빨리 자라니까 비싼 옷을 사지 않아도 되고, 내 옷을 사더라도 오래도록 입기 때문에 의복비에 많은 돈이 들어가지 않는다. 특히 겨울 코트나 점퍼류는 비싸기 때문에 유행 타지 않는 옷을 주로 사서 입고 다니고, 봄, 여름, 가을에도 기본 아이템을 돌려 입는다.

내가 입고 다니는 겨울 패딩이 하나 있는데, 둘째 아이 임신 때 샀던 패딩을 8년째 아직도 겨울마다 입고 다닌다. 패딩이라 딱히 유행도 안 타고 패딩에 달린 오리털이 아직 멀쩡하다. 살만 찌지 않는다면 10년은 더 거뜬히 입고 다닐 수 있을 것 같다.

그래서 나는 젊음을 유지하고 관리하는 것도 자존감을 올리는 데 많은 부분을 차지한다고 생각한다. 아무리 똑똑하고 유능해도 지저분하게 다니는 사람에게 과연 신뢰감이 생기고 호감이 갈까? TV에 나오는 교수님이나 박사들도 항상 자기 자신을 외모적으로도 자신을 잘 관리하기 때문에 'TV에 출연하지 않을까?'라는 생각이 든다.

내가 비록 TV에 나오는 유명인은 아니지만, 나 자신을 위해 조금 더 젊고 활기차게 살려고 노력하는 것이 필요하다. 그렇게 할 때 내 자존감도 높아지고, 주변 사람들에게도 좋은 에너지를 줄 수 있다.

그래서 나는 아침에 운동도 하고, 되도록 많이 걸으려고 노력하고 있다. 결국 내 몸을 만드는 것은 누가 도와줄 수 없는 일이기 때문이다. 돈은 잠시 없으면 빌릴 수도 있고, 다시 벌면 된다. 하지만 내 몸을 건강하게 만드는 데는 시간과 노력, 그리고 꾸준한 성실함이 필요하다. 미래를 위해, 그리고 나 자신을 위해 조금씩 꾸준히 노력하는 엄마가 되자.

나는 이렇게 믿는다. 타고난 얼굴과 두뇌는 바꿀 수 없지만, 몸은 충분한 노력으로 얼마든지 변화시킬 수 있다고. 얼굴은 아줌마처럼 보일지라도 몸은 아가씨처럼 유지하자는 것이 내 자존감을 지키는 것 중 하나이다. 그러니 오늘부터 10분이라도 가족과 함께 산책을 꼭 하자. 그럼 아이들과 함께 시간을 보낼 수 있어서 좋고, 내 몸도 변하게 되어 좋을 것이다.

4. 넷플릭스여, 굿바이!

요즘 시대에 OTT 서비스를 구독하지 않는 사람은 없을 것이다. 독자들은 어떤가? 아직도 유튜브를 무료로 이용하고 있는가? 나도 사실 유튜브 프리미엄 서비스를 구독하고 있다가 끊었다. 코로나 시대 이후로 집에서만 지내게 되자 넷플릭스 구독자 수가 엄청나게 증가했고, 그 여파로 넷플릭스 주식도 매우 상승했다. 우리는 지금 코로나 시대를 겪으면서 일상생활에 엄청난 변화가 왔는데 그 중 하나가 OTT 서비스의 대중화라고 생각한다. OTT* 서비스란 TV와 개념이 다르게 인터넷으로 미디어를 시청하는 것이라고 쉽게 생각하면 된다.

어원은 'Over The Top'으로 'Top(셋톱박스)을 넘어'라는 뜻이다. 셋

---

* OTT(Over-the-top media service, 오버 더 탑 미디어 서비스)는 OTA(Over-the-air) 또는 케이블이나 위성 기반 공급자를 거치지 않고 공개 인터넷을 통해 시청자에게 직접 제공되는 디지털 배포 서비스이다.

톱박스라는 하나의 플랫폼에만 종속되지 않고 데스크톱, 스마트폰, 태블릿 컴퓨터, 콘솔 게임기, 스마트 TV 등 다수의 플랫폼으로 서비스를 제공한다.

특히 대표적인 서비스로 유튜브나 넷플릭스를 들 수 있다. 유튜브를 시작으로 넷플릭스, 쿠팡 TV 구독 서비스, 네이버 구독 서비스 등 여러 플랫폼에서 영화나 오락프로그램, 드라마 등을 제공하고 있다. 우리가 신문을 구독하는 것처럼 이제는 영상 매체도 구독하는 시대가 도래한 것이다. 월 2만 원 전후로 제공되는 구독 서비스는 영화나 드라마를 시간과 장소에 구애받지 않고 언제든지 이용할 수 있다. 그러면서 우리에게 함께 자리잡은 문화가 영화나 드라마를 집에서 보면서 치킨과 맥주를 함께 먹는다는 것이다.

코로나 시대 때 영화관이나 식당을 이용하지 못하게 되면서 우리의 의식주 생활이 완전히 뒤바뀌었다. 집 안에 가만히 앉아서도 팝콘과 콜라가 배달되어 오고 영화를 보면서 치킨뿐만 아니라 맥주까지 동시에 먹을 수 있으니 얼마나 편한 세상이 된 것인가. 진짜 나의 어린 시절로 돌아가면 치킨은 아빠가 항상 퇴근길에만 사 오시던 것이었고 집에서 먹는 음식은 오로지 엄마가 해 주시는 음식뿐이었다. 시간이 조금 지나서야 피자나 치킨을 배달할 수 있는 시대가 왔고 거기에 조금 잘 사는 집은 짜장면이나 탕수육을 배달시켜 먹기도 했다.

예전에는 영화를 보려면 꼭 돈을 내고 영화관에 가야 했다. 가끔 명절에 시간이 맞으면, TV에서 유행했던 영화를 무료로 다시 상영해 주는 '공짜 영화'를 볼 수 있었다. 내가 어렸던 시절에는 영화를 보기 위해서 명절을 기다리기도 했고, 영화관에 가서 팝콘을 사 먹기 위해서 용돈을 모으기도 했다. 하지만 이제는 내 집에서 편하게 영화를 보면서 우리나라 음식뿐만 아니라 전 세계의 음식을 주문해서 먹을 수 있게 되었다. 잠옷을 입고 봐도 되고 누워서 봐도 되고 아무것도 신경 쓰지 않아도 되는 그야말로 천국의 시대가 온 것이다.

비록 인간의 몸은 편해졌지만, 세상이 변하면서 우리는 미디어에 더 많이 노출되었다. 사람들이 미디어에 중독되거나 눈이 나빠지는 등 정신과 건강에 좋지 않은 영향을 미치기 시작했다. OTT 서비스의 장점도 존재하지만, 그 뒤에는 단점도 존재한다. 우리 집은 OTT 서비스를 구독하지 않는다. 지금은 유튜브 프리미엄을 탈퇴한 상태고, 통신사에서 인터넷 TV를 신청해서 아이들에게 필요한 영화만 선택해서 보고 있다. 집에서는 거의 TV를 켜지 않고, 어쩌다가 아이의 친구들이 놀러 오면 같이 DVD를 보거나 중요한 축구 경기가 있을 때만 TV를 본다.

OTT 서비스를 구독하면 무의식중으로 TV를 켜서 맛난 음식을 배달해 먹기 시작한다. 그렇게 되면 사람이 게을러지고 그 습관에 중독되기 쉽다. 아줌마들은 맥주 한 캔이 삶의 낙이라며 맥주 먹는 습관을 들이기 쉬운데 만약 내가 지금 그런 습관을 갖고 있다면 이제부터라도 그 습관에서 조금 벗어나자. 나는 필요한 일이 아니라면 TV를 잘 보지 않는다. 우리 아이들은 TV 프로그램 이름도 잘 모르고, 명절 때 할아버지 댁에 가야 TV를 볼 수 있다. 아이돌에 대해서도 사실 잘 몰라서 반 아이들과 대화를 할 수 없었던 적도 있었다고 한다. 유행하는 노래도 잘 알지 못하고 TV에 나오는 유명한 사람들이 누구인지도 잘 모른다. 하지만 그렇다고 해서 아이가 교실에서 주눅 들거나 부끄러워한 적은 한 번도 없다. TV 보는 습관을 어릴 때 들이지 못하면 커서도 TV 중독에 빠지기 쉽다. TV나 유튜브를 시청하는 대신, 가족들과 이야기하거나 혼자서 놀 수 있는 시간을 많이 만들어 주자. TV가 아니더라도 아이들이 갖고 놀 것은 무궁무진하다. 우리 집엔 심지어 장난감도 없고 조그마한 레고와 큰 레고뿐이다. 그래도 아이들은 그 레고로 한 시간이고 두 시간이고 논다. 굳이 TV를 보면서 삶의 즐거움을 찾지 않아도 된다.

스트레스를 풀기 위해서 일주일 중 하루, 이틀 정도는 원하는 영화를 보거나 드라마를 가끔 볼 수는 있다. 하지만 이게 인생의 낙이 되어서는 안 된다. 특히 드라마를 시청하는 시간이 밤 10시부터 11시까지라고 한다면 아이들의 취침 시간도 늦어지고 일어나는 시간도 늦어진다. 그리고 일단 OTT 구독 서비스의 자동결제가 되기 시작하면 다시 취소하기가 힘들다. 왜냐하면 만 몇천 원으로 드라마와 영화를 즐길 수 있기 때문에 가성비가 있다고 느껴지기 때문이다. 그래서 내가 자제할 능력이 있다면 구독해도 좋지만, 이 습관이 야식과 함께 시간 낭비라고 생각한다면 차라리 처음부터 시작하지 않는 것이 좋다고 생각한다.

만약 시간이 여유롭지 못해 꼭 밤에 TV를 시청해야 한다면, 야식을 먹지 않으면서 보길 바란다. 때로는 우리 삶에 필요한 오락이나 웃음거리가 있어야 할 때가 있다. 인생에서 웃음거리가 없을 때 우리는 가끔 TV에 의지하며 살아가기도 한다. 하지만 그 인생이 매일 한 시간씩 우리의 시간을 잡아먹는다고 하면 일 년에 365시간이 될 것이다. 일 년에 365시간을 드라마와 오락프로그램으로 시간을 보낸다고 생각하면 어떤 느낌이 드는가? 시간을 잘 보냈다고 생각하는가? 사람마다 느끼는 것이 다를 수는 있겠지만, 시간 낭비라고 생각한다면 당장 OTT 서비스를 끊는 것이 좋겠다.

특히 드라마는 한 번 보기 시작하면 중독성이 있어서 끊기가 힘들다. 드라마에 깊이 빠져들면, 화려한 이야기 속 인물과 평범한 현실의 나를 비교하게 되기도 한다.

또 정해진 방송 시간이 되면, 다른 일을 하면서도 계속 생각나고 결국 참지 못해 TV를 시청하게 되는 경우도 많다. 재미있게 보기 시작한 드라마채널을 찾다 보면 어느새 홈쇼핑 광고로 연결되고, 결국 불필요한 소비까지 이어질 때가 있다. 그래서 나는 OTT 서비스를 구독하지 않고, TV를 보지 않으려고 노력하는 것이다. 그리고 TV를 보는 것 이외에도 할 것이 너무나 많다. 특히 드라마 보는 습관을 아이들에게 물려주게 되면 아이들도 드라마나 TV를 켜는 시간이 늘어나게 된다.

아이에게는 상상력을 키우고 스스로 생각하는 힘을 길러 주어야 한다. 하지만 TV 드라마나 오락프로그램은 수동적으로 받아들이기만 하게 만들기 때문에 아이의 사고력 발달에 방해가 될 수 있다. 지금 아이들은 학교, 학원, 스마트폰을 통해 이미 충분하게 미디어 노출이 되어 있다. 그런 아이들이 가정에서조차 부모와 함께 TV를 본다면, 하루 동안 영상에 노출되는 시간은 더 늘어나게 된다. 그러니 앞으로 자라날 아이들을 위해서라도 TV 시간을 규칙적으로 정해서 보거나 집에서는 오히려 이야기하는 시간을 많이 가져야 한다.

집이란 함께 살면서 대화하는 공간인데, 요즘은 각자 휴대폰만 바라보느라 가족 간의 대화는 눈에 띄게 줄어들고 있다고 한다. 왜냐하면 가족과 이야기하는 것보다 휴대폰에 더 재밌는 게 많기 때문이다. 우리는 휴대폰에서 노출되는 미디어 매체뿐만 아니라 게임에도 노출되어 있다. 비단 아이들 뿐만이 아니다. 어른들도 이대로 미디어에 중독된 삶을 산다면 뇌가 빨리 멈출 것이고, 시간이 갈수록 치매 걸릴 확률이 높아질 것이다. 이제는 긴 영상(롱폼)보다 30초 안팎의 짧은 영상(숏폼)을 보는 데 시간이 더 많이 소비되고 있다. 이처럼 빠르고 자극적인 콘텐츠가 무분별하게 받아들여지게 되면서, 점점 사회적인 문제로 이어지고 있다.

특히 정치 기사나 연예 기사 같은 경우는 상황의 판단을 객관적으로 내리지도 못하고, 숏폼을 제작하는 사람이 누구인지도 모른 채 내용을 무차별적으로 쉽게 받아들인다.

과거에는 뉴스나 신문 같은 공식 채널을 통해 정보를 얻었다. 하지만 지금은 얼굴도 없이 떠도는 말이나 글을 그대로 믿고, 정치인이나 연예인에게 부정적인 시선을 갖게 되는 경우도 많다. 그런 식으로 미디어에 계속 노출되다 보면 스스로 생각하는 힘이 점점 약해진다. 결국에는 무분별한 정보를 사실처럼 받아들이고, 옳고 그름을 분별하지 못하는 뇌로 변해 버릴 수도 있다.

특히 요즘은 아이들이나 어른들이나 할 것 없이 유튜브 없는 하루는 아마 상상하기도 힘들 것이다. 우리는 실제 사람을 만나는 것보다 검열되지 않은 정보들과 영상들로 아침을 시작하고 밤을 마무리하며 잠자리에 든다. 거기에다가 OTT 서비스까지 구독하게 되면, 정작 나의 삶을 살아가는 시간은 급격히 줄어든다. 점점 우리는 검증되지 않은 가상현실과 떨어질 수 없는 사람이 되어갈 것이다. 사실 이 글을 쓰는 나마저도 인스타그램이나 유튜브, 네이버 블로그를 끊기가 힘들다. 워킹맘이긴 하지만 직업이 강사이기 때문에, 소통하는 사람들이 학생이나 학부모들뿐이다. 회사에 소속되어 있지 않기 때문에 사실 누군가와 대면해서 만나서 회의하거나 소통할 일이 줄어들고 있는 것은 사실이다.

그래서 나는 오히려 더 책을 많이 읽으려고 노력하고, 학생들을 가르치면서도 오늘 하루의 있었던 일에 대해 이야기하려고 많이 노력한다. 우리는 AI 시대에 살고 있지만 결코 우리는 로봇이 아니다. 로봇과는 감정을 공유할 수는 있지만 인간처럼 촉감을 느끼며 감정을 나눌 수는 없다. 로봇과 포옹은 할 수 있지만, 플라스틱이나 메탈을 안는 딱딱한 느낌일 것이다. 로봇은 사람처럼 부드러운 살갗이 닿으면서 포근한 느낌을 주지는 못할 것이다.

결국 우리는 인간이므로 함께 살아가야 하는 것은 인간이며 로봇과 함께 절대 살아갈 수는 없다. 함께 살아갈 수는 있지만 감정을 함께 깊이 공유하지는 못할뿐더러 인간만이 할 수 있는 것을 절대로 대체하지 못한다.

특히 '엄마'는 AI 로봇으로 대체될 수 없다. 대체되지 않을 뿐만 아니라 로봇이나 AI가 절대로 할 수 없는 것이 '엄마'라는 존재이다. 아무리 로봇 세상이 오고 AI 세상이 가까이 다가온다고 하더라도 로봇이 임신을 할 수 있을까? 로봇은 직접 모유 수유도 할 수 없다. 그래서 나는 더욱더 현대사회에서 엄마의 역할이 중요하다고 생각한다. 부모의 역할은 대체될 수 있지만 '엄마'의 따뜻한 품은 그 누구와도 대체될 수 없기 때문이다. 이런 시대일수록 엄마의 자존감이 더 높아져야 하고 엄마가 더 행복해져야 한다.

Chat GPT가 우리와 함께 대화하고 소통하더라도 엄마처럼 넓은 마음을 가질 수 없다. 엄마의 대답은 Chat GPT처럼 정해진 대답이 아니다. 때로는 엄마보다 인공지능이 더 지혜롭고 논리적인 해답을 줄 수는 있다. 하지만 우리가 엄마에게 바라는 대답은 나보다 더 똑똑하고 논리적인 대답이 아니다. 그냥 무조건적으로 "잘했다. 오늘 고생했다. 잘했다, 대단하다." 이런 위로의 한마디이다. 그러니 아무리 AI 로봇 시대가 왔다고 해서 두려워 말자. 아이들은 로봇이 해 주는 밥보다 엄마가 만들어 준 따뜻한 밥과 달걀프라이가 더 맛있을 수 있기 때문이다.

나는 특히 엄마만이 임신과 출산, 모유 수유를 할 수 있다는 점에서 엄마가 자기 자신을 더 높이 사야 한다고 생각한다. 나도 이 글을 쓰기 전까지는 자존감이 왕창 바닥이었다. 자존감을 높이는 방법을 쓰는 작가가 왜 자존감이 바닥이었을까? 나는 내 자존감을 찾기 위해서 이 책을 썼다고 해도 무방하다. 내가 결혼을 하고 제일 잘한 점은 건강한 아이를 내 몸으로 낳고, 아이 셋 모두에게 모유 수유를 했다는 것이다. 3명의 아이 모두에게 모유 수유를 1년 이상했다. 예전에는 모유수유 하는 일이 당연한 일이었지만, 내가 아이를 낳을 때만 해도 모유 수유를 하는 엄마들이 별로 없었다.

왜냐하면 모유 수유를 하게 되면 여자의 몸이 망가진다고 생각했기 때문이다. 모유 수유는 상상보다 힘든 일이었다. 몇 시간마다 젖을 짜내야 하고, 아이들은 몇 시간마다 한 번 씩 젖꼭지를 물고 빠는 걸 반복한다. 겪어보지 않은 사람은 그 고통을 이해하지 못할 것이다. 다행히 나는 모유 수유하는 것이 체질이었고, 아이들도 내 젖을 잘 빨아 주어서 다른 엄마들 보다는 모유 수유 하는 것이 비교적 수월했다.

그리고 나는 어렸을 때부터 건강한 음식을 많이 먹었기 때문에 아이에게 양질의 영양분이 많이 전달될 수 있었다고 생각한다. 아이 3명을 10년 동안 키웠지만 한 번도 입원한 적이 없고 크게 아픈 적이 없었다. 코로나 때도 병원을 가지 않고 집에서 온 가족이 함께 이겨 냈고, 폐렴이나 감기로 장기간 입원한 적도 없었다. 아이들이 아주 어렸을 때도 열감기는 났지만 입원한 적은 감사하게 단 한 번도 없었다. 그 이유는 내가 아이들을 키울 때 분유를 먹이지 않고, 영양가 있는 모유를 먹였기 때문이라고 굳게 믿고 있다.

소중한 아이를 키우는 동안만큼은 미디어보다 아이에게 시간을 투자하라. 부모와 함께하는 시간이 많을수록 아이의 자존감과 행복함이 더 자랄 것이다.

5. 날씬한 엄마 옆에 날씬한 아이가 있다

아이를 키우는 집안은 대형 마트를 일주일에 한 번씩은 갈 것이다. 우리 집도 여느 집과 마찬가지로 일주일이나 이 주일에 한 번 정도 장을 보러 마트에 간다. 마트에 가면 요즘 유행하는 음식이 무엇인지, 제철 음식이 뭔지 알 수 있기 때문이다.

우리 동네는 아이들이 많이 거주하는 곳이라 아이들과 부모님이 마트에 함께 오는 경우가 많다. 나는 장을 보면서 다른 가족들의 모습과 카트에 무엇이 담는지 꼭 살펴본다. 사람들이 주로 어떤 것을 많이 사는지, 다른 아이들이 좋아하는 것이 무엇인지 보기 위해서이다. 카트에 담긴 음식을 보면 그 사람과 이야기하지 않아도 그 사람이 어떤 음식을 좋아하는지 알 수 있다. 생채소와 생고기를 카트에 담는 사람을 보면 직접 요리하는 걸 즐기는 사람인 경우가 많다. 이런 사람들은 대체로 식습관이 규칙적이고, 몸도 건강하게 관리할 것이다. 그래서 누군가의 카트를 보면 그 사람의 생활 습관이 보이기도 한다. 음료수나 과자, 간편식으로 가득 찬 카트는 때로는 그 사람의 불규칙한 식습관을 떠올리게 하기도 한다. 그리고 그런 환경에서 자란 아이들의 식습관 역시 부모의 영향을 받을 수밖에 없다.

내가 어렸을 적을 식습관을 생각해 보고, 지금의 내 몸 상태를 한번 살펴보자. 주로 장을 볼 때 무엇을 위주로 많이 사는지, 내가 어렸을 적 주로 먹었던 음식이 무엇인지도 한번 생각해 보자. 나도 내 아이들과 마찬가지로 삼 남매로 자랐다. 아이들이 한창 클 시기에는 많이 먹었기 때문에 외할아버지께서 직접 재배해 주신 채소로 엄마가 반찬을 많이 만들어 주셨다. 우리가 어릴 때는 사실 마트에 자주 가지도 않았다. 가끔 가더라도 원하는 걸 마음대로 살 수 없었고, 간식거리를 많이 사 올 만큼 형편이 넉넉하지도 않았다. 그 덕분인지 시골에서 자란 제철 나물이나 제철 과일을 항상 풍요롭게 먹을 수 있었다. 비록 다른 친구들이 많이 먹는 과자나 피자, 햄버거는 많이 못 먹었지만, 친정 엄마가 해 주신 건강한 집밥 덕분에 나도 건강하게 아이 셋을 낳고 잘 지내고 있는 것 같다.

그렇다면 지금 책을 잠시 덮고, 집에서 간식이 있는 곳을 한번 살펴 보자. 불필요한 맥주나 술이 쌓여 있지는 않은지, 냉동실에는 간편 음식이 가득하진 않은지, 과당이 많은 음료수가 채워져 있지는 않은지 말이다. 그렇게 하나씩 들여다보면, 나도 모르게 습관적으로 어떤 음식을 잘못사고 있는지 돌아볼 수 있을 것이다. 나는 아직도 마트에 가면 초코우유나 딸기우유, 바나나우유를 사지 않는다. 일반 우유에도 설탕이 많이 들어가는데 초코우유는 당 함유량이 매우 높기 때문이다. 탄산수는 장바구니에 담지만, 탄산음료나 음료수는 살 사지 않는다.

아이들이 좋아하는 그 흔한 간편 음식도 10년 동안 10번도 채 사지 않았을 것이다. 그만큼 아이들을 위해 내가 직접 음식을 만들어서 먹였고, 아직도 아이들은 식당 음식보다 엄마가 만든 음식이 맛있다고 이야기해 준다. 다른 사람들은 어떻게 느낄지 모르겠지만, 적어도 아이들은 나의 건강한 음식을 맛있게 먹어 준다. 그리고 이렇게 생활하게 되면 아이들이 건강해지고, 생활비를 절약하여 가계 경제에도 도움이 된다. 그래서 지금 당장 장보는 습관을 바꾸는 것은 힘들겠지만, 장을 보러 가서 제철 채소와 생고기 등을 위주로 구매하려는 노력을 해 보자. 그러면 건강한 음식도 먹고, 생활비도 절약하는 일석이조의 효과를 누릴 수 있을 것이다.

그리고 요즘에 아토피로 심하게 고생하는 아이들이 많다. 그리고 이유 없는 난임과 불임도 많다. 아이들에게 내가 어떤 음식을 먹이고 있는지 한번 생각해 본 적 있는가? 배달 음식을 자주 시켜 먹는 습관과 내가 밖에서 어떤 음식을 선택하여 먹는지도 한 번쯤 깊이 생각해 보아야 한다. 식습관도 마찬가지로 '세 살 버릇 여든 간다.'는 속담처럼 평생 이어지는 습관이기 때문이다.

오랫동안 익숙해진 식습관을 바꾸는 것은 쉽지 않다. 어쩌면 아침 일찍 일어나는 것보다 더 많은 의지와 노력이 필요하다. 왜냐하면 식습관이란 어렸을 때부터 무의식중으로 계속 습관처럼 부모님께서 해 주신 것을 먹은 것이기 때문에, 내가 바꾸고 싶어도 바꾸기 힘들 것이다.

극단적으로 예를 들면 부부가 음식이 안 맞아서 헤어지는 경우가 있었다. 내가 아는 어떤 언니는 남편과 식습관이 너무 안 맞아 야식도 따로 먹는다고 한다. 남자라도 막창이나 닭발처럼 특수부위를 못 먹는 사람이 많고, 아이들처럼 햄과 달걀만 좋아해 아이들과 아빠가 아이와 반찬으로 싸운다는 이야기도 들었다. 연애할 땐 식사 메뉴를 정할 때도 서로 맞추어 주고, 상대에 대한 배려도 많이 한다. 하지만 결혼 후 함께 살다 보면 먹는 음식이 맞지 않아 다투기도 한다.

다행히 내가 나의 남편에게 진짜 감사한 것은, 아니 우리 어머님께 감사한 것은 남편이 음식을 가리지 않고 잘 먹는 것이다. 그리고 나 또한 가리는 음식 없이 웬만한 음식을 다 잘 먹는다. 그래서 우리는 음식 때문에 싸워 본 적은 딱히 없었다. 마트에 장을 보러 갈 때도 싸운 적이 없고, 먹고 싶어하는 음식을 서로 잘 만들어 주기도 한다. 우리는 분식도 좋아하고, 회도 좋아하고 남들이 잘 먹지 않는 특수 음식들도 좋아한다.

아이들은 태어나서 하나부터 열까지 다 부모를 보고 자란다. 아침부터 일어나서 잘 때까지 아이들이 보고 배우는 곳은 학교, 유치원 이외에 가정에서의 부모님의 행동이다. 특히 식습관을 만드는 것도 아이들에게 매우 중요한데, 아침을 먹지 않는 부모 밑에서 자란 아이들은 아침을 잘 먹지 않는다. 또, 야식을 먹는 것을 보고 자란 아이들은 야식

먹는 것이 습관적으로 체화되어 있다.

책을 읽는 부모를 보고 자란 아이들은 책 읽는 것이 습관이 되어 있을 것이고, 캠핑을 좋아하는 부모 밑에서 자란 아이들은 캠핑을 하는 것에 대한 거부감이 많이 없을 것이다.

이처럼 먹는 습관 또한 인생에서 매우 중요하다. 요즘 우리나라는 예전과 달리 먹을 것이 너무 넘친다. 눈만 뜨면 내가 원하는 먹을 것을 바로 먹을 수 있고, 배달 서비스가 너무 잘되어 있어 먹는 것에 대해 감사함을 느끼지 못한다. 특히 엥겔지수가 높아지면서 먹는 것에 돈과 시간을 많이 쏟는다. 그러면서 살찌는 것을 걱정하고, 운동할 시간이 없다고 핑계를 댄다. 나와 우리 아이들의 미래를 위해서 지금부터라도 한번 식습관을 바꾸어 보자.

배달 음식과 간편 음식을 하나씩 줄여 가며 집에서 간단히 만들어 먹을 수 있는 음식을 찾아보자. 요즘은 책이나 인터넷만 찾아보아도 손쉽게 집에서 반찬이나 간식을 아이들에게 만들어 줄 수가 있다. 밥은 밥솥이 만들어 주니, 하나만이라도 지금 할 수 있는 반찬을 한번 찾아보자.

집밥을 시작하기 가장 좋은 반찬은 계란말이다. 달걀을 풀어 프라이팬에 굽기만 하면 되니 누구나 시작할 수 있다. 오늘은 달걀을 풀어 단순히 굽는 것에서 나아가 보자. 먼저 달걀을 부드럽게 구워서 말아 보고, 다음에는 채소를 넣어 달걀말이를 만들어 보자. 그다음에는 치즈를 넣어 색다른 맛을 더해 보자. 아이들은 물론, 남편까지 좋아하며 즐겁게 먹을 것이다. 이렇게 차근차근 시도하다 보면, 집에서 음식을 만드는 일이 훨씬 쉬워지고, 배달 음식을 찾는 횟수도 자연스레 줄어들 것이다. 결국 이러한 습관은 우리 아이와 나의 건강한 미래로 이어질 것이다.

아이들에게도 좋은 식습관을 물려주면 좋지 않을까? 살아가면서 식습관 때문에 병에 걸리는 일은 없어야 한다. 지금부터라도 식습관을 고치게 되면 당뇨에 걸릴 일도 없고, 콜레스테롤을 조절하는 약을 먹지 않아도 된다. 우리는 물론 아이들에게도 건강한 식습관을 물려 줄 수 있기 때문에 지금부터라도 식습관을 건강하게 바꾸는 것은 매우 중요하다.

물론 지금 당장 실천하는 것은 어려울 수 있다. 하지만 나중에 비만이 되어 식습관을 고치는 것은 더 힘들다. '내일 해야지, 나중에 해야지.'라고 미루지 말자. 정말 하기 힘들다면 나물 반찬이라도 한번 사 먹어 보자. 식사 시간에 탄수화물을 섭취량을 조금 줄이고 대신에 채소의 양을 늘려 보자. 만약 일주일에 한 번 치킨을 시켜 먹었다면 이 주일에 한 번 치킨을 시켜 먹자. 이렇듯 지금 당장 그만 두는 것보다 실천 가능한 방법을 조금씩 찾아보면 된다. 그러면 우리는 조금씩 할 일을 찾을 수 있을 것이다. 식습관 바꾸는 것을 너무 어렵게 생각하지 말자. 케첩을 고를 때도 저지방으로 그냥 골라서 카트에 넣기만 하면 된다. 우유를 고를 때도 일단 저지방 우유를 카트에 넣어 보자. 엄마가 노력해야 아이가 바뀌고, 아이가 바뀌면 집안이 바뀐다.

오늘 내가 먹은 음식을 기록해 보자. 작은 기록이지만, 거기서부터 변화는 시작된다. 무엇을 바꾸어야 할지 하나씩 찾다 보면 내 몸은 물론 아이들의 몸까지 건강하게 바뀔 것이다. 다이어트의 70%는 식단에서 결정된다고 한다. 운동할 시간이 없다고 변명하지 말고, 나의 식습관을 먼저 돌아보는 것이야말로 진짜 변화의 첫걸음이 될 것이다.

마치며

이 글을 시작해서 마무리하기까지 장장 일 년 반이라는 시간이 걸렸다. 워킹맘이기도 하고, 글을 쓰려면 집에서는 집중할 수 없었기 때문에 여기저기서 시간을 내어 글을 쓰느라 힘들었다. 무거운 노트북을 들고 일하러 왔다 갔다 하면서 어깨가 빠질 것 같은 날이 수없이 많았다. 카페를 찾아가며 글을 쓰느라 책이 팔리는 수량보다 카페에서 마신 커피잔 수가 더 많지 않을까 싶다.

나는 내가 글을 잘 쓴다고 생각하지 않는다. 하지만 내가 글을 쓰고 말하는 것을 좋아한다는 사실을 이 책을 쓰면서 깨달았다. 이 책을 완성하기까지 일 년이 넘게 걸렸지만 일 년이 넘는 시간 동안 정신적으로 더욱 성숙해졌고, 아이들과 나에 대해서 훨씬 많은 것을 깨달았다.

올해 2025년은 결혼 10주년이기도 하고, 친정 아빠의 칠순을 맞는 해이기도 하다. 이 글을 쓰는 동안에도 아이들과 씨름하며, 글도 썼고, 일도 하고 나름대로 시간을 쪼개가며 열심히 살았다. 올해는 특히 넷째를 가져서 입덧을 하면서도 부지런히 잘 살아온 것 같다. 내가 워킹맘이 되면서부터 아이들에게 더 소홀해졌고, 일을 한다는 핑계로 아이들과 시간을 많이 못 보낸 것은 사실이다. 워킹맘으로 살아가는 것이 후회가 된 적도 있지만, 그 사실에 대해 후회하려고 하면 후회할 점들이 너무 많다. 반대로 장점만 생각하려고 하면 장점도 많이 있다. 하지만 지금 무엇인들 후회해 봤자 소용없고 이때까지 살아온 것처럼 나를 위해, 가족들을 위해 최선을 다해 살아갈 것이다. 어느 부모도 자식에게 미안하지 않은 부모는 없다. 그저 살아가면서 나는 내 자리에서 최선을 다했을 뿐이다. 지금까지 잘하지 못했다면 지금부터 잘하면 되고, 이미 잘해왔다면 지금처럼 계속하면 된다. 나에게는 나만의 최선이 있고, 옆집 아줌마에게는 옆집 아줌마만의 최선이 있다.

우리 각자의 삶에는, 서로 비교할 수 없는 고유한 '최선'이 있다는 걸 잊지 말자. 아이들을 키울 때는 누구나 다 시행착오를 겪는다. 매일 아침 맞이하는 하루는 누구에게나 다 처음이다. 우리는 모두 눈을 뜨는 순간, 오늘이라는 하루를 처음으로 맞이한다. 어제와 같은 일을 반복하더라도, 오늘의 내 기분과 몸 상태가 다를 수도 있고, 누구를 만나게 될지 알 수도 없다. 그래서 매일 반복하는 일상이지만 하루하루는 다르게 흘러간다. 그러니 어제보다 내일이 행복하길 기대하기보다 무사히 보낸 오늘 하루에 감사해야 한다. 나도 아직 너무나 부족하고 철없는 엄마이다. 아직 아이는 10살밖에 안 됐고, 결혼한 지도 10년밖에 안 됐다. 하지만 그 누구보다 인생의 조언은 많이 해 줄 수 있다. 짧은 기간 안에 수많은 일을 겪었기 때문이다. 앞으로도 많은 어려움을 겪게 될 것이고, 그 과정에서 좌절할 때도 있을 것이다.

나는 이 글을 쓰는 동안에도 우울증으로 인한 상담 치료를 받고 있는 중이다. 임신 중이라 약물 치료는 할 수 없지만, 현재 13주차 상담을 진행 중에 있다. 나도 나의 미래와 아이들의 미래에 대한 불안에서 벗어나지 못하고 있기 때문이다. 다만 이 책을 써내려 갈 때에는 그 모든 것을 잊어버리고 하나에만 집중할 수 있어 나는 이 시간이 참 행복하다. 이 글을 쓰는 지금도 아이들을 키우는 일이 버겁고, 아이를 키우는 삶에 지쳐 죽음을 결심한 순간들이 수없이 많았다. 자살하는 방법도 검색해 보고 아이들에게 자해하는 모습도 보였다. 그럴 때면 그런 나 자신이 한없이 작고, 부질없게 느껴졌다. 그럼에도 불구하고 이 글을 마무리하며, 내 책이 사람들에게 전해질 생각에 가슴이 뛴다.

유튜브나 책에서 보면 자신이 좋아하는 일을 뭔지 찾아야 한다고 했는데 40년 된 지금에서야 드디어 하나쯤을 찾은 것 같다. 나는 타고난 성격 자체가 변덕이 심하고 하나의 일을 오래도록 지속하지 못한다. 그래도 내가 인생에서 가장 오래 유지할 수 있었던 일을 굳이 꼽자면 결혼생활이 아닐까 싶다. 나는 아이들에게 상처 주는 말도 많이 하고, 부모님에게도 제대로 된 효도도 못 했다. 이 책을 쓰면서 나의 인생에 대해 반성할 수 있었고, 지금까지의 삶에 감사하는 마음을 가질 수 있었다.

이 책을 무사히 마무리할 수 있게 불평불만 없이 도와준 남편과 아이들, 그리고 나를 건강하게 낳아 주시고 길러 주신 부모님, 항상 멀리서 응원해 주시는 시부모님, 나의 언니, 내 동생, 우리 이모들, 외삼촌, 외할머니 등등 너무너무 사랑하고 감사하게 생각한다. 지금의 '나'를 있게 해 준 것은 모두 다 가족들 덕분입니다.

앞으로 엄마와 며느리, 아내로서, 딸로서 해야 할 역할이 턱없이 부족할 것입니다. 하지만 저는 이때까지도 최선을 다해 살아왔고, 앞으로도 최선을 다해 노력할 것입니다. 부디 멀리서 따뜻한 응원과 함께, 아직 부족한 점은 너그러이 봐주시길 부탁드립니다.

먼저, 이 세상에서 하나뿐인 우리 남편, 김강님. 항상 존경하고 사랑합니다. 어떤 일이 있어도 내 편이 되어 주는 착한 남편, 애교 없는 아내 만나서 속상했을 텐데도 이때까지 함께해 줘서 고마워. 이상한 성격의 아내와 살아 줘서, 그리고 세 명의 아이들을 나와 함께 키워줘서 정말 고마워. 말로는 잘 표현하지 않았지만, 아마 오빠가 없으면 이 세상을 혼자서는 살아가기 힘들었을 거야. 예민한 아내 만나서 힘들겠지만, 앞으로도 묵묵히 내 곁을 지켜 주었으면 좋겠어. 항상 먼저 전화해주고, 내 생각 많이 해 줘서 너무너무 고마워.

이 세상에서 하나뿐인 우리 첫째 딸 하민아, 예민하고 못된 엄마 만나서 많이 상처도 받고, 동생들 돌보느라 고생도 많았지? 엄마는 칭찬보다는 잔소리만 하는 야박한 엄마였지만, 세상 그 누구보다도 너를 가장 사랑한단다. 이제는 같이 놀자고 해도 잘 안 놀아 주는 훌쩍 커 버린 딸이지만, 엄마는 너를 첫째로 낳은 게 엄마에게 가장 큰 행복이고, 그 어린 시절에 너와 쌓은 추억을 절대로 잊지 못할 거야. 앞으로도 항상 씩씩하고 밝게 자라 줘. 엄마가 힘들고 어두울 때도 많았는데, 그런 엄마의 모습에도 불구하고 씩씩하게 학교생활을 해 줘서 정말 고마워. 엄마는 언제나 너를 제일 사랑한단다

이 세상에서 하나뿐인 우리 아들 민진아, 엄마는 네가 병원에서 힘차게 젖을 빨던 모습이 아직도 생생히 기억난단다. 아빠와 결혼해서 네가 태어나 너무 행복했고, 딸과 아들이 모두 있어 엄마는 정말 행복했어. 하지만 그런 고마움을 잊고 너에게 매일 화내고 잔소리하며 숙제하라고 다그쳐서 미안해. 그건 모두 네가 좋은 공부 습관을 들이길 바라는 엄마의 최선의 노력이었단다. 1학년 중에서 제일 먼저 등교하고, 영어도 잘하고, 축구도 잘하는 우리 민진아, 앞으로도 재미있고 행복한 학교 생활하길 엄마가 항상 응원할게. 사랑해.

이 세상에서 하나뿐인 우리 셋째 승언아, 엄마는 승언이와 함께 보낸 시간이 너무 짧아 가슴이 아프단다. 네가 3살 때부터 엄마가 일하느라 어린이집에 늦게 데리러 가는 엄마가 되어 미안해. 엄마의 목표는 36개월까지는 내가 직접 너를 키우는 것이었는데, 그 전에 어린이집 선생님 손에 맡기게 되어 항상 마음이 무거워. 언니와 오빠를 키울 때는 엄마가 일을 하지 않아서 아플 때면 집에서 돌봐주고, 문화센터도 자주 다니며 좋은 추억을 많이 쌓았는데, 승언이는 엄마랑 단둘이 카페에 가 본 적도, 밥을 같이 먹은 적도, 문화센터에 간 적도 없어. 지금도 일하

고 돌아온 엄마가 힘들어 매일 밤 아빠 품에서 잠들곤 하지. 그래서 그런지 승언이가 가장 아빠를 좋아하는 것 같아. 승언이는 엄마 마음을 잘 모르겠지만, 엄마는 세 명 중에 가장 함께 시간을 보내지 못해 정말 미안하단다. 하지만 밝고 애교 많은 네 성격 덕분에 엄마는 항상 고마워. 앞으로도 지금처럼 밝고 사랑스럽게 자라 주길 바란단다.

사랑하는 나의 막내 아들 서진이에게. 서진아, 안녕. 나는 너의 엄마란다. 이 책의 원고를 한창 쓰고 있을 때 나에게 와 준 아기 천사란다. 엄마의 인생에서 넷째가 있을 거라고는 꿈에도 상상을 못 했지만, 이렇게 태어나고 나서 책이 나오게 되어 너에게도 편지를 쓰게 되었어. 서진이는 태어날 때부터 엄마가 일하게 돼서 갓난아기인데도 다른 사람 품에 맡겨서 미안해. 엄마도 자식을 키우고 가정을 꾸리다 보니 서진이를 하루 종일 돌보지 못한 엄마가 되었어. 셋째인 승언이 누나는 세 살 때 어린이집을 보내서 미안했는데 서진이는 태어나자마자 엄마가 잘 보살펴 주지 못해서 미안하네. 네 명 중에 제일 작게 태어났지만 제일 잘 크고 있는 서진이, 잠 잘 때 아직 투정 한 번 안 부리고 잘 자 주는 서진이가 엄마는 너무 고마워. 서진이 덕분에 우리 가족이 더 끈끈해진 것 같아서 너무 행복해. 엄마가 비록 넷째라 많이 신경 못 써 주더라도 서진이가 누나들과 형과 인생을 행복하게 지냈으면 좋겠어.

책 한 권으로도 엄마를 나중에 꼭 기억해 줘. 우리 서진이 앞으로 건강하게 자라자. 너무 작고 이쁜 천사야. 사랑해.

이 세상에서 하나뿐인 우리 어머님, 아버님, 아들보다도 며느리 더 많이 챙겨 주시고 이때까지 잔소리 한 번 하지 않고 지켜봐 주셔서 감사합니다. 10년 전에도 지금도 사실 잘하는 것도 없는 며느리지만 옆에서 항상 응원해 주시고 아이들 키우느라 고생한다는 말씀 많이 해 주셔서 감사합니다. 맛있는 것도 많이 사 주시고 여행도 많이 가 주시고 저희를 위해서 아직도 최선을 다해 주셔서 너무 감사드립니다. 못난 며느리 이뻐해 주시고 잘 챙겨 주셔서 감사합니다. 앞으로도 아이들과 함께 잘 살고 효도 하겠습니다.

이 세상에서 하나뿐인 우리 엄마, 아빠.

내가 엄마가 되어 보니, 엄마 아빠의 마음을 아주 조금은 알 것 같아. 하지만 내가 엄마, 아빠처럼 그 나이가 되어도 자식들에게는 엄마, 아빠만큼 잘해 주지 못할 것 같아. 어릴 적 공부도 잘하지 못했고, 성인이 되어 결혼한 후에도 제대로된 효도도 하지 못했어. 항상 해 달라고 요구만 하고, 지금까지 해외여행 한 번 못 보내 드려서 늘 마음이 아파. 아직도 그렇게 해 드리지 못한다는 사실에 나 자신에게 화가 나고, 엄마 아빠께 항상 미안한 마음뿐이야. 우리 삼 남매를 여기까지 무사히 키워 줘서 정말 고맙고 사랑해. 앞으로는 더 잘하는 딸이 될게. 사랑한다는 말도 잘 못하고, 용돈도 잘 못 드려서 늘 미안해. 남은 인생은 건강하게, 진짜 엄마 아빠를 위한 행복한 삶을 살았으면 좋겠어.

〈아이들의 진짜 행복은 부모의 행복에서부터 시작됩니다.〉
- 조세핀 교수 -

아이들에게 물었다.
"언제 가장 행복하니?"
아이들은 망설임 없이 말했다.
"엄마가 행복할 때요."
나는 다시 물었다.
"엄마가 언제 행복해 보이니?"
"엄마가 엄마의 인생을 행복하게 살 때요."
그리고 마지막으로 물었다.
"그럼 아빠가 가장 멋져 보일 때는 언제니?"
아이들은 환하게 웃으며 말했다.
"엄마에게 잘해 주실 때요."

아이들은 '엄마'라는 이름의 햇빛과 '아빠'라는 이름의 땅에서 자라는 씨앗이다. 거기에서 나오는 사랑과 보살핌이라는 영양분을 먹고 조금씩 자기의 길을 찾으며 단단해진다. 그 씨앗이 나무가 되는 동안 가끔은 비가 오기도 하고 바람이 불기도 하며 태풍이 불면 쓰러지기도 한다. 하지만 비와 바람과 태풍은 그저 스쳐 지나갈 뿐, 태양은 항상 그 자리에 있다. 우리의 역할은 태양과 마찬가지이다. 항상 웃으며 따스한 별만 줄 수가 없다. 햇볕만 너무 많이 쬐고 비가 너무 오지 않으면 가뭄이 들기도 하고, 비가 내려야 식물이 잘 자랄 수 있다. 아이들 역시 나무와 마찬가지로 비도 맞고, 바람도 맞고, 햇볕도 받으며 그렇게 자라난다. 너무 햇볕만 받아서도 안 되고, 너무 비만 맞아서도 안 된다. 그러니 아이들에게 너무 햇볕만 주려고 애쓰지 말자. 해가 뜰 때도 있고, 바람이 불 때도 있으며, 때로는 춥고 눈 내리는 날도 있을 것이다. 하지만 그 모든 비바람이 지나가고 나면, 맑고 따스한 햇볕이 나무를 자라게 할 것이다.

그래도 비바람이 치는 날보다 해 뜬 날이 더 많다는 사실을 기억하자. 누구나 살아가면서 고통은 있고, 그 고통을 어떻게 극복해 내느냐가 더 중요하다. 때로는 그 고통을 반드시 극복하지 않아도 된다. 인간에게는 도저히 극복할 수 없는 일도 분명히 존재하기 때문이다. 모든 고통이 극복되어야 할 필요는 없다. 때로는 그 고통을 견디며 살아내는 것만으로도 충분하다. 우리의 삶도 마찬가지로 비도 만나고 바람도 만나며 단단해졌을 것이다. 그러니 이때까지 살아온 것처럼 살아가자. 지금보다 더 굳세게 살아갈 필요도 없고, 더 열심히 살아갈 필요도 없다. 그냥 지금에 충실하며 아이들과 즐거운 추억을 많이 쌓자. 결국 인간은 행복한 미래를 위해 살아가지만, 과거에 쌓인 따뜻한 추억들이 있기에 앞으로 나아갈 힘을 낼 수 있는 게 아닐까.

나는 이 세상 모든 엄마들에게 작은 위로와 힘이 되는 사람이 되고 싶다. 전 세계의 모든 엄마들을, 오늘도 진심으로 응원한다.

행복한 엄마가
행복한 아이로 키운다

ⓒ 김재현, 2025

초판 1쇄 발행 2025년 12월 29일

지은이   김재현
펴낸이   이기봉
편집   좋은땅 편집팀
펴낸곳   도서출판 좋은땅
주소   서울특별시 마포구 양화로12길 26 지월드빌딩 (서교동 395-7)
전화   02)374-8616~7
팩스   02)374-8614
이메일   gworldbook@naver.com
홈페이지   www.g-world.co.kr

ISBN   979-11-388-4898-5 (03370)